Gelassenwerden

HERDER / SPEKTRUM

Band 4443

Das Buch

Wir tun immer mehr, immer schneller. Das Tempo nimmt zu, die Zeit wird knapper. Das Mittel gegen jede Hektik: Gelassenwerden. Statt Beruhigungstabletten zu nehmen: Standfestigkeit und Sicherheit entwickeln. Viele verlieren die Balance, fühlen sich innerlich ausgebrannt, atemlos, verkrampft im Geist und in der Seele. Entdeckung der Langsamkeit, Sein statt Haben, Achtsamkeit, Gelassenwerden – das sind deswegen heute positive Stichworte geworden. Alte, im Spirituellen verwurzelte Erfahrungen werden wieder erinnert: gegen Hektik, Konsumsucht und Zukunftsangst. Gelassenheit meint keineswegs Phlegma. Gelassen ist auch nicht, wer nur cool kalkuliert. Nicht wer die Augen verschließt vor der Realität, wer vor der Angst oder dem Schmerz in Unberührbarkeit flüchtet, sondern wer durch solche Erfahrungen hindurchgeht, reifer, innerlich stärker und zugleich sanfter, heiterer, offener: teilnehmend an allem und zum Handeln bereit – der kann auch in sich ruhen, unabhängig, frei, souverän, das eigene Leben meisternd. Gelassenheit sieht ab von sich und kann dem anderen Raum geben. Sie verknüpft und umfaßt das Ganze des Daseins: das eigene Leben und die anderen, Leben und Tod, Trauer und Freude, das Nächstliegende und das Unabsehbare. Seelenruhig kommt freilich keiner auf die Welt. Gelassenheit braucht Zeit, braucht Lebenserfahrung, Weite. Die in diesem Band zusammengestellten Texte stammen von Meistern der Gelassenheit, aus verschiedenen Kulturen, aus unterschiedlichsten Epochen, von bekannten, aber auch von unbekannteren Autoren. Es sind Menschen, die etwas ausstrahlen. Und es sind Weisheiten, denen wir Raum geben sollten.

Der Herausgeber

Rudolf Walter, Dr. phil., Dipl. theol., geb. 1946 in Lichtenau/Obb., Cheflektor im Verlag Herder, lebt in Bollschweil bei Freiburg. Herausgeber mehrerer Sammelbände. Bei Herder/Spektrum zuletzt: Leben ist mehr. Das Lebenswissen der Religionen und die Frage nach dem Sinn des Lebens. Mit einem Vorwort von Carl-Friedrich von Weizsäcker (Band 4470).

Gelassenwerden

Mit einem Vorwort herausgegeben
von Rudolf Walter

Herder
Freiburg · Basel · Wien

Gedruckt auf umweltfreundlichem,
chlorfrei gebleichtem Papier

2. Auflage

Originalausgabe

Herstellung: Freiburger Graphische Betriebe 1996
Umschlaggestaltung: Joseph Pölzelbauer
Umschlagmotiv: Root Leeb
ISBN 3-451-04442-0

Inhalt

4. Das Herz nicht an die Dinge hängen

Sein statt Haben

5. Leben und lassen, handeln und nichthandeln

Wie die Seele ruhig wird – Vom Finden des richtigen Wegs

6. Im Einklang mit allem

Gegenwart erfahren und leben

7. Den Klang der Stille hören

Ein Schlüssel zur Harmonie

9. „Singe und geh deines Weges“

Sich wandeln und das Alter bejahen

10. Hinter dem Leiden wartet die Freude

Das Sterben und den Tod verwandeln

Vorwort
von Rudolf Walter

Gelassenheit – das Wort klingt für manche wie ein altes Instrument, das lange nicht mehr in Gebrauch war und deshalb verstimmt ist. Geduldiges, genaues Hinhören lohnt aber. Denn es spricht vom „rechten Leben". Wollen, Haben, Jagen – das sind Haltungen, die unsere Gesellschaft einübt. Aggressive Durchsetzungsfähigkeit und ständige Unzufriedenheit mit dem Erreichten führen im sozialen Prestige nach oben. Glücklich machen diese Haltungen nicht. Viele, auch „Erfolgreiche", fühlen sich deshalb aus der Balance geworfen, innerlich ausgebrannt, atemlos, verkrampft im Geist und in der Seele.

Alte Fragen werden wieder aktuell: Wie kann man Stand haben im Wirbel der Eindrücke und Ansprüche? Was bleibt der Sinn der eigenen Lebenszeit in aller Anspannung? Welche Chance hat der einzelne überhaupt gegenüber den Zwängen und angesichts der Probleme, denen wir ausgesetzt sind?

Entdeckung der Langsamkeit, Sein statt Haben, Achtsamkeit – das sind heute positive Stichworte. Und es gibt wieder Literaten, Psychologen, Therapeuten, Philosophen, Wissenschaftler, die an alte im Spirituellen verwurzelte Weisheit erinnern gegen Hektik, Konsumsucht und Zukunftsangst.

Hoimar v. Ditfurth war einer von ihnen. In seinem letzten Buch beschwört er die selbstverschuldete Apokalypse der Menschheit: Überbevölkerung, atomare Hochrüstung, Umweltzerstörung in einem katastrophalen Ausmaß. Er redet aber nicht der Resignation das Wort. Obwohl ihm, selber schwer krebskrank, nicht mehr viel Zeit blieb, endet er hoffnungsvoll, trotz allem – und bezieht sich auf Martin Luthers Zuversicht: „Und wenn ich wüßte, daß morgen die Welt unterginge, würde ich doch heute mein Apfelbäumchen pflanzen." Das moderne Schreckensszenario ist real. Es hat aber nicht das letzte Wort: „So laßt uns denn ein Apfelbäumchen pflanzen. Es ist soweit."

Gelassenheit meint also weder Phlegma noch Gedankenlosigkeit. Gelassen ist auch nicht der Coole, den alles nur härter macht, was ihn nicht umbringt: Nicht wer die Augen verschließt vor der Realität, wer vor der Angst oder dem Schmerz flüchtet in Unberührbarkeit, sondern wer durch solche Erfahrungen hindurchgeht, reifer, innerlich stärker und zugleich sanfter, heiterer, offener: teilnehmend an allem – und zum Handeln bereit, der hat die Tugend der Gelassenheit.

Denn wenn man unter Tugend die zur Haltung gewordene Fähigkeit eines Einzelnen versteht, von sich abzusehen und das Ganze wahrzunehmen, dann ist in der Tat Gelassenheit auch eine Tugend. Mit „Sekundärtugenden" hat sie wenig zu tun. Sie ist aber bezogen auf alle vier Haupttugenden: Klugheit, Tapferkeit, Gerechtigkeit und Maß. Sie ist sozusagen ihr Herz.

Klugheit ist sie nicht im Sinne profitablen Kalküls oder intellektueller Schläue, sondern in dem Sinn des Psalmisten: „Herr lehre uns bedenken, daß wir sterben müssen, auf daß wir klug werden." Das ist eine Vernunft, die alles absieht und die eigenen Grenzen einbezieht. Es ist eine Lebensklugheit, die auch bei einfachen Menschen beeindruckt und anzieht, bei Frauen und Männern, die viel „durchgemacht" haben und jetzt eine Ruhe, eine Reife ausstrahlen, die vom Leben etwas „wissen". Solche „Fähigkeit ruhiger Erwägung", hat Marie von Ebner-Eschenbach einmal auch als *schön* beschrieben: als „anmutige Form des Selbstbewußtseins".

Gelassenheit ist Voraussetzung und Ergebnis couragierter *Tapferkeit*: eine angstfreie Sicherheit, die sich weder vor dem Freund korrumpiert noch vor dem aggressiven Feind beugt.

Diogenes in der Tonne, der dem mächtigen Alexander sagt: „Geh mir aus der Sonne!", ist ein klassisches Modell solch ruhigen Eigenstands. Aber auch der zum Tode verurteilte Sokrates, der seinen Richtern klarmacht, „daß es für den guten Mann kein Übel gibt, weder im Leben noch im Tod, noch daß je von den Göttern seine Angelegenheiten vernachlässigt wurden". Über die Zeiten hinweg sind die Haltungen vergleichbar: Dietrich Bonhoeffers Gefühl angesichts des Todesurteils, „behütet und getröstet wunderbar", rührt aus ähnlicher Sicherheit.

Gelassenheit als Haltung ist auch auf *Gerechtigkeit* bezogen, die jedem das Seine läßt, auch anderen Raum gibt, sich nicht einengt, nicht auf die eigenen Interessen fixiert ist. Epikur hat dies gesagt: „Das gerechte Leben ist von Unruhe am freiesten. Das ungerechte aber ist voll von jeglicher Unruhe."

Solche Haltung gibt auch *Maß,* weil sie nicht von der Perspektive aufs eigene Selbst ausgeht, sondern sich zunächst dem anderen zuwendet mit einem liebenden Blick: „Das ganze Leben liegt in dem Wort *sehen*", sagt Teilhard de Chardin. Solches Sehen ist mit Meditation verwandt, die sich nicht ablenkt ins Vielerlei, sondern im Einzelnen das Ganze wahrnimmt. Nicht asketische Angst folgt daraus, die den Dingen noch in der Ablehnung verfällt, aber auch nicht die maßlos unersättliche Gier des Habenwollens, dem der Appetit auf die Freuden des Genießens vergangen ist. „Der Sinn des Lebens ist es zu leben, und leben heißt bewußt zu sein, freudig, trunken, gelassen, göttlich bewußt" (Henry Miller).

Nur wer mit sich im reinen und mit der Welt im Lot ist, ist gelassen. Nur wer mit sich zufrieden und vom Gefühl des inneren Wertes überzeugt ist, hat Sicherheit und Standfestigkeit, muß sich nicht von außen definieren und seine Sicherheit durch die anderen finden. Gelassene sind unabhängig, frei, souverän, das eigene Leben meisternd. Gelassenheit verknüpft und umfaßt das Ganze des Daseins: das eigene Leben und die anderen, Leben und Tod, Trauer und Freude, das Nächstliegende und das Unabsehbare, Gott und Welt, „den bestirnten Himmel über mir und das moralische Gesetz in mir".

Das ist etwas anderes als laissez-faire. Gelassenheit kann sich durchaus mit Engagement verbinden. Aber sie hat etwas Spirituelles, auch jenseits des Handelns. Wenn Tugend auf „alles, was recht ist" zielt und den strengen, oft auch angestrengten Ernst der moralischen Pflicht hat, kann Gelassenheit zustimmend sagen, daß – letztlich – alles schon recht ist, auch wo nichts mehr zu tun bleibt. Sie hat heiteren Geschmack, etwas Vergnügtes „trotz allem". Sie steht über den Dingen, auch bei schwankendem Grund.

Walter Dirks hat in hohem Alter gern den Witz erzählt von einem alten bayerischen Bauern, bei dem es ans Sterben geht. Der Pfarrer kommt und versieht ihn mit den Tröstungen seiner Kirche. Da fällt ihm auf, wie der Bauer in sich hineinkichert. „Was lachst du denn, jetzt wo es ernst wird und du bald vor dem ewigen Richterstuhl stehen wirst?" so fragt er. Der Bauer lacht weiter und sagt: „Lachen tät ich, wenn alles nicht wahr wär." Was Walter Dirks, der selber durchaus auf ein Leben nach dem Tod gesetzt hat, damit sagen wollte: Gelassenheit ist keine naive Sicherheit. Aber sie bleibt möglich auch auf unsicherem Boden.

Seelenruhig kommt keiner auf die Welt. Gelassenheit braucht Zeit, braucht Lebenserfahrung, Weite des Blicks. Die in diesem Band zusammengestellten Texte stammen aus verschiedenen Kulturen, aus unterschiedlichsten Epochen, von bekannten, aber auch von unbekannteren Autoren. Der Blick in die Geschichte demonstriert auch, in welch erstaunlicher Kontinuität alte Fragen – und Antworten – sich durchhalten. Es gibt überraschende Parallelen, unvermutete Dialoge über die Zeiten hinweg.

Die Prologe dieses Buches zeigen im Blick auf verschiedene Überlieferungen: die Antwort darauf, was „rechtes Leben“ ist, bezog sich immer auch auf etwas Unverrückbares, das aus einer Einsicht in die Beziehung zwischen dem Einzelnen und einer größeren Wirklichkeit kommt. In der Mehrzahl sagen die Texte aber vor allem: Seelenruhe ist nicht nur Begabung, die man entweder hat oder nicht. Es ist auch Aufgabe, lebenslang, bis zuletzt: gelassen zu *werden*.

1
Alle Flüsse fließen ins Meer

Prologe

Der Weg

Erkenntnis ist wahrlich besser als Übung, Meditation ist besser als Erkenntnis, Verzicht auf die Früchte des Handelns ist besser als Meditation. Auf Verzicht folgt Friede.

Wer frei ist von Ichhaftigkeit, von „ich" und „mein", Freundschaft und Mitleid mit allen Wesen hat und keinem lebendigen Geschöpf mit Haß begegnet, wer von ruhigem Gleichmut erfüllt ist gegenüber Freud und Leid, wer geduldig ist und vergibt, wer wunschlos zufrieden ist und sich ständig selbst beherrscht, wer den festen, unerschütterlichen Willen und die Entschlossenheit des Yogins hat und solche Liebe und Verehrung, daß er sein ganzes Gemüt und seine Vernunft an Mich hingibt, der ist Mir lieb.

Wer die Welt nicht quält und plagt und sich auch nicht quälen und plagen läßt vonseiten der Welt, wer befreit ist von der geplagten, aufgeregten niederen Natur, von ihren Wellen der Freude und Furcht, der Angst und des Unwillens, der ist mir lieb.

Wer nichts mehr begehrt, rein ist, sachkundig in allem Handeln, neutral gegenüber allem, was kommt, nicht geplagt oder beunruhigt wird durch das, was eintritt oder geschieht, wer allen Antrieb zum Handeln aufgegeben hat, der Mich Verehrende, – er ist mir lieb.

Wer weder das Erfreuliche begehrt, noch jubelt, wenn es ihm zufällt, wer vor dem Unerfreulichen nicht zurückschreckt und nicht Leid empfindet, wenn es ihn befällt, wer keinen Unterschied mehr macht zwischen glücklichen und unglücklichen Ereignissen (weil er in seiner Gott-Ergebenheit alle Dinge gleichmütig als gut entgegennimmt aus den Händen seines ewigen Geliebten und Meisters), – der ist mir lieb.

Gleich gegen Freund und Feind, gleichmäßig gegenüber Ehrung und Beschimpfung, Freude und Schmerz, Lob und Tadel, Kummer und Glück, Hitze und Kälte (all den Beunruhigungen mit gegensätzlichen Einflüssen der angeborenen Natur), schweigsam, zufrieden und genügsam mit allem und jeglichem, keiner Person oder Sache verhaftet, an keinen Ort gebunden, gefestigt im Mental (weil es ständig im höchsten Selbst ruht und für immer auf das göttliche Ziel seiner Liebe und Verehrung gerichtet ist), – ein solcher Mensch ist mir lieb.

Die Bhagavadgita

Der Weise

Der Weise lehrt:

Zehntausend Dinge entstehen und vergehen
wieder und wieder.
Erschaffen – aber nicht als Besitz.
Erarbeitet – aber ohne Profit.
Ist das Werk getan, vergiß deine Arbeit.
So bleibt es ewig ganz.

Das Tao ist unfaßbar und unantastbar.
Dem Tao zu folgen bedeutet Leben.

Gib nach, dann gewinnst du.
Neige dich, doch sei ehrlich.
Mach dich leer, so wirst du erfüllt.
Verbrauche alles und mach Raum für Neues.

Hast du wenig, kannst du viel gewinnen.
Hast du viel, bist du verwirrt.

Der Weise lebt in der Einfalt und ist ein Beispiel für viele.
Er will nicht selber scheinen, darum wird er erleuchtet.

Er tut sich nicht hervor, doch ist er hervorragend.
Er achtet sich gering, doch schenkt man ihm Beachtung.
Er ist nicht wetterwendisch noch streitsüchtig.
So streitet niemand mit ihm.

Darum sagten die Alten: „Wer nachgibt, wird siegen!"
Ist das ein leeres Wort?

Sei voll-kommen und alles kommt zu dir.

Das Tao ist wie ein Gefäß,
das alles Sein in sich faßt.

Das Weltall ist nicht zu beeindrucken.
Vor ihm sind alle Dinge bloßer Schein, der kommt und geht.
So auch der Weise.
Für ihn ist jeder Mensch nur wie ein Schein,
der kommt und geht.

Himmel und Erde währen ewig. Warum?
Sie sind nicht geboren, darum unsterblich.

So auch der Weise:
Er hält sich zurück und kommt so voran.
Er ist nicht kleinlich und vollbringt darum Großes.

Durch selbstloses Handeln formt er sich selbst.

Höchste Güte gleicht dem Wasser.
Das Wasser gibt unterschiedslos allen Dingen Leben.

Es fließt überall, auch an Orten, die die Menschen verachten.
So gleicht es dem Tao.

Wohne auf festem Land.
Meditiere tief im Herzen.
Schenke einfühlsam.
Rede wahr.
Regiere gerecht.
Arbeite genau.
Handle zur rechten Zeit.

Kein Streit: Keine Schuld.

Das Schwere ist des Leichten Wurzel.
Das Stille ist der Unruhe Herz.

Der Weise, wandernd weite Wege, trägt mit sich, was er braucht.
Alle Herrlichkeit sieht er, doch besitzen will er nichts.
Doch wer verantwortlich ist für viele, kann Entscheidungen nicht nur für sich selbst treffen.

Durch Leichtfertigkeit verliert er die Wurzeln, durch Unruhe den Überblick.

Glaubt ihr, daß ihr die Welt beherrschen und verbessern könnt?
Wie oft haben wir erlebt, daß dies mißlingt!

Das Universum ist vollkommen.
Es kann nicht verbessert werden.
Wer es verändern will, verdirbt es.
Wer es besitzen will, verliert es.

Der Weise meidet Übertreibung, Verschwendung und Selbstsucht.

Das große Tao ist allgegenwärtig.
Zur Rechten und zur Linken verdanken zehntausend Dinge ihm ihr Dasein.
Nichts behält es für sich.
Still erfüllt es sein Werk ohne jeden Besitzanspruch.
Es ernährt die zehntausend Dinge und ist dennoch nicht ihr Herr.
Ehrgeizlos ist es und sehr klein.
Zehntausend Dinge kehren zu ihm zurück, obwohl es nicht ihr Herr ist.
Darum muß es auch sehr groß sein.
Seine wahre Größe ist, daß es nicht groß scheinen will.

Weich und schwach wird der Mensch geboren.
Im Tode ist er hart und steif.
Grüne Pflanzen sind zart und mit Lebenssaft gefüllt.
Verdorrt und trocken sind sie im Tode.
So lernt der Starke, Unbeugsame vom Tode, der Sanfte, Nachgiebige vom Leben.

Unbewegliche Armee kann nie die Schlacht gewinnen.
Unbiegsamer Baum zerbricht im Sturm.

Das Harte und Starke wird fallen.
Das Weiche und Schwache wird überdauern.

Es gibt nichts Weicheres und Nachgiebigeres unter dem Himmel, als Wasser.
Dennoch: Um harten Granit anzugreifen, kenne ich nichts Besseres.

Das Schwache kann das Starke bezwingen, das Zarte besiegt
das Grobe.
Jedermann unter der Sonne weiß das.
Doch handelt jemand danach?

Lao-Tse, Jenseits des Nennbaren

Leben und Tun

Ich nämlich lehre die Nichtausübung eines bösen Wandels in Werken, Worten und Gedanken, die Nichtausübung der mannigfachen, schuldvollen Dinge: In dieser Hinsicht kann man von mir mit Recht behaupten, daß ich die Untätigkeit lehre, daß ich zum Zwecke der Untätigkeit das Gesetz verkünde.

Ich lehre die Ausübung des guten Wandels in Werken, Worten und Gedanken, die Ausübung der mannigfachen verdienstvollen Dinge: In dieser Hinsicht kann man von mir mit Recht behaupten, daß ich die Tätigkeit lehre, daß ich zum Zwecke der Tätigkeit das Gesetz verkünde und in diesem Sinne meine Jünger erziehe.

Gautama Buddha

Windhauch

Welchen Vorteil hat der Mensch von all seinem Besitz, für den er sich anstrengt unter der Sonne?

Eine Generation geht, eine andere kommt. Die Erde steht in Ewigkeit.

Die Sonne, die aufging und wieder unterging, atemlos jagt sie zurück an den Ort, wo sie wieder aufgeht.

Er weht nach Süden, dreht nach Norden, dreht, dreht, weht, der Wind. Weil er sich immerzu dreht, kehrt er zurück, der Wind.

Alle Flüsse fließen ins Meer, das Meer wird nicht voll.

Zu dem Ort, wo die Flüsse entspringen, kehren sie zurück, um wieder zu entspringen.

Alle Dinge sind rastlos tätig, kein Mensch kann alles ausdrücken, nie wird ein Auge satt, wenn es beobachtet, nie wird ein Ohr vom Hören voll.

Was geschehen ist, wird wieder geschehen, was man getan hat, wird man wieder tun. Es gibt nichts Neues unter der Sonne.

Zwar gibt es bisweilen ein Ding, von dem es heißt: Sieh dir das an, das ist etwas Neues – aber auch das gab es schon in den Zeiten, die vor uns gewesen sind.

Alles hat seine Stunde. Für jedes Geschehen unter dem Himmel gibt es eine bestimmte Zeit: eine Zeit zum Gebären, eine Zeit zum Sterben, eine Zeit zum Pflanzen und eine Zeit zum Abernten der Pflanzen, eine Zeit zum Töten und eine Zeit zum Heilen, eine Zeit zum Niederreißen und eine Zeit zum Bauen, eine Zeit zum Weinen, eine Zeit für die Klage und eine Zeit für den Tanz; eine Zeit zum Steinewerfen und eine Zeit zum Steinesammeln, eine Zeit zum Umarmen und eine Zeit, die Umarmung zu lösen, eine Zeit zum Suchen und eine Zeit zum Verlieren, eine Zeit zum Behalten und eine Zeit zum Wegwerfen, eine Zeit zum Zerreißen und eine Zeit zum Zusammennähen, eine Zeit zum Schweigen und eine Zeit zum Reden, eine Zeit zum Lieben und eine Zeit zum Hassen, eine Zeit für den Krieg und eine Zeit für den Frieden.

Wenn jemand etwas tut – welchen Vorteil hat er davon, daß er sich anstrengt? Ich sah mir das Geschäft an, für das jeder Mensch durch Gottes Auftrag sich abmüht. Gott hat das alles zu seiner Zeit auf vollkommene Weise getan. Überdies hat er die Ewigkeit in alles hineingelegt, doch ohne daß der Mensch das Tun, das Gott getan hat, von seinem Anfang bis zu seinem Ende wiederfinden könnte.

Kohelet 1,3–9; 3,1–11

Falsche Sorgen

Sammelt euch nicht Schätze hier auf der Erde, wo Motte und Wurm sie zerstören und wo Diebe einbrechen und sie stehlen, sondern sammelt euch Schätze im Himmel, wo weder Motte noch Wurm sie zerstören und keine Diebe einbrechen und sie stehlen. Denn wo dein Schatz ist, da ist auch dein Herz.

Das Auge gibt dem Körper Licht. Wenn dein Auge gesund ist, dann wird dein ganzer Körper hell sein. Wenn aber dein Auge krank ist, dann wird dein ganzer Körper finster sein. Wenn nun das Licht in dir Finsternis ist, wie groß muß dann die Finsternis sein!

Niemand kann zwei Herren dienen; er wird entweder den einen hassen und den andern lieben, oder er wird zu dem einen halten und den andern verachten. Ihr könnt nicht beiden dienen, Gott und dem Mammon.

Deswegen sage ich euch: Sorget euch nicht um euer Leben und darum, daß ihr etwas zu essen habt, noch um euren Leib und darum, daß ihr etwas anzuziehen habt. Ist nicht das Leben wichtiger als die Nahrung und der Leib wichtiger als die Kleidung? Seht euch die Vögel des Himmels an: Sie säen nicht, sie ernten nicht und sammeln keine Vorräte in Scheunen; euer himmlischer Vater ernährt sie. Seid ihr nicht viel mehr wert als sie? Wer von euch kann mit all seiner Sorge sein Leben auch nur um eine kleine Zeitspanne verlängern? Und was sorgt ihr euch um eure Kleidung? Lernt von den Lilien, die auf dem Feld wachsen: Sie arbeiten nicht und spinnen nicht. Doch ich sage euch: Selbst Salomo war in all seiner Pracht nicht gekleidet wie eine von ihnen. Wenn aber Gott schon das Gras so prächtig kleidet, das heute auf dem Feld steht und morgen ins Feuer geworfen wird, wieviel mehr dann euch, ihr Kleingläubigen! Macht euch also keine Sorgen und fragt nicht: Was sollen wir essen? Was sollen wir trinken? Was sollen wir anziehen? Denn um all das geht es den Heiden. Euer himmlischer Vater weiß, daß ihr das alles braucht. Euch aber muß es zuerst um sein Reich und um seine Gerechtigkeit gehen; dann wird euch alles andere dazugegeben.

Sorget euch also nicht um morgen, denn der morgige Tag wird für sich selbst sorgen. Jeder Tag hat genug eigene Plage.

Matthäus 6, 19–34

Trost

Den einen fesseln hohe Ehren, den anderen seine Schätze; manchen ist ihr Adel beschwerlich, anderen ihre Niedrigkeit. Manche müssen das Haupt fremden Befehlen beugen, andere eigenen. Manche bannt das Exil an einen bestimmten Platz, manche ihr Priestertum. Das ganze Leben ist nur Sklaverei.

Daher muß man sich an seine Situation gewöhnen und möglichst wenig darüber klagen und alles, was sie an Annehmlichkeiten mit sich bringt, sich zu eigen machen.

Nichts ist so bitter, daß darin ein gelassener Mensch keinen Trost fände. Winzige Grundstücke haben schon oft durch geschickte Aufteilung für vielfache Nutzung Platz geboten, und einen noch so engen, nur fußbreiten Gang macht rechte Einteilung bewohnbar.

Geh mit Überlegung an Schwierigkeiten heran. Es kann Hartes weich und Enges weit werden und Schweres, wenn man es richtig trägt, weniger drücken.

Man darf außerdem sein Verlangen nicht auf Entferntes richten; nur in der Umgebung wollen wir ihm Ausgang gestatten, da es sich ja nicht ganz einsperren läßt. Unter Verzicht auf das Unmögliche oder Schwierige wollen wir nach dem Naheliegenden trachten, das unseren Hoffnungen entgegenkommt, doch uns bewußt sein, daß alles gleichermaßen leichtgewichtig ist, äußerlich zwar verschieden anzusehen, innen unterschiedslos hohl.

L. Annaeus Seneca, Briefe an Lucilius über Ethik

Gewöhnung

O Mensch, du trittst ein in die Welt, weinend, wie ein verlassener Säugling.

O Mensch, du verläßt dieses Leben beraubt, weinend wiederum, voll Trauer.

Lebe deshalb dieses Leben so, daß nichts davon wirklich verschwendet ist.

Du mußt dich an dieses Leben gewöhnen, da du nicht daran gewöhnt warst.

Nachdem du dich daran gewöhnt hast, mußt du dich daran gewöhnen, ohne es auszukommen.

Meditiere über diese Behauptung.

Stirb deshalb, „bevor du stirbst", um mit den Worten des Geläuterten zu sprechen. Vollende den Kreis, bevor er für dich vollendet wird.

Bis du es tust, solange du es nicht getan hast – erwarte Bitterkeit am Ende, wie sie am Anfang herrschte; in der Mitte, wie sie am Ende herrschen wird.

Du konntest das Muster nicht erkennen, als du eintratest; und als du eintratest – sahst du ein anderes Muster.

Als du dieses scheinbare Muster sahst, wurdest du davon abgehalten, die Fäden des kommenden Musters zu sehen.

Solange du nicht beide erkennst, wirst du unzufrieden bleiben.

Wem gibst du die Schuld? Und *warum* beschuldigst du?

Hashim der Sidqi

2

„Ich habe keine Zeit zu hetzen“

Dem Geheimnis der Langsamkeit Raum geben

Verstehen, ohne zu reisen

Du kannst die Welt kennen,
ohne je dein Zimmer zu verlassen.
Du kannst der Gestirne Bahnen kennen,
ohne je aus dem Fenster zu sehn.
Je weiter du rennst,
je weniger du kennst.

Der Weise versteht die Welt,
ohne zu reisen.
Er sieht was in der Ferne ist,
ohne dort zu sein.
Er wirkt ohne Taten.

Lao-Tse, Jenseits des Nennbaren

Nirgends ist, wer überall ist

Seneca entbietet Lucilius seinen Gruß

Das, was Du schreibst und was ich von Dir höre, läßt mich für Dich Gutes hoffen: weder verzettelst Du Dich, noch läßt Du Dich durch Ortsveränderungen behelligen. Auf ein krankes Gemüt deutet ein solches Hin und Her: Das erste Zeichen seelischer Gelassenheit ist, so meine ich, innehalten zu können und bei sich zu verharren. Doch achte darauf, daß diese Lektüre vieler Autoren und Bücher aller Art nicht etwas Unstetes und Haltloses an sich habe. Bei ganz bestimmten Geistesgrößen mußt Du verbleiben und Dich von ihnen nähren lassen, willst Du etwas gewinnen, was sich unverlierbar ins Herz einprägen soll. Nirgends ist, wer überall ist. Leuten, die ihre Leben auf Reisen verbringen, widerfährt dies, daß sie viele

Bekanntschaften haben, aber keine Freundschaften; dasselbe geschieht notwendigerweise jenen, die zu niemandes Geist in vertraute Beziehung treten, sondern alles flüchtig und in Eile an sich vorüberziehen lassen. Nicht nützt die Nahrung, noch kommt sie dem Körper zugute, die man nach dem Genuß sogleich wieder von sich gibt. Nichts hemmt die Genesung so sehr wie ein häufiger Wechsel der Heilmittel; nicht kommt die Wunde zur Vernarbung, an der Medikamente erprobt werden; nicht wächst der Schößling kräftig heran, der oft verpflanzt wird; nichts ist so nützlich, daß es im Vorbeigehen hilft. Es zerstreut eine Menge von Büchern; infolgedessen, da Du nicht lesen kannst, soviel Du besitzen magst, genügt es zu besitzen, soviel Du lesen kannst. „Doch bald dieses", so wendest Du ein, „bald jenes Buch will ich aufschlagen." Die Art eines verwöhnten Magens ist es, von vielem zu kosten; sooft das allerlei unvereinbare Dinge sind, bringen sie Schaden und nähren nicht. Anerkannte Autoren lies daher immer, und wenn Du einmal Lust hast, einen Abstecher zu anderen zu machen, kehre zu den ersteren zurück! Beschaffe Dir täglich etwas Hilfe gegen die Armut, etwas gegen den Tod und ebenso gegen sonstiges Ungemach, und wenn Du vielerlei flüchtig durchgesehen hast, so greife eines heraus, um es an jenem Tag zu „verdauen". Das mache auch ich selbst; aus mehrerem, was ich gelesen habe, eigne ich mir etwas an. Heute ist es das, worauf ich bei Epikur gestoßen bin – ich pflege nämlich auch in fremde Lager überzugehen, nicht als Deserteur, sondern als Spion –: „Eine schöne Sache", sagt er, „ist eine fröhliche Armut." Das ist freilich keine Armut, wenn sie fröhlich ist; nicht wer wenig hat, sondern wer mehr haben will, ist arm. Was kommt es schon darauf an, wieviel er in der Kasse, wieviel er in den Speichern liegen hat, wieviel er weidet oder auf Zinsen ausleiht, wenn er auf fremdes Eigentum aus ist, wenn er nicht Erworbenes, sondern noch zu Erwerbendes berechnet. Was ist des Reichtums

Maß, fragst Du? Das erste, besitzen, was notwendig ist, das nächste, was genug ist. Leb wohl!

L. Annaeus Seneca, Briefe an Lucilius über Ethik

Wir sind die Treibenden

Wir sind die Treibenden.
Aber den Schritt der Zeit,
nehmt ihn als Kleinigkeit
im immer Bleibenden.

Alles das Eilende
wird schon vorüber sein;
denn das Verweilende
erst weiht uns ein.

Knaben, o werft den Mut
nicht in die Schnelligkeit,
nicht in den Flugversuch.

Alles ist ausgeruht:
Dunkel und Helligkeit,
Blume und Buch.

Rainer Maria Rilke, Werke

Am Anfang war der Raum

Es wird oft behauptet: Wenn man die Ruhe nicht in sich selbst findet, ist es umsonst, sie anderswo zu suchen. Aber kann es nicht auch umgekehrt sein: Kann nicht ein Lieblingsort die Seelenruhe herbeiführen? Kann nicht ein ganz unauffälliger Fleck Gleichmut und inneres Ausgeglichensein fördern – an Ort und Stelle? Meine Erfahrung ist in der Tat: Es gibt solche bestimmten Orte, die ein Gefühl des Behagens und Seelenfriedens auslösen können.

Wer darauf angewiesen ist, nachzudenken und zu schreiben, weiß, daß er dafür eine gewisse Zeit am Tag eine Atmosphäre der Ruhe um sich legen muß. Doch er irrt sich, wenn er meint, daß er diese immer aus dem Nichts schaffen kann, daß er keinen konkreten Ort dafür braucht. Wenn ich eine tiefe, intime Beziehung zu einem Ort kultiviert habe – eine Ich-Du-Beziehung – dann tut er auch seine Wirkung: er versetzt mich in einen Zustand der Ordnung und des Ungestörtseins.

✵

Wie entsteht eine solche Beziehung? Wie schaffe ich einen solchen Ort?

Oft ist es ein ganz gewöhnlicher Ort: ein kleiner Platz, eine Bank, ein Brunnen, eine Wiese, eine abgelegene Ecke – wo ich gerne sitze. Ein solch vertrauter Ort spricht zu mir: „Laß dich auf mich ein. Verweile hier."

In seiner Kurzgeschichte „The Great Good Place" erzählt Henry James von solchen „großen guten Orten", die einen zur Ruhe bringen und fast eine Aura des Heiligen haben. James bemerkt dazu: „Sie erhalten ihre Schönheit durch das, was nicht vorhanden ist".

Solche Orte der Gelassenheit sind ganz individuell. Jeder

findet seine Lieblingsstellen für sich persönlich. Man schenkt ihnen Aufmerksamkeit, freundet sich mit ihnen an und verwandelt sie dadurch in Oasen der Stille, die Glück und Ruhe ausstrahlen. Wo immer ich bin, bin ich in „meinem Garten", wo selten ein anderer Mensch erscheint. Aber solche Merkmale wie Unzugänglichkeit sind nicht die Bedingung für ihn. Überdies ist „mein" Garten nicht objektiv „besser" als andere. Er ist nur „mein" Garten. Und nur deswegen ist er reich an Erfahrung für mich.

Jeder hat die Möglichkeit, sich etwas Freiraum in seinem hektischen Leben zu schaffen: einen Raum wie einen abgeschiedenen Garten, der nur für die Kultivierung der Pflege des Alleinseins benutzt wird, der immer bereitsteht, ohne daß wir erst große Vorbereitungen treffen müssen. Eine solche „Gelassenheitsstätte" bietet mir einen festen Punkt im Leben – eine Lebensorientierung. „Meine" Stätte ist mir lieber schlicht und einfach, ohne Wirrwarr, Durcheinander oder Unordnung, damit mein Herz wie eine Zelle der Ruhe wird – eine Zelle zum Wohnen, ein Raum zum Hineinhorchen in uns selber.

Wenn wir Zeit allein mit uns selbst und mit der inneren Stimme verbringen wollen, müssen wir „trainieren". Und für diese Übung brauchen wir Freiraum.

✷

Unsere Aufgabe besteht also darin, einen inneren und äußeren Raum der Gelassenheit im Leben zu schaffen. Es gibt eine Vielfalt von räumlichen Möglichkeiten, aber meiner Erfahrung nach nur eine einzige Bedingung: man muß seine Beziehung zu einem solchen Ort pflegen.

Ich denke, man kann jeden Ort – selbst einen häßlichen Platz mitten in einer Großstadt – in eine Stätte der Gelassenheit verwandeln, indem man sich mit diesem Ort anfreundet, ihn sorgfältig und intensiv in sich aufnimmt, um seine Einzelheiten und Einmaligkeit zu erkennen.

Das ist zunächst meine eigene „Methodik" zur Verwandlung eines Ortes. Wenn ich das tue, verwandle ich auch mich selbst. Ich beschränke und konzentriere meine Betrachtung auf eine Stelle, bis die eigene Welt auf die Größe einer Briefmarke geschrumpft ist. Indem ich diesen Ausschnitt betrachte und alles wahrnehme, entwickle ich eine leidenschaftliche Beziehung zu ihm. Ich belebe ihn sehr intensiv und nenne ihn mein „Versteck" oder mein „Zuhause". Ich sauge den Honig aus diesem winzigen Zufluchtsort, der umso schöner wird, je länger ich diese Lebensnahrung genieße!

Die Intensität einer solchen Beziehung löst einen friedvollen Zustand der entspannten Einheit aus. Einheit: ich erlebe eine „räumliche Integrität", die zerstört wird, wenn ich hin und her pendle und keinen solchen Ort der Gelassenheit habe. Ich fühle die räumliche Einheit gespalten in ein „wurzelloses Ich" und ein „heimisches Ich", die sich dann getrennt entwickeln.

Einen Ort intensiv kennenzulernen, heißt alle Orte kennengelernt zu haben, weil das intensive Pflegen einer Beziehung zu einem bestimmten Ort ihn in „Jeden-Ort" verwandelt. Eine bejahte enge, ja intime Beziehung zu einem Ort bewirkt ein Gefühl der Freude und Lebendigkeit und Zeitlosigkeit – der Gelassenheit. Allmählich verlieren der Lärm und die tausend täglichen Ablenkungen und Zerstreuungen ihre Macht über mich. Ich entwickle ein Verantwortungsgefühl für das Wohlergehen „meines" Ortes, es wächst der Wunsch, ihn zu pflegen und für ihn zu sorgen. Für mich ist es auch hilfreich, Bilder meiner „Gelassenheitsstätten" zu haben, damit ich mich an die fernen Stellen erinnere, ihre Wertschätzung für mich vergegenwärtige und über sie meditieren kann.

✵

Am Anfang war nicht das Wort, sondern der Raum.
Ein Raum zum Nachdenken bleibt vonnöten und ist unentbehrlich: er ist die Bedingung, wenn sich etwa noch Tieferes, Persönlicheres einstellen soll: Das „Wort" stellt sich im stillen Raum heraus – falls ich mich zurücknehme, hineinhorche und genau zuhöre. Dieser Raum ist ein Mutterleib der Spiritualität, in der ich geistig wachse und Gott in mir entdecke. Ich entdecke mich selbst, ich komme zur Ruhe. Und diese Selbstentdeckung ermöglicht Solidarität mit meinen Mitmenschen. Wenn ich mich auf einen begrenzten Ort konzentriere, führt dies zur inneren Klarheit – und zum Schweigen. Ich verwandle einen Fleck der Erde in einen privaten sakralen Raum, fast wie eine Kapelle, die ich jederzeit betreten kann.

„Meine" Stelle lehrt mich die Poetik des Alltags. Sie lehrt mich, wie man Intimität mit einfachen Dingen und gewöhnlichen Orten entwickelt, wie man die unmittelbare Umgebung erkennt und schätzt. Der vertraute Winkel macht glückselig. Das alltägliche Leben wird durch solche aufmerksame Beschränkung „geheiligt". Ich erkenne an, daß es wichtig ist, Einschränkungen im Leben anzunehmen und zu schätzen.

Die Lehre ist unerläßlich: Meißele deine Welt – und dein Leben – in die Form und Größe, die dir angemessen ist!

John Rodden, Nahe am Knochen ist das Leben am süßesten

Ein Ort der Zufriedenheit

Zumindest einen Raum oder eine Ecke sollstest du für dich haben, wo dich niemand findet, niemand stört, niemand beachtet. Dort solltest du die Freiheit haben, dich von der Welt zu lösen und dich loszulassen, indem du alle feinen Saiten und Fasern der Spannung löst, die dein Schauen, dein Hören, dein Denken in der Gegenwart anderer Menschen binden. Hast du einen solchen Platz gefunden, sei zufrieden damit und sei nicht verwirrt, wenn dich ein guter Grund davon wegruft. Liebe ihn und kehre zu ihm zurück, sobald du kannst.

Thomas Merton, Zeiten der Stille

Der verachtete Rat

Man darf nie weniger geschwind tun, wenn etwas geschehen soll, als wenn man auf die Stunde einhalten will. Ein Fußgänger auf der Basler Straße drehte sich um und sah einen wohlbeladenen Wagen schnell hinter sich hereilen. „Dem muß es nicht arg pressieren", dachte er. – „Kann ich vor Torschluß noch in die Stadt kommen?" fragte ihn der Fuhrmann. – „Schwerlich", sagte der Fußgänger, „doch wenn Ihr recht langsam fahrt, vielleicht. Ich will auch noch hinein." – „Wie weit ist's noch?" – „Noch zwei Stunden." – „Ei", dachte der Fuhrmann, „das ist einfältig geantwortet. Was gilt's, es ist ein Spaßvogel." Wenn ich mit Langsamkeit in zwei Stunden hineinkomme, dachte er, so zwing ich's mit Geschwindigkeit in anderthalben und hab's desto gewisser. Also trieb er die Pferde an, daß die Steine davonflogen und die Pferde die Eisen verloren. Der Leser merkt etwas. „Was gilt's", denkt er, „es fuhr ein Rad vom Wagen?" Es kommt dem Hausfreund auch nicht darauf an. Eigentlich aber, und die Wahrheit zu sagen, brach die hintere Achse. Kurz, der Fuhrmann mußte schon im nächsten Dorf über Nacht bleiben. An Basel war nimmer zu denken. Der Fußgänger aber, als er nach einer Stunde durch das Dorf ging und ihn vor der Schmiede erblickte, hob er den Zeigefinger in die Höhe. „Hab ich Euch nicht gewarnt", sagte er, „hab ich nicht gesagt: Wenn Ihr langsam fahrt!"

Johann Peter Hebel, Aus dem Schatzkästlein des Rheinischen Hausfreundes

Geschwindigkeit mag bei einem Pferd eine Tugend sein. Für sich allein betrachtet besitzt sie keinerlei Vorzüge.

Al Ghasali

Verlangsamen

Auf Touren gebrachte Menschen lassen sich mit Robotern vergleichen. Vielleicht erinnern Sie sich an den aufschlußreichen Film *Modern Times* von Charlie Chaplin. Charlie steht am Montagabend in einer Fabrik, wo er acht Stunden lang pro Tag mit seinem Schraubenschlüssel eine Schraube auf dem jeweils vorbeikommenden Stück festdreht. Von Zeit zu Zeit erhöht der Chef die Bandgeschwindigkeit, und der arme Charlie muß noch schneller arbeiten. Den ganzen Tag hindurch macht er die gleiche Armbewegung. Wenn er nach acht Stunden die Fabrik verläßt, kann er damit nicht aufhören. Obwohl er keinen Schraubenschlüssel hat, wiederholt er zum Erstaunen der Passanten die gleiche Geste den ganzen Weg nach Hause. So geht es auf Touren gebrachten Menschen. Sie handeln automatisch und haben dadurch keine Freiheit und keine Wahlmöglichkeit, sondern lediglich Zwänge. Da sie sich keine Zeit nehmen, um über Dinge nachzudenken, verlieren sie allmählich ihre Reflexionsfähigkeit. Wie können wir uns jedoch ohne Reflexion ändern? Wir müssen zuerst in der Lage sein, uns zurückzulehnen, Abstand zu uns selbst zu gewinnen, uns zu prüfen und unsere Verhaltensmuster zu entdecken. Paradoxerweise verharren Menschen, die sich beeilen, tatsächlich an derselben Stelle.

Wenn wir immer schneller werden, läßt unsere Empfänglichkeit für die Bedürfnisse der Menschen um uns immer mehr nach. Wir werden geistlos, stumpf, unempfänglich ...

Zum Glück gilt auch das Gegenteil. Wenn ein ausgeglichener und von jeder Hast freier Mensch einen Raum betritt, strahlt er auf alle Anwesenden eine beruhigende Wirkung aus.

Wenn wir Handlungsfreiheit, gute Beziehungen zu anderen Menschen, Gesundheit und Lebenskraft, Gemütsruhe und die Fähigkeit zu wachsen wünschen, so müssen wir lernen, langsamer zu werden. Wir können es uns einfach nicht leisten, den Preis des Hetzens zu bezahlen, mag die Verpackung auch noch so attraktiv sein. Der Preis ist nämlich unser Leben selbst. Wieder fallen mir tiefsinnige Worte Thoreaus ein: „Ich habe keine Zeit zu hetzen."

Wir sind es, die die Verantwortung dafür übernehmen müssen, diese Gewohnheiten zu ändern, das Herunterschalten zu lernen.

Ein praktischer Schritt ist, morgens früh aufzustehen. Wenn Sie das nicht tun, wie sollen sie es schaffen, nicht in Eile zu sein? Selbstverständlich gibt es verschiedene Dinge, die vor Arbeitsbeginn zu erledigen sind: Sie müssen meditieren, frühstücken, die Zähne putzen usw. Wenn Sie erst um elf aufwachen und dann mit einem Programm des langsamen Vorgehens beginnen, werden Sie natürlich gar keine Arbeit fertigbringen.

Stehen Sie also möglichst früh auf. Auf dem Land ist die Schönheit der frühen Morgenstunden unübertroffen: die Kühle, die besondere Qualität des Lichts, der Tau auf Blumen und Spinnweben, der Gesang der Brise, der Vögel und der ganzen Erde. Auch die Stadt zeigt sich von ihrer besten Seite: Es herrscht relative Stille und eine Verheißung neuer Möglichkeiten. William Wordsworth entdeckte auch in der Großstadt Schönheit am frühen Morgen:

Diese Stadt trägt nun, wie ein Kleid
Die Schönheit des Morgens; still und nackt
Liegen Schiffe, Türme, Kuppeln, Theater und Tempel
Den Feldern, und dem Himmel, offen,
Ganz hell und glänzend in der rauschlosen Luft.
(On Westminster Bridge)

Mit herrlicher Emphase versucht der englische Mystiker Thomas Traherne die wunderbare, immer neue Erscheinung der Welt, wie sie sich dem darstellt, dessen Augen geöffnet worden sind, in Worte zu fassen: „Der Staub und die Steine der Straße waren so kostbar wie Gold... Die grünen Bäume, als ich sie zum ersten Mal durch eins der Tore erblickte, verzückten und verführten mich; ihre Süße und ausnehmende Schönheit ließen mein Herz hüpfen... Die auf der Straße spielenden und sich tummelnden Buben und Mädchen waren sich bewegende Edelsteine... Die Ewigkeit offenbarte sich im Licht des Tages, und etwas Unendliches trat hinter jedem Ding hervor."

Unsere Aufmerksamkeit ist also eine höchst kostbare Fähigkeit. Es ist sehr wichtig, was wir mit ihr anfangen, weil alles, auf was wir sie richten, sei es gut oder schlecht, dadurch zum Gedeihen angeregt wird. Ich glaube, es war Meher Baba, ein moderner Mystiker Indiens, der erklärte:

Ein Geist, der schnell ist, ist krank.
Ein Geist, der langsam ist, ist gesund.
Ein Geist, der still ist, ist göttlich.

Denken Sie an ein Auto, das mit 150 km/h dahinbraust. Der Fahrer mag sich überschwenglich und kraftvoll fühlen, aber eine Reihe von Dingen können dazu führen, daß er plötzlich die Kontrolle über das Auto verliert. Wenn er jedoch mit 50 km/h fährt, läßt sich das Auto leicht fahren; selbst wenn jemand anderes ein gefährliches Manöver unternimmt, wird er wahrscheinlich noch ausweichen können. So ist es auch mit dem Geist. Wenn sein verzweifeltes Schwirren sich verlangsamt, so erscheinen Zielgerichtetheit und Urteilsvermögen, dann Liebe und schließlich das, was die Bibel „den Frieden, der alles Begreifen übersteigt", nennt.

Eknath Easwaran, So öffnet sich das Leben

Der Mann und sein Schatten

Es war einmal ein Mann, den verstimmte der Anblick seines eigenen Schattens so sehr, der war so unglücklich über seine eigenen Schritte, daß er beschloß, sie hinter sich zu lassen. Er sagte zu sich: Ich laufe ihnen einfach davon.

So stand er auf und lief davon. Aber jedesmal, wenn er seinen Fuß aufsetzte, hatte er wieder einen Schritt getan, und sein Schatten folgte ihm mühelos.

Er sagte zu sich: Ich muß schneller laufen. Also lief er schneller und schneller, lief so lange, bis er tot zu Boden sank.

Wäre er einfach in den Schatten eines Baumes getreten, so wäre er seinen eigenen Schatten losgeworden, und hätte er sich hingesetzt, so hätte es keine Schritte mehr gegeben. Aber darauf kam er nicht.

Thomas Merton, Sinfonie für einen Seevogel

Bis die Seele nachkommt

Eine Himalaya-Expedition war unterwegs nach Norden. Nachdem die Gruppe den ersten großen Paß überschritten und eine kurze Rast gemacht hatte, rief der Expeditionsleiter wieder zum Aufbruch. Dem leisteten aber die indischen Träger nicht Folge. Als ob sie nichts gehört hätten, blieben sie weiter auf ihren Planen hocken, die Augen am Boden, und schwiegen. Als der Europäer weiter in sie drang, schauten ihn einige Augenpaare verwundert an. Schließlich sagte einer: „Wir können nicht weitergehen, wir müssen warten, bis unsere Seelen nachgekommen sind."

Indisch

Zeichen auf dem Weg

Ein Mann schickte seine beiden Söhne, Tambu und Rafiki, hinaus ins Grasland, um sich in den Dörfern umzusehen. Er gab ihnen den Auftrag: „Hinterlaßt Zeichen auf eurem Weg!"

Die beiden Söhne gehorchten dem Vater und gingen hinaus ins Grasland. Nach wenigen Schritten schon begann Tambu, Zeichen auf seinen Weg zu machen. Er knüpfte einen Knoten ins hohe Grasbüschel, dann ging er ein Stück weiter und knickte einen Zweig von einem Busch. Dann knüpfte er wieder Knoten ins Grasbüschel. So war der ganze Weg, den er ging, voller Zeichen. Aber er zog sich von allen Menschen zurück und sprach mit niemandem.

Ganz anders verhielt sich sein Bruder Rafiki. Er machte keine Zeichen am Weg. Aber im ersten Dorf setzte er sich zu den Männern im großen Palaverhaus, hörte zu, aß und trank mit ihnen und erzählte aus seinem Leben. Im nächsten Dorf schloß Rafiki Kontakt mit einem Jungen, der ihn in seine Familie mitnahm, in die Dorfgemeinschaft einführte. Im dritten Dorf bekam Rafiki von einem Mädchen bei der sengenden Hitze einen kühlen Trunk angeboten und durfte das Dorffest mitfeiern.

Tambu bekam von alldem nichts mit; er hatte Arbeit mit seinen Grasbüscheln und geknickten Zweigen.

Als die beiden Brüder nach ihrer Heimkehr dem Vater von ihren Erlebnissen erzählten, machte er sich mit ihnen auf denselben Weg. Überall wurde Rafiki mit seinem Vater herzlich aufgenommen – Tambu aber kannte kein Mensch. „Ich verstehe nicht, warum mich keiner kennt", sagte Tambu, „alle sind zu Rafiki freundlich, der nichts anders getan hat, als geguckt; kein einziges Grasbüschel hat er geknüpft und wird von allen gekannt und geehrt."

Da sagte der Vater: „Es gibt noch andere Zeichen als Grasbüschel, mein Kind: Das sind Zeichen, die ein Mensch in den Herzen anderer Menschen hinterläßt, wenn er zu ihnen geht, mit ihnen spricht und ihnen seine Freundschaft zeigt. Solche Zeichen hat Rafiki auf seinem Weg hinterlassen; darum haben ihn die Leute wiedererkannt und freundlich gemocht, wenn er kommt. Solche Zeichen in den Herzen der Menschen bleiben, wenn die Grasbüschel längst von Tieren gefressen oder vom Wind weggetragen sind."

Da sagte Tambu: „Ich will auch lernen, solche Zeichen auf meinem Weg zu hinterlassen wie Rafiki."

Afrikanisch

Reisen

Meinen Sie, Zürich zum Beispiel
sei eine tiefere Stadt,
wo man Wunder und Weihen
immer als Inhalt hat?

Meinen Sie, aus Habana,
weiß und hibiskusrot,
bräche ein ewiges Manna
für Ihre Wüstennot?

Bahnhofstraßen und Rueen,
Boulevards, Lidos, Laan –
selbst auf den Fifth Avenueen
fällt Sie die Leere an –

ach, vergeblich das Fahren!
Spät erst erfahren Sie sich:
bleiben und stille bewahren
das sich umgrenzende Ich.

Gottfried Benn

Unverhofft

Ich wiederhole:
Zum Laufen hilft nicht schnell sein,
beim Kämpfen nicht stark sein,
in der Kunst nicht Blut und Wasser schwitzen,
im Goldrausch auch kein fieberhaftes Schürfen.

Drum gedulde dich, sieh zu, bis du
die Zeit auf deiner Seite hast.

Denn ist es an der Zeit,
genügt ihr ein Augenblick;

dann überläßt sie dir,
ohne nach deinen Anstrengungen zu fragen,
und auch dir, Schläfer bis in den Tag,
das volle blendende Glück.

Was sonst?

Heinz Piontek, Helldunkel

Segenssprüche in der Natur

Beim ersten Anblick blühender Bäume im Frühling:

Gelobt seist Du,
Herr, unser Gott, Weltenherrscher,
der nichts hat fehlen lassen in Seiner Welt
und der in ihr erschaffen hat
gute Geschöpfe und gute Bäume,
um damit die Menschen zu erfreuen.

Bei Donner, Erdbeben oder Sturm:

Gelobt seist Du,
Herr, unser Gott, Weltenherrscher,
dessen Kraft und Allmacht
die Welt erfüllt.

Beim Anblick eines Regenbogens:

Gelobt seist Du,
Herr, unser Gott, Weltenherrscher,
der des Bundes gedenkt,
treu Seinen Bund hält
und Sein Wort erfüllt.

Beim Anblick schöner Bäume und hübscher Geschöpfe:

Gelobt seist Du,
Herr, unser Gott, Weltenherrscher,
der dergleichen in Seiner Welt besitzt.

Jüdisches Gebetbuch

Spazierlust

Hellglänzendes Silber, mit welchem sich gatten
Der astigen Linden weitstreifende Schatten,
Deine sanftkühlend-geruhige Lust
Ist jedem bewußt.

Wie sollten kunst-ahmende Pinsel bemalen
Die Blätter, die schirmen vor brennenden Strahlen?
Keiner der Stämme, so grünlich beziert,
Die Ordnung verführt.

Es lispeln und wispeln die schlüpfrigen Brunnen,
Von ihnen ist diese Begrünung gerunnen.
Sie schauren, betrauren und fürchten bereit
Die schneiichte Zeit.

Johann Klaj

Zu Fuß

Wenn man überallhin zu Fuß geht, erfährt man einen Zustand der Gefaßtheit und gerät seltener in Erregung. Es ist schwierig, Hektik und Schlendern zu verbinden. Wer bewußt zu Fuß geht, widersteht der Versuchung leichter, zu rasen und zu hasten und seine Zeit mit Terminen zu verplanen und vollzustopfen. Er gewinnt die Einsicht, daß der Takt der Anhäufung den Rhythmus der Einverleibung nicht überschreiten darf.

Es ist eine Frage der inneren Harmonie. Wer zu Fuß geht, erlebt, daß das gesunde Leben von einem natürlichen Rhythmus, von einem Takt bestimmt ist – wie ein ebenmäßiger Pulsschlag, regelmäßig, wiederkehrend, an- und abschwellend.

Aber wir sprechen hier nicht von einem normalen Fußgänger. Wir sprechen von einem, für den das Gehen zum inneren Abenteuer wird. Mehr noch: Es geht um den heiteren Traum des Müßiggängers, ein „Pilger des Friedens" zu werden. Jeder Schritt ist für ihn ein Schritt auf dem Weg zum inneren Frieden. Ein Friedenspilger ist jemand, der Muße hat: er geht fast überallhin zu Fuß. Der Friedenspilger „läuft" also nicht, er geht auch nicht spazieren, noch schlendert er in einem banalen, gewöhnlichen Sinn. Er *pilgert.* Er verwandelt diese gewohnten Handlungen in eine Lebensphilosophie: Er bewegt sich fort, um zu sich zu kommen. Und er erreicht etwas, was auch für andere wichtig ist.

✳

Jede Stunde wird man von einer Vielfalt von Eindrücken, Botschaften, Informationen und Angeboten bombardiert, die einen „zerstreuen". Sie lenken davon ab, daß das Leben eines Menschen von Äußerlichkeiten und falschen Gefälligkeiten dem anderen gegenüber bestimmt zu werden droht. Unsere Gesellschaft hat sich den Rhythmus des Computers zu eigen gemacht. Zeit stellt nur eine Nützlichkeit dar. Effizienz und Wirksamkeit sind alles.

Dem kann man gegensteuern durch die Wiederentdeckung ganz einfacher Mittel: Wer überallhin bewußt *geht*, kann seinen eigenen Takt besser respektieren und auf sein inneres Metronom horchen. Zum ersten Mal wird er möglicherweise gewahr, daß er einen einmaligen Taktmesser besitzt – und daß dieser sein richtiger Tempogeber ist. Er kann seine unausgeschöpften Möglichkeiten nur erfüllen, wenn er nach seinem eigenen Tempo, nach seiner eigenen Uhr lebt. Wenn man läuft, findet man leichter seinen eigenen Weg. Es ist nicht mehr das äußerliche Metronom der Einrichtungen und Institutionen, welches das Tempo des Lebens vorgibt. Wenn wir unser eigenes Metronom schaffen, bestimmen wir selbst unseren Lebensweg und Lebensrhythmus.

Der Friedenspilger ist kein Eigenbrötler, sondern ein wichtiger Botschafter der Glückseligkeit für seine Mitmenschen. Wie Franz von Assisi verkündete: „Mein Umhergehen ist mein Predigen!“ Der Pilger der Ruhe teilt seinen inneren Frieden mit seinen Mitmenschen und leistet als friedvoller Fußgänger einen umweltfreundlichen, bürgerlichen Beitrag zur Weltruhe.

✻

Was macht der Friedenspilger konkret? Wer zu Fuß geht, pflegt auch eine unterschätzte Tugend: die Geduld. Er lernt besser, zu warten – und abzuwarten. Warten und abwarten – bis zum richtigen Zeitpunkt, dem Kairos: darin besteht das eigentliche Abenteuer! Die Regel lautet: Nie den *kairos* dem *chronos* opfern!

Während seiner Pilgerfahrt hat der Pilger Zeit: Zeit zum Wahrnehmen, zum Nachdenken, zum Philosophieren und vor allem: zum Verweilen. Manchmal bummelt oder trödelt er. Wörter wie „bummeln" oder „trödeln" tragen negative Bedeutungen, aber der Friedenspilger verwandelt sie ins Positive. Seine Langsamkeit führt zur Einsicht ins Wesentliche. Es verlangsamt das Leben, damit er es richtig genießt, damit er es zur Neige auskostet. Genaues, langsames Beobachten und Entdecken gehören zusammen.

Wer die langsame Gangart hochschätzt, muß keine „Angst vor Schnelligkeit" haben. Er lernt vielmehr die eigene Art Geschwindigkeit. Er zieht die Natürlichkeit und eine höhere Leichtigkeit vor. Ein „Philosoph der Straße" weiß, daß die Bewegung an sich „Freiheit" heißt. Er verläßt sich auf seine eigenen zwei Beine – und das füllt ihn aus. Er hat immer „festen Grund", denn er bleibt am Boden. Häufig entwickelt er eine tiefe Beziehung zu einem vertrauten Ort, weil er kein Fortbewegungsmittel nimmt, welches seine Achtsamkeit ablenken und zerstreuen würde. Er beschränkt sich auf einen Ausschnitt der Welt, den aber lernt er wirklich kennen. Seine einzige „Methodik" ist die alte, arbeitsintensive Art: das Gehen.

Der Pilger weiß auch noch, daß alle anderen Tätigkeiten, die der Hast widerstehen – z. B. Gartenarbeit –, uns helfen, unseren natürlichen, menschlichen Rhythmus zu bewahren. Hast heißt: ich habe meine Bestimmung verloren, ich habe meinen eigenen Rhythmus ignoriert. Alle Tätigkeiten, die das Leben verlangsamen, tragen dazu bei, daß wir leichter zu uns selbst finden und uns in die Natur integrieren. Solche Tätigkeiten wie das Schlendern und die Gartenarbeit sind also „Schrittmacher" im Leben. Sie geben ein natürliches Tempo des Alltags an.

Das Pilgern ermöglicht auch Spontanität: Man kann auf seinem Weg auch einmal abbiegen oder seinen Schritt beschleunigen oder verlangsamen, wie und wann man will. So ein gemächlicher Rhythmus – ohne Hast und ohne Technik – stellt einen menschlichen Maßstab dar. Man kann jederzeit eine Pause einlegen, und man wird gewahr, was einen umgibt. Es gibt keine Verkehrsregeln! Die Freiheit der Bewegung ist vielleicht die wichtigste alltägliche Freiheit.

Einfachheit, Natürlichkeit, Weisheit, Freiheit. Das sind die Tugenden und Werte, die ein solcher Pilger schätzt und bewahrt.

Wer den eigenen natürlichen Rhythmus versteht, wer seinen Körper versteht und ihn würdigt, hört auf die eigene innere Stimme. Eine solche Pilgerfahrt wird zur Entdeckungsreise in das eigene Ich und eine Metapher der Lebenskunst.

Der Pilger ist kein Tourist. Er erkennt, daß das Leben eine heilige Reise darstellt und daß die Kraft zur Bewegung ein Wunder ist. Freilich: Für ihn ist das Leben eine Pilgerfahrt zum Wundern. Sie führt ihn zu einem innerlichen Bestimmungsort. Er versteht: die letzte Grenze seiner Entdeckungsreise ist die eigene, unbefahrene Innenwelt.

John Rodden, Nahe am Knochen ist das Leben am süßesten

Stehenbleiben

Einem Geschäftsmann, der aus der Mühsal des Lebens ins Geldverdienen floh, sagte der Meister:

„Es war einmal ein Mann, der sich vor seinen eigenen Fußstapfen fürchtete. So entschloß er sich, nicht mehr zu gehen, sondern zu laufen, wodurch sich nur die Zahl seiner Fußstapfen verringerte. Was er wirklich tun sollte, war stehenbleiben."

Anthony de Mello, Eine Minute Unsinn

Gehmeditation

Die Schritte unseres alltäglichen Lebens sind ganz schwer geworden durch Sorgen, Ärger und Ängste. Unser Leben ist so nur eine Aneinanderreihung von Monaten und Jahren voller Sorgen. Dadurch können unsere Schritte nicht entspannt sein.

Die Erde ist so schön mit ihren vielen wunderbaren Wegen: da sind schmale Pfade mit jungen Birken an jeder Seite; da gibt es Wege, wo du berauscht wirst *vom Geruch des frisch geschnittenen Grases;* du findest Pfade, die bedeckt sind mit Laub in den wunderschönsten Farben.

Aber nur selten sind wir uns dieser Wege bewußt, und oft wissen wir sie gar nicht zu schätzen. Das ist so, weil wir nicht entspannt sind und unser Gang kein entspannter Gang ist.

Gehmeditation ist eine Übung, durch die wir zu einem entspannten Gehen zurückfinden.

Im Alter von ungefähr anderthalb Jahren beginnen wir, unsere ersten noch schwankenden Schritte zu machen. Wir werden in der Übung der Gehmeditation diese unsicheren, tastenden Schritte wieder machen.

Nach ein paar Wochen Praxis können wir dann sicher, natürlich und friedvoll gehen.

*

Du mußt lernen, von deinen Sorgen, deinem Kummer abzulassen, um frei und in Frieden zu sein.

Als erstes mußt du sorgfältig beobachten, wahrnehmen und erkennen, daß diese Welt selbst alle Wunder des „Reinen Landes“ hat.

Es sind unsere Sorgen, unsere Kümmernisse, die uns blind und unfähig machen, diese Wunder zu sehen.

Ich denke oft, daß ich unsere Welt dem „Reinen Land" vorziehen würde, denn es gibt so viele Dinge hier auf Erden, die ich sehr gerne habe, z. B. Pflaumenbäume, Kastanienbäume, Eichen, Apfelbäume, Kiefern und Weiden.

Mir wurde erzählt, daß es im „Reinen Land" kostbare Lotusteiche gäbe, edelste Bäume und Wege, die bedeckt sind mit Gold und Silber sowie erlesene Singvögel.

Ich spüre keine besondere Vorliebe für diese Kostbarkeiten. Ich mag nicht gern auf Wegen gehen, die gepflastert sind mit Gold und Silber, ebensowenig wie auf marmornen Wegen dieser Erde.

Ich liebe dagegen die Sandwege mit den Grasbüscheln, die zu beiden Seiten wachsen. Ich liebe jeden einzelnen Kieselstein und das Laub, das auf die Wege gefallen ist.

Ich mag die vielen Sträucher, die Weißdornbüsche, die Bäche, Flüsse und Seen.

Als ich noch ein junger Novize war, sagte ich einst zu meinem Lehrer: „Thây, ich werde nicht in das „Reine Land" gehen, wenn es dort keine Zitronen- und Stechapfelbäume gibt."

Mein Lehrer schüttelte den Kopf und lächelte. Vielleicht hielt er mich für einen besonders eigensinnigen Schüler. Aber er sagte nie, ob er mir zustimmte oder nicht.

Jetzt bin ich sehr glücklich, denn ich weiß, daß das Weltliche und das Reine nur Vorstellungen unseres Geistes sind. Ich bin glücklich, denn ich bin nun sicher, daß es im „Reinen Land" sowohl Zitronen- und Stechapfelbäume gibt als auch die rötlichen Sandwege mit den Grasbüscheln an den Rändern.

Ich weiß, wenn ich aufmerksam und achtsam alles betrachte und mit friedvollen Schritten gehe, dann kann ich das „Reine Land" sehen und erfahren.

Darum übe ich jeden Tag Gehmeditation.

✵

Wenn du übst, verlangsame deine Schritte und richte deine ganze Aufmerksamkeit auf diese Schritte. Sei dir jedes Schrittes bewußt.

Geh behutsam und ruhig. Geh wie ein Buddha.

Setze beim Gehen deinen Fuß behutsam, aber doch zuversichtlich auf die Erdoberfläche, so wie ein König sein Siegel auf einen königlichen Erlaß setzt.

Das Siegel auf einen königlichen Erlaß kann für das Volk Frieden, es kann aber auch sehr viel Leid bedeuten. Dasselbe gilt für deine Schritte.

Eine friedliche Welt hängt davon ab, ob du friedvoll gehen kannst oder nicht.

Alles hängt von einem einzigen deiner Schritte ab.

Wenn du nämlich einen friedvollen Schritt machen kannst, bist du auch fähig, zwei zu machen. Schließlich kann jeder deiner Schritte voller Frieden sein.

✺

Ich möchte dir gern etwas zuflüstern: Wenn du hier auf der Erde Schritte voller Frieden machen kannst, dann ist es nicht mehr nötig, das „Reine Land“ des Buddha oder das „Reich Gottes“ zu erreichen.

Sobald du frei und in Frieden bist, ist das Weltliche rein und das Reine weltlich, und es gibt keinen Ort mehr, zu dem du gelangen müßtest. Es ist dann nicht mehr nötig, die wunderbaren Füße des Buddha zu gebrauchen, selbst wenn du sie hättest.

Thich Nhat Hanh, Anleitung zur Gehmeditation

Froschlosigkeit

Der Übung erste Frucht ist die
Froschlosigkeit

Setzt man einen Frosch
in die Mitte eines Tellers,
hüpft er dem Teller
nach wenigen Sekunden davon.

Setzt man ihn wieder
in die Mitte des Tellers,
wird er wieder davonhüpfen.

Du hast so viele Pläne.
Da gibt es etwas, was du werden möchtest.
Deshalb möchtest du immer einen Sprung machen,
einen Sprung nach vorn.

Es ist schwer,
den Frosch stillzuhalten,
im Mittelpunkt des Tellers.
Du und ich,
wir beide haben Buddhas Natur in uns.
Das macht Mut,
aber du und ich,
wir haben beide Froschnatur in uns.

Das ist der Grund dafür,
daß der Übung erste Frucht
den Namen Froschlosigkeit trägt.

Thich Nhat Hanh, Collected Poems

3
Wem Zeit wie Ewigkeit ...

Sich Zeit lassen
und Zeit nehmen

Gedenke des Sabbats

Sechs Tage darfst du schaffen und jede Arbeit tun. Der siebte Tag ist ein Ruhetag, dem Herrn, deinem Gott, geweiht. An ihm darfst du keine Arbeit tun: du, dein Sohn und deine Tochter, dein Sklave und deine Sklavin, dein Vieh und der Fremde, der in deinen Stadtbereichen Wohnrecht hat. Denn in sechs Tagen hat der Herr Himmel, Erde und Meer gemacht und alles, was dazugehört; am siebten Tag ruhte er. Darum hat der Herr den Sabbattag gesegnet und ihn für heilig erklärt.

Exodus, 20,8–11

Spare Zeit!

An Hauswänden und Anschlagsäulen klebten Plakate, auf denen man alle möglichen Bilder des Glücks sah. Darunter stand in leuchtenden Lettern:

Zeit-Sparern geht es immer besser!
Oder: Zeit-Sparern gehört die Zukunft!
Oder: Mach mehr aus deinem Leben – spare Zeit!

Aber die Wirklichkeit sah ganz anders aus. Zwar waren die Zeit-Sparer besser gekleidet als die Leute, die in der Nähe des alten Amphitheaters wohnten. Sie verdienten mehr Geld und konnten auch mehr ausgeben. Aber sie hatten mißmutige, müde oder verbitterte Gesichter und unfreundliche Augen. Bei ihnen war die Redensart „Geh doch zu Momo!" natürlich unbekannt. Sie hatten niemand, der ihnen so zuhören konnte, daß sie davon gescheit, versöhnlich oder gar froh geworden wären. Aber selbst, wenn es dort so jemand gegeben hätte, es wäre doch höchst zweifelhaft gewesen, ob sie je zu ihm hingegangen wären – es sei denn, man hätte die Sache in fünf Minuten erledigen können. Andernfalls hätten sie es für verlorene Zeit gehalten. Selbst ihre freien Stunden mußten, wie sie meinten, ausgenutzt werden und in aller Eile so viel Vergnügen und Entspannung liefern, wie nur möglich war.

So konnten sie keine richtigen Feste mehr feiern, weder fröhliche noch ernste. Träumen galt bei ihnen fast als ein Verbrechen. Am allerwenigsten aber konnten sie die Stille ertragen. Denn in der Stille überfiel sie Angst, weil sie ahnten, was in Wirklichkeit mit ihrem Leben geschah. Darum machten sie Lärm, wann immer die Stille drohte. Aber es war natürlich kein fröhlicher Lärm wie der auf einem Kinderspielplatz, sondern ein wütender und mißmutiger, der die große Stadt von Tag zu Tag lauter erfüllte.

Ob einer seine Arbeit gern oder mit Liebe zur Sache tat, war unwichtig – im Gegenteil, das hielt nur auf. Wichtig war ganz allein, daß er in möglichst kurzer Zeit möglichst viel arbeitete.

Über allen Arbeitsplätzen in den großen Fabriken und Bürohäusern hingen deshalb Schilder, auf denen stand:

Zeit ist kostbar – verliere sie nicht!
oder: Zeit ist (wie) Geld – darum spare!

Ähnliche Schilder hingen auch über den Schreibtischen der Chefs, über den Sesseln der Direktoren, in den Behandlungszimmern der Ärzte, in den Geschäften, Restaurants und Warenhäusern und sogar in den Schulen und Kindergärten. Niemand war davon ausgenommen.

Und schließlich hatte auch die große Stadt selbst mehr und mehr ihr Aussehen verändert. Die alten Viertel wurden abgerissen und neue Häuser wurden gebaut, bei denen man alles wegließ, was nun für überflüssig galt. Man sparte sich die Mühe, die Häuser so zu bauen, daß sie zu den Menschen paßten, die in ihnen wohnten; denn dann hätte man ja lauter verschiedene Häuser bauen müssen. Es war viel billiger und vor allem zeitsparender, die Häuser alle gleich zu bauen.

Im Norden der großen Stadt breiteten sich schon riesige Neubauviertel aus. Dort erhoben sich in endlosen Reihen vielstöckige Mietskasernen, die einander so gleich waren wie ein Ei dem anderen. Und da alle Häuser gleich aussahen, sahen natürlich auch alle Straßen gleich aus. Und diese einförmigen Straßen wuchsen und wuchsen und dehnten sich schon schnurgerade bis zum Horizont – eine Wüste der Ordnung! Und genauso verlief auch das Leben der Menschen, die hier wohnten: Schnurgerade bis zum Horizont! Denn hier war alles genau berechnet und geplant, jeder Zentimeter und jeder Augenblick.

Niemand schien zu merken, daß er, indem er Zeit sparte, in Wirklichkeit etwas ganz anderes sparte. Keiner wollte wahr haben, daß sein Leben immer ärmer, immer gleichförmiger und immer kälter wurde.

Deutlich zu fühlen jedoch bekamen es die Kinder, denn auch für sie hatte nun niemand mehr Zeit.

Aber Zeit ist Leben. Und das Leben wohnt im Herzen.

Und je mehr die Menschen daran sparten, desto weniger hatten sie.

Michael Ende, Momo

Bewahre die Zeit

Seneca entbietet Lucilius seinen Gruß

Handle so, mein Lucilius: Befreie Dich für Dich selbst und sammle und bewahre die Zeit, die Dir bisher entweder geraubt oder heimlich entwendet wurde oder entschlüpfte. Überzeuge Dich, daß es so ist, wie ich schreibe: manche Augenblicke werden uns entrissen, manche entzogen, manche verrinnen.

Der beschämendste Verlust jedoch ist der, der durch Nachlässigkeit verursacht wird. Und wenn Du aufmerken willst: ein großer Teil des Lebens entgleitet den Menschen, wenn sie Schlechtes tun, der größte, wenn sie nichts tun, das ganze Leben, wenn sie Nebensächliches tun.

Wen kannst Du mir nennen, der irgendeinen Wert der Zeit beimißt, der den Tag würdigt, der sich bewußt wird, daß er täglich stirbt. Darin nämlich täuschen wir uns, daß wir den Tod *vor* uns sehen: ein großer Teil davon ist bereits vorüber; jeden Lebensabschnitt, der hinter uns liegt, hat der Tod in seiner Gewalt. Handle daher, mein Lucilius, so, wie Du schreibst, halte alle Stunden fest; so wird es geschehen, daß Du weniger vom morgigen Tag abhängig bist, wenn Du den heutigen in die Hand nimmst. Während das Leben aufgeschoben wird, eilt es vorbei. Alles, Lucilius, gehört den anderen, nur die Zeit ist unser; in den Besitz dieses einen flüchtigen und unsicheren Gutes hat die Natur uns gestellt; daraus verdrängt uns, wer immer es will. Und so groß ist die Torheit der Sterblichen, daß sie sich das Geringste und Wertloseste, gewiß aber Ersetzbare, wenn sie es erlangt haben, als Schuld anrechnen lassen, daß aber niemand etwas zu schulden glaubt, der die Zeit in Empfang genommen hat, während doch dies das einzige ist, was nicht einmal ein Dankbarer zurückerstatten kann.

Du wirst vielleicht fragen, was ich tue, der ich Dir diese Ratschläge erteile. Ich will es frank und frei bekennen: was bei einem den Aufwand liebenden, jedoch gewissenhaften Menschen der Fall ist: Die Rechnung über meine Ausgaben stimmt. Nicht kann ich sagen, daß ich nichts verliere, doch was ich verliere und warum und auf welche Weise, kann ich wohl sagen; ich kann die Gründe meiner Armut angeben. Aber es widerfährt mir das, was den meisten widerfährt, die ohne eigenes Verschulden in Not geraten sind: Alle verzeihen, niemand kommt zu Hilfe.

Wie ist es nun? Nicht halte ich den für arm, dem das wenige, das ihm übrigbleibt, genügt: gleichwohl magst Du – das ziehe ich vor – das Deine bewahren, und Du wirst zur rechten Zeit damit beginnen. Denn, so schien es unseren Vorfahren: „zu spät ist die Sparsamkeit am Boden des Fasses"; ganz unten bleibt nämlich nicht nur sehr wenig, sondern auch das Schlechteste zurück. Leb wohl!

L. Annaeus Seneca, Briefe an Lucilius über Ethik

Die diktatorische Uhr

Charles Baudelaire nennt die Uhr einen finstren Gott des Schreckens, weil sie uns dauernd an die verrinnende Zeit erinnert und sich mit ihren Zeigern schmerzhaft in unser Herz bohrt. Und wenn wir den weitertickenden Sekundenzeiger beobachten, der sich nicht aufhalten läßt und offenbar andauernd etwas von unserer Lebenszeit wegfrißt, dann können wir Baudelaires Verse nachvollziehen:

„Dreitausendsechshundertmal in der Stunde
raunt die Sekunde:
Gedenke! – Rasch mit seiner Insektenstimme spricht das Jetzt:
Ich bin das Ehemals, und ich sog
dein Leben mit einem schmutzigen Rüssel aus."

Nun ist das vielleicht ungerecht gegenüber diesem Produkt des Erfindergeistes, die Uhr ist es ja nicht, die uns die Zeit wegnimmt, sie erinnert uns nur daran, daß die Zeit nicht aufzuhalten ist, daß wir in einem Zeitstrom stehen. Sie mag auch unsere Mahnerin sein, damit wir haushälterisch mit der geschenkten Zeit umgehen.

Aber die Frage ist erlaubt, was wir mit dieser Uhr gemacht haben ...

Die Eile ist ein charakteristisches Kennzeichen des modernen Menschen, der scheue Blick auf die Uhr, der Schrecken über die vorgerückte Zeit, das gesteigerte Tempo, wenn uns für eine Unternehmung nicht mehr viel Zeit bleibt, sie sind so typisch für unser Verhalten, daß man schon auch manchmal darüber nachdenken sollte, wie wir denn diesem Diktat der Uhr entgegenwirken können. Paul Tillich erinnert uns an ein altes Volkslied, das zwar auch auf die weiterlaufende Zeit hinweist, aber gleichzeitig Anlaß zum Nachsinnen über das „Ziel der Zeit" gibt: „In einem alten Nachtwächterlied wird jeder Stundenschlag mit einem besonderen Mahnruf angekündigt. Von der Mitternacht heißt es: ‚Zwölf – das ist das Ziel der Zeit, Mensch, bedenk die Ewigkeit!' In diesem doppelten Verhalten der *Uhr* gegenüber kommen zwei Möglichkeiten zum Ausdruck, sich der *Zeit* gegenüber zu verhalten – die eine, in der sich der Mensch von der Zeit bestimmt weiß, die andere, in der er für die nächste Stunde, für heute und morgen die Zeit selbst bestimmt."

Vielleicht sollten wir dankbarer werden für die uns zugemessene Lebenszeit, für den Reichtum, der uns jeden Tag und jede Stunde gespendet wird. Und wir sollten den Wahnsinn der neurotischen Zeitausnutzung nicht mitmachen. Hans Carossa rät uns deshalb:

„O verlerne die Zeit,
Daß nicht dein Antlitz verkümmre
Und mit dem Antlitz das Herz!"

Und wenn wir die Zeit auch nicht „verlernen" können, so können wir doch vielleicht gelassener werden, indem wir jede Stunde die sein lassen, die sie ist, wir brauchen sie nicht dehnen und nicht hetzen. Christian Morgenstern hat es uns vorgemacht:

„Als die Münster-Uhr
sieben Uhr morgens schlug
hab ich ,Du' gesagt bei jedem Schlag.

Und so sei denn mein
alle, alle Zeit.
Und dann komme, was da kommen mag."

Wir haben mittlerweile so genau gehende Uhren, daß man sie nur noch alle paar Jahre korrigieren muß, sie laufen mit bewundernswürdiger Exaktheit. Aber wir haben uns dabei eingehandelt, daß man die Uhr zum Maßstab der Dinge gemacht hat. Alles soll noch schneller vor sich gehen, alles wird noch genauer gemessen und beurteilt. Muß das unbedingt so weitergehen? Oder brauchen wir eine Gegenbewegung, in der die Diktatur der Uhren gebrochen wird? Georg Büchner hat in seinem Lustspiel „Leonce und Lena" schon ein Programm dazu entworfen: „Wir lassen alle Uhren zerschlagen, alle Kalender verbieten und zählen Stunden und Monden nur nach der Blumenuhr, nur nach Blüte und Frucht."

Otto Betz, Jeder Tag neu geschenkt

Die Zeit ist nur ein Strom, in dem ich fische

Wenn die Menschen nur ruhig die Wirklichkeit betrachten und sich nicht blenden lassen wollten, so würde das Leben, um es mit etwas Geläufigem zu vergleichen, wie ein Märchen scheinen, eine Geschichte aus „Tausend und einer Nacht". Wenn wir nur das achten würden, was unvermeidlich ist und mit Recht existiert, dann würden die Straßen von Musik und Poesie erklingen. Wenn wir weise und ohne Eile sind, so erkennen wir, daß nur große und würdige Dinge ein dauerhaftes, absolutes Sein besitzen – daß kleinliche Ängste und Vergnügen nur der Schatten der Wirklichkeit sind. Darin liegt etwas ungemein Frohes und Erhabenes. Indem die Menschen ihre Augen schließen und schlummern und sich von Trugbildern täuschen lassen, stellen sie überall ihr tägliches Leben auf Gewohnheit und Routine ein, und dennoch ist dieses Leben auf reine Illusion gegründet. Die Kinder, die das Leben spielen, erfassen seine wahren Gesetze und Beziehungen besser als die Erwachsenen, die es nicht würdig leben können und doch meinen, sie seien weiser durch die Erfahrung, das heißt durch ihr Scheitern. Ich las einst in einem indischen Buch: „Es war einmal ein Königssohn, der in seiner Kindheit aus seiner Heimatstadt verstoßen und von einem Bewohner des Waldes aufgezogen wurde. Da er also heranwuchs, glaubte er, er sei auch einer der Wilden, unter denen er lebte. Ein Minister seines Vaters entdeckte ihn und offenbarte ihm seine Herkunft. Da wich der Irrtum von ihm, und er wußte, daß er ein Königssohn sei. So verkennt die Seele", fährt der Hinduphilosoph fort, „durch die Umgebung, in die sie gestellt ist, sich selbst, bis ihr die Wahrheit durch einen heiligen Lehrer offenbart wird und sie erkennt, daß sie *Brahman* ist."

✻

Verbringen wir einen Tag mit soviel Bedacht wie die Natur. Lassen wir uns nicht durch jede Nußschale und jeden Moskitoflügel, der uns in den Weg fällt, aus der Bahn werfen. Stehen wir zeitig auf, und fasten oder frühstücken wir, leise und in Ruhe. Mögen Menschen kommen und gehen, mögen die Glocken läuten und die Kinder schreien – wir wollen diesen Tag feiern. Warum sollen wir uns unterkriegen lassen und mit dem Strom schwimmen? Laßt uns nicht kentern und nicht in die schrecklichen Stromschnellen, in den Wirbel gerissen werden, der „Dinner" heißt, diese Untiefe zur Mittagszeit. Bestehe diese

Gefahr, und du bist sicher, denn der übrige Weg geht bergab. Mit angespannten Sehnen, mit morgendlicher Kraft segle dran vorbei und schau in die andere Richtung, an den Mast gebunden wie Odysseus. Wenn die Dampfpfeife geht, laß sie pfeifen, bis sie heiser wird. Wenn die Glocke läutet, müssen wir denn gleich rennen? Wir werden darüber nachdenken, was für eine Musik das ist. Wir wollen uns die Ärmel aufkrempeln und unsern Weg bahnen durch den Dreck und Schlamm von Meinung, Vorurteil, Tradition, Blendung und Schein, die den Erdball überschwemmen, durch Paris und London, durch New York, Boston und Concord, durch Kirche und Staat, durch Dichtung, Philosophie und Religion, bis wir auf festen Grund und solide Felsen stoßen. Diesen Ort können wir *Wirklichkeit* nennen und sagen: Das *ist*, einen Irrtum gibt es nicht. Und dann beginne, denn unterhalb von Flut, Frost und Feuer hast du einen Stützpunkt, auf dem du eine Mauer oder einen Staat errichten, einen sicheren Ort, wo du einen Laternenpfahl oder einen Pegel einrammen kannst, kein Nilometer, sondern ein Realometer, damit künftige Zeiten erfahren, wie hoch die Wellen von Trug und Schein zeitweilig schlugen. Wenn du einer Tatsache geradewegs ins Auge blickst, siehst du die Sonne auf ihren beiden Flächen glitzern wie auf einem Schwert. Du fühlst, wie seine süße Schneide dir Herz und Mark durchdringt, und wirst selig dein menschliches Leben beenden. Ob Leben oder Tod, wir lechzen nur nach Wirklichkeit. Wenn es wirklich ans Sterben geht, laßt uns das Röcheln in unserer Kehle hören, die Kälte in unseren Gliedern spüren. Wenn wir aber leben, dann laßt uns unsrer Arbeit nachgehen.

Die Zeit ist nur ein Strom, in dem ich fische. Ich trinke aus ihm, aber während ich trinke, sehe ich den sandigen Boden und merke, wie seicht er ist. Seine schwache Strömung gleitet dahin, aber die Ewigkeit bleibt bestehen. Ich möchte aus tieferen Wassern trinken, im Himmel fischen, in seinem wie mit Kieseln bestirnten Grund. Ich kann nicht einen zählen. Ich kenne nicht einmal den ersten Buchstaben des Alphabets. Ich habe immer bedauert, daß ich nicht so weise bin wie am Tag meiner Geburt. Der Intellekt ist ein Spaltkeil; er erkennt die Dinge und bahnt sich einen Weg in ihr Geheimnis. Ich möchte mit meinen Händen nicht geschäftiger sein als nötig. Mein Kopf ist mir Hand und Fuß. Hier konzentrieren sich meine besten Fähigkeiten. Mein Instinkt sagt mir, daß mein Kopf ein Organ zum Graben ist wie bei manchen Tieren Schnauze und Vorderpfoten, und mit ihm will ich meinen Weg durch diese Hügel schürfen und graben. Die reichste Ader muß irgendwo hier in der Gegend sein, wie mir die Wünschelrute und aufsteigende feine Dünste sagen, und hier will ich anfangen zu schürfen.

*

Im ersten Sommer las ich keine Bücher; ich pflanzte Bohnen. Nein, oft tat ich noch etwas Besseres. Es gab Zeiten, in denen ich mich nicht entschließen konnte, die *Blüte des Augenblicks* irgendwelcher Arbeit des Kopfes oder der Hände zu opfern. Ich lasse gern einen breiten Rand an meinem Leben. An manchen Sommermorgen saß ich, nachdem ich mein gewohntes Bad genommen hatte, von Sonnenaufgang bis Mittag in Träumerei versunken, auf meiner sonnenbeschienenen Türschwelle zwischen Fichten, Walnußbäumen und Sumach in ungestörter Einsamkeit und, während die Vögel ringsumher sangen oder leise durch das Haus flatterten, bis ich durch die an das westliche Fenster fallenden Sonnenstrahlen oder durch Wagengerassel auf der Landstraße daran erinnert wurde, daß die Zeit vergeht. In solchen Stunden wuchs ich wie das Korn in der Nacht; sie waren viel besser, als irgendwelches Werk meiner Hände gewesen wäre. Es war keine meinem Leben abgezogen, sondern um soviel dreingegebene Zeit. Es war Morgen, aber siehe, nun ist es Abend geworden, und nichts Berichtenswertes ward getan. Statt zu singen wie die Vögel, freue ich mich *stillvergnügt meines dauernden Glückes.* Wie der Sperling, der auf dem Nußbaum vor meiner Tür sitzt, seinen Triller, so hatte ich mein Lachen, mein innerliches Lied.

Henry David Thoreau, Leben aus den Wurzeln

Jeder Augenblick

Jeden Augenblick des Lebens,
er falle,
aus welcher Hand des Schicksals er wolle,
den günstigsten, so wie den ungünstigsten,
zum bestmöglichen zu machen,
darin besteht die Kunst des Lebens,
und das eigentliche Vorrecht
eines vernünftigen Wesens.

Johann Christoph Lichtenberg, Aphorismen

Warten lernen

Die Unruhe der Schöpfung im Vorfrühling hat nichts gemein mit menschlicher Ungeduld; denn wo diese sich im Blick auf Zukünftiges ängstlich oder gierig verzehrt, ist jene die kraftvolle Gestalt notwendigen Wartens, ein strenges Ansammeln von Gegenwart. Auch der unruhvolle Zustand des Wartens im Frühjahr ist von nicht minderem Range als die Erfüllung in Blüte und Reife. Der Rasen schläft noch unter dem faulen Laub des Vorjahres; die Erdkrume ist nicht erwacht. Erst im Inneren hat der Aufbruch begonnen. Am gewissen Tag, in der richtigen Stunde wird er draußen erscheinen. Dann aber mit aller Kraft und allem Reichtum ...

Uns zerren die übermächtig gewordenen Zwecke über die Stufen des Gegenwärtigen hinweg. Da wir es nicht wagen, dem schlichten Jetzt zu vertrauen, packt uns das Gespenst Zeit im Nacken und stößt uns vorwärts. Die Übergänge, die unser Leben mit Reife und Gegenwart erfüllen möchten, werden zu anstößigen Hindernissen. Die Keime, die des Dunkels und des Schweigens bedürften, um zu wachsen, sie schrumpfen und faulen in einer Welt, die immer atemloser nur den raschen, betäubenden Effekt sucht. Daß wir das Warten lernten! Jene sammelnde Stille, zu der sich die tiefsten Impulse des Lebens hindrängen.

Nur wo gewartet wird, ist Ankunft. Nur wo gewartet wird, durchtönt der cantus firmus des Ewigen die Synkopen der zerhackten Zeit ...

Willy Kramp, Warten lernen

Zeitfreiheit

Nicht Zeitlosigkeit, sondern „Zeitfreiheit". –
Was soll das heißen?

Die Zeitfreiheit ist typisch oder vielmehr wird typisch sein für das neue Bewußtsein, wenn es einmal völlig im Bewußtsein des Menschen integriert ist. Zeitfreiheit heißt, daß die Zeit nicht mehr zur Bedrängnis wird. Das wird möglich, wenn der Mensch immer in der Gegenwart lebt.

Wir leben heute fast nur in der Vergangenheit und Zukunft. Das ist typisch für die „Uhrenzeit", wo man keine Zeit hat. Die Begleiterscheinungen sind Infarkte, Nervosität und Krebs. Das sind die modernen Krankheiten. Es hat zu anderen Zeiten andere Krankheiten gegeben, wie Pest und Cholera, an denen viele Menschen gestorben sind ... Die typischen Krankheiten unserer Zeit sind zum größten Teil durch Streß hervorgerufen.

Streß vermeiden können wir nicht, aber wir müssen einen Weg finden, den Streß auf natürliche Weise abzubauen. Allerdings nicht durch medizinische oder ähnliche Beruhigungsmittel. Und wenn dies auf natürliche Weise geschieht, z. B. durch Meditation, schadet der Streß nicht.

Wenn wir die Meditation so weit integrieren, daß wir überhaupt nicht mehr so in den Streß hineinkommen, ist es um so besser. Das sollte mit der Zeit auch gelingen.

Hugo M. Enomiya-Lassalle, Erleuchtung ist erst der Anfang

Weiß nicht von Jahren, Tagen, Stunden

Du selber machst die Zeit: Das Uhrwerk sind die Sinnen,
Hemmst du die Unruh nur, so ist die Zeit von hinnen.

Wer in der Ewigkeit mehr lebt als einen Tag,
Derselbe wird so alt, als Gott nicht werden mag.

Die Ewigkeit weiß nichts von Jahren, Tagen, Stunden:
Ach, daß ich doch noch nicht den Mittelpunkt gefunden!

Ein Mensch, der sich – in sich – in Gott versammeln kann,
Der hebt schon in der Zeit den ew'gen Sabbat an.

Was ist die Ewigkeit? Sie ist nicht dies, nicht das,
Nicht Nun, nicht Ichts, nicht Nichts,
Sie ist, ich weiß nicht was.

Angelus Silesius, Cherubinischer Wandersmann

Tee trinken

Zu einem alten Zen-Meister kam ein junger Zen-Schüler. Der Meister empfing ihn in seiner Klosterzelle und fragte: „Warst du früher schon einmal bei mir?" Der Jüngling verneinte. „Gut", sprach der Meister, „dann trink erst einmal eine Tasse Tee." Damit entließ er ihn.

Wenig später ließ sich ein zweiter Schüler beim Meister melden. Auch ihm stellte dieser die gleiche Frage wie dem ersten. „Ja", sagte der Schüler, „vor einem Jahr war ich schon einmal bei Euch." „Gut", sprach der Alte, „dann trink erst einmal eine Tasse Tee."

Das beunruhigte den Vorsteher des Klosters. „Meister", sagte er, „ich verstehe das nicht. Ihr fragtet die beiden Novizen, ob sie schon einmal hier gewesen seien. Der eine sagte nein, der andere ja; doch beide erhielten die gleiche Antwort. Was habt Ihr damit gemeint?"

„Klostervorsteher!" rief der Meister.

„Ja?" erwiderte der.

„Trink erst einmal eine Tasse Tee!"

Zen-Geschichte

Erinnerung

Womit können wir das menschliche Leben vergleichen?
Vielleicht mit dem Fußabdruck eines Schwans
im Schlamm oder Schnee.
Vielleicht hält der Schlamm das Schwanenzeichen
noch, wenn der Vogel weiterfliegt
nach neuer Nahrung,
östlich oder westlich.
Der alte Mönch ist tot
und eine neue Pagode ist gebaut.
Die alte Wand ist eingestürzt,
das Gedicht, das wir darauf schrieben,
ist dahin.
Erinnerst du dich noch an
den steilen Gebirgspfad,
den langen Weg, unsere Erschöpfung
und wie der lahme Esel schrie?

Su Shi, Sich an die alten Tage in Mianchi erinnernd

Lachend und Weinend

Ob man sein Leben lachend oder weinend
verbringt, ist die gleiche Lebenszeit.

❊

Wie die Wolken am Himmel
Schwebt mein Leben spurlos dahin.

Japanisch

Die Zeit geht nicht

Die Zeit geht nicht, sie stehet still,
Wir ziehen durch sie hin;
Sie ist ein Karawanserei,
Wir sind die Pilger drin.

Ein Etwas, form- und farbenlos,
Das nur Gestalt gewinnt,
Wo ihr drin auf und nieder taucht,
Bis wieder ihr zerrinnt.

Es blitzt ein Tropfen Morgentau
Im Strahl des Sonnenlichts;
Ein Tag kann eine Perle sein
Und ein Jahrhundert nichts.

Es ist ein weißes Pergament
Die Zeit, und jeder schreibt
Mit seinem roten Blut darauf,
Bis ihn der Strom vertreibt.

An dich, du wunderbare Welt,
Du Schönheit ohne End,
Auch ich schreib meinen Liebesbrief
Auf dieses Pergament.

Froh bin ich, daß ich aufgeblüht
In deinem runden Kranz;
Zum Dank trüb ich die Quelle nicht
Und lobe deinen Glanz.

Gottfried Keller

Nimm dir Zeit

Nimm dir Zeit zum Arbeiten –
es ist der Preis des Erfolges.
Nimm dir Zeit zum Denken –
es ist die Quelle der Kraft.
Nimm dir Zeit zum Spielen –
es ist das Geheimnis ewiger Jugend.
Nimm dir Zeit zum Lesen –
es ist der Brunnen der Weisheit.
Nimm dir Zeit zum Träumen –
es bringt dich den Sternen näher.
Nimm dir Zeit dich umzuschauen –
der Tag ist zu kurz, um selbstsüchtig zu sein.
Nimm dir Zeit zum Lachen –
es ist die Musik der Seele.
Nimm dir Zeit freundlich zu sein –
es ist der Weg zum Glück.
Nimm dir Zeit zu lieben und geliebt zu werden –
es ist der wahre Reichtum des Lebens.

Nach einem alten irischen Gebet

Zeit und Ewigkeit

Wem Zeit wie Ewigkeit
Und Ewigkeit wie Zeit
Der ist befreit von allem Leid.

Jakob Böhme

4
Das Herz nicht an die Dinge hängen

Sein
statt Haben

Drei Wünsche

Ein junges Ehepaar lebte recht vergnügt und glücklich beisammen und hatte den einzigen Fehler, der in jeder menschlichen Brust daheim ist: Wenn man's gut hat, hätt' man's gerne besser. Aus diesem Fehler entstehen so viele törichte Wünsche, woran es unserm Hans und seiner Liese auch nicht fehlte. Bald wünschten sie des Schulzen Acker, bald des Löwenwirts Geld, bald des Meyers Haus und Hof und Vieh, bald einmal hunderttausend Millionen bayrische Taler kurzweg. Eines Abends aber, als sie friedlich am Ofen saßen und Nüsse aufklopften und schon ein tiefes Loch in den Stein hineingeklopft hatten, kam durch die Kammertür ein weißes Weiblein herein, nicht mehr als eine Elle lang, aber wunderschön von Gestalt und Angesicht, und die ganze Stube war voll Rosenduft. Das Licht löschte aus, aber ein Schimmer wie Morgenrot, wenn die Sonne nicht mehr fern ist, strahlte von dem Weiblein aus und überzog alle Wände. Über so etwas kann man nun doch ein wenig erschrecken, so schön es aussehen mag. Aber unser gutes Ehepaar erholte sich doch bald wieder, als das Fräulein mit wundersüßer, silberreiner Stimme sprach: „Ich bin eure Freundin, die Bergfey Anna Fritze, die im kristallenen Schloß mitten in den Bergen wohnt, mit unsichtbarer Hand Gold in den Rheinsand streut und über siebenhundert dienstbare Geister gebietet. Drei Wünsche dürft ihr tun; drei Wünsche sollen erfüllt werden." Hans drückte den Ellbogen an den Arm seiner Frau, als ob er sagen wollte: Das lautet nicht übel. Die Frau aber war schon im Begriff, den Mund zu öffnen und etwas von ein paar Dutzend goldgestickten Hauben, seidenen Halstüchern und dergleichen zur Sprache zu bringen, als die Bergfey sie mit aufgehobenem Zeigefinger warnte: „Acht Tage lang", sagte sie, „habt ihr Zeit. Bedenkt euch wohl und übereilt euch nicht!" Das ist kein Fehler, dachte der Mann und legte seiner Frau die Hand auf den Mund. Das Bergfräulein aber verschwand. Die Lampe brannte wie vorher, und statt des Rosenduftes zog wieder wie eine Wolke am Himmel der Öldampf durch die Stube.

So glücklich nun unsere guten Leute in der Hoffnung schon zum voraus waren und keinen Stern mehr am Himmel sahen, sondern lauter Baßgeigen, so waren sie jetzt doch recht übel dran, weil sie vor lauter Wunsch nicht wußten, was sie wünschen wollten, und nicht einmal das Herz hatten, recht daran zu denken oder davon zu sprechen, aus Furcht, es möchte für gewünscht passieren, ehe sie es genug überlegt hätten. „Nun", sagte die Frau, „wir haben ja noch Zeit bis am Freitag."

Des andern Abends, während die Grundbirn zum Nachtessen in der Pfanne prasselten, standen beide, Mann und Frau vergnügt bei dem Feuer beisammen, sahen zu, wie die kleinen Feuerfünklein an der rußigen Pfanne hin und her züngelten, bald angingen, bald auslöschten, und waren ohne ein Wort zu reden, vertieft in ihrem künftigen Glück. Als die Frau aber die gerösteten Grundbirn aus der Pfanne auf das Plättlein anrichtete, und ihr der Geruch lieblich in die Nase stieg: „Wenn wir jetzt nur ein gebratenes Würstlein dazu hätten", sagte sie in aller Unschuld und ohne an etwas zu denken, und – o weh, da war der erste Wunsch getan. – Schnell, wie ein Blitz kommt und vergeht, kam es wieder wie Morgenrot und Rosenduft untereinander durch das Kamin herab, und auf den Grundbirn lag die schönste Bratwurst. – Wie gewünscht, so geschehen. – Wer sollte sich über einen solchen Wunsch und seine Erfüllung nicht ärgern? Welcher Mann über solche Unvorsichtigkeit seiner Frau nicht unwillig werden?

„Wenn dir doch nur die Wurst an der Nase angewachsen wäre!" sprach er in der ersten Überraschung, auch in aller Unschuld, und ohne an etwas anderes zu denken – und wie gewünscht, so geschehen. Kaum war das letzte Wort gesprochen, so saß die Wurst auf der Nase des guten Weibes fest, wie angewachsen im Mutterleib, und hing zu beiden Seiten herab wie ein Husarenschnauzbart.

Nun war die Not der armen Eheleute erst recht groß. Zwei Wünsche waren getan und vorüber, und noch waren sie um keinen Heller und um kein Weizenkorn, sondern nur um eine böse Bratwurst reicher. Noch war ein Wunsch zwar übrig. Aber was half nun aller Reichtum und alles Glück zu einer solchen Nasenzierat der Hausfrau? Wollten sie wohl oder übel, so mußten sie die Bergfey bitten, mit unsichtbarer Hand Barbierdienste zu leisten, um Frau Liese wieder von der vermaledeiten Wurst zu befreien. Wie gebeten, so geschehen, und so war der dritte Wunsch auch vorüber, und die armen Eheleute sahen einander an, waren der nämliche Hans und die nämliche Liese nachher wie vorher, und die schöne Bergfey kam niemals wieder.

Merke: Alle Gelegenheit, glücklich zu werden, hilft nichts, wer den Verstand nicht hat, sie zu benutzen.

Johann Peter Hebel, Aus dem Schatzkästlein des Rheinischen Hausfreundes

Die Schale des Verlangens

Eine alte Geschichte erzählt uns von einem König, der einem Derwisch einen Wunsch erfüllen wollte. Der Derwisch wünschte sich, daß man seine Bettelschale mit Goldmünzen füllen möge. Der König hielt es für die leichteste Sache der Welt, die Schale zu füllen. Aber die Schale erwies sich als eine Zauberschale. Als er versuchte, sie zu füllen: wurde sie nicht voll. Je mehr Geld hineingeschüttet wurde, desto leerer wurde sie. Der König war sehr enttäuscht und entmutigt bei dem Gedanken, daß er diese Schale nicht füllen könne. Da sagte ihm der Derwisch: „Majestät, wenn Sie meine Schale nicht füllen können, so sagen Sie es nur, und ich werde sie wieder mit mir nehmen. Ich bin ein Derwisch und werde wieder gehen und werde nur denken, daß Sie Ihr Wort nicht gehalten haben." Mit all seiner guten Absicht, mit all seiner Großzügigkeit und mit all seinem Reichtum konnte der Herrscher die Schale nicht füllen. Darum fragte er: „Derwisch, erzähle mir von dem Geheimnis deiner Schale. Es scheint nicht natürlich zu sein. Es gibt einen Zauber darin, erzähle mir das Geheimnis." Der Derwisch antwortete: „Ja, Majestät, es ist wahr, was Sie erkannt haben, es ist eine Zauberschale. Es ist die Schale eines jeden Herzens. Es ist das Herz des Menschen, das niemals zufrieden ist. Füllen Sie es, womit Sie wollen, mit Reichtum, mit Aufmerksamkeit, mit Liebe, mit Wissen, mit allem, was es gibt. Es wird niemals gefüllt sein, denn es ist ihm nicht bestimmt, gefüllt zu werden. Weil er dies Geheimnis des Lebens nicht kennt, strebt der Mensch beständig nach allen Dingen, die er vor sich sieht. Und je mehr er bekommt, desto mehr wünscht er sich, und die Schale seines Verlangens wird niemals gefüllt."

Hazrat Inayat Khan, Vom Glück der Harmonie

Auch das wird vergehen

Ein mächtiger König, Herrscher über viele Reiche, besaß eine solch großmächtige Stellung, daß weise Männer bei ihm nur Bedienstete waren. Eines Tages jedoch fand er sich in einem Zustand der Verwirrung und rief die Weisen zu sich.

Er sagte: „Ich kenne den Grund dafür nicht, aber irgend etwas zwingt mich dazu, nach einem bestimmten Ring zu forschen – ein Ring, der meinen Zustand wieder ins Lot bringt. Ich muß einen solchen Ring haben. Und dieser Ring muß so beschaffen sein, daß er mich wieder glücklich macht, wenn die Freude mich verlassen hat. Gleichzeitig muß er mich traurig machen, wenn ich glücklich bin und einen Blick auf ihn werfe."

Die weisen Männer berieten sich untereinander und versenkten sich in tiefe Meditation, um schließlich eine Entscheidung in bezug auf die Eigenschaften des Ringes, der ihrem König recht sein würde, zu fällen.

Der Ring, den sie anfertigen ließen, enthielt die Inschrift:

Auch das wird vorübergehen

Attar von Nischapur

Geld oder Leben!

Ein wohlhabender Mann erzählte eines Tages dem Meister, daß er dem Drang, Geld zu verdienen, mit dem besten Willen nicht widerstehen könne.

„Nicht einmal um den Preis von Lebensfreude, bedauerlicherweise", sagte der Meister.

„Ich spare mir die Lebensfreude für meine alten Tage auf", sagte der wohlhabende Mann.

„Sofern du noch alte Tage haben wirst", sagte der Meister und erzählte die Geschichte vom Straßenräuber, der kurzen Prozeß machte: „Geld oder Leben!"

Sagte das Opfer: „Nimm mein Leben. Ich hebe mir mein Geld für meine alten Tage auf."

Einem anderen reichen Mann, der seine ganze Gesundheit des Geldes wegen aufs Spiel setzte, erzählte der Meister die Geschichte vom Geizhals, der zu Grabe getragen wurde.

Plötzlich kam er wieder zu Bewußtsein, überblickte die Situation und traf eine schnelle Entscheidung: „Ich möchte lieber hierbleiben, sonst muß ich die Rechnung für die Beerdigung zahlen."

„Manche Leute möchten lieber ihr Geld retten als ihr Leben", zog der Meister die Schlußfolgerung.

Anthony de Mello, Eine Minute Unsinn

Der Geizhals und der Engel des Todes

Mit Anstrengung, Handel und Vergabe von Kredit hatte ein Geizhals dreihunderttausend Dinare angehäuft. Er besaß Ländereien, Häuser und Besitztümer jeglicher Art.

Eines Tages entschloß er sich, ein Jahr dem Vergnügen zu widmen und gut zu leben. Dann würde er entscheiden, wie die Zukunft aussehen solle.

Aber fast im selben Augenblick, als er damit aufgehört hatte, Geld aufzuhäufen, erschien der Engel des Todes bei ihm, um sein Leben zu nehmen.

Der Geizhals versuchte mit jedem Mittel, das ihm zur Verfügung stand, den Engel von seinem Vorhaben abzubringen. Der Engel jedoch schien unnachgiebig. Da sagte der Mann: „Laß mir nur drei Tage, dann gebe ich Dir ein Drittel meines Vermögens."

Der Engel weigerte sich, und zerrte noch einmal am Leben des Geizhalses, um es fortzunehmen.

Darauf sagte der Mann: „Wenn Du mir nur zwei Tage auf dieser Erde läßt, sollen zweihunderttausend Dinare aus meinem Schatz Dir gehören."

Aber der Engel wollte nicht auf ihn hören. Er weigerte sich sogar, ihm nur einen einzigen Tag für die ganzen dreihunderttausend Dinare zu überlassen.

Schließlich sagte der Geizhals: „Ich bitte Dich, laß mir dann nur soviel Zeit, wie ich brauche, um eine Kleinigkeit niederzuschreiben."

Dieses kleine Zugeständnis erlaubte der Engel, und mit seinem eigenen Blut schrieb der Mann: „O Mensch, nütze Dein Leben. Nicht eine Stunde konnte ich für dreihunderttausend Dinare kaufen. Sorge dafür, daß Du den Wert Deiner Zeit erkennst."

Attar von Nischapur

Wenn Gott lacht

Der indische Mystiker Ramakrishna pflegte zu sagen: Gott lacht bei zwei Gelegenheiten. Er lacht, wenn er einen Arzt zu seiner Mutter sagen hört: „Haben Sie keine Angst. Ich werde den Jungen gesund machen." Gott sagt sich dann: „Ich habe vor, dem Jungen das Leben zu nehmen, und dieser Mann denkt, er könne es retten!"

Er lacht auch, wenn er sieht, wie zwei Brüder ihr Land unter sich aufteilen, indem sie eine Grenzlinie ziehen und sagen: „Diese Seite gehört mir und die andere dir." Er sagt sich dann: „Das Universum gehört mir, und diese beiden behaupten, Teile davon gehörten ihnen!"

Als ein Mann erfuhr, sein Haus sei von der Flut weggerissen worden, lachte er und sagte:

„Unmöglich! Ich habe den Hausschlüssel hier in meiner Tasche."

Und Buddha sagte:

„Dieses Land ist mein, diese Söhne sind mein" – so spricht ein Narr, der nicht begreift, daß er selbst sich nicht gehört.

Man besitzt nie etwas wirklich.
Nur eine Zeitlang bewahrt man es auf.
Ist man nicht fähig, es wegzugeben,
wird man selber festgehalten.

Was immer man sammelt,
muß sein wie Wasser in der hohlen Hand.
Greift man zu, läuft es weg.
Willst du es besitzen, beschmutzt du es.
Läßt du es los, ist es für immer dein.

Anthony de Mello, Wer bringt das Pferd zum Fliegen?

Schlaflos

Der Meister ergötzte manchmal die Besucher mit Geschichten des gefürchteten Mullah Nasrudin.

Nasrudin wälzte sich eines Nachts in seinem Bett hin und her. Da sagte seine Frau zu ihm: „Was ist denn los? Schlaf endlich ein!"

Der Mullah stöhnte und gab zu verstehen, daß er die sieben Silbermünzen nicht habe, die er seinem Nachbarn Abdullah schulde und morgen zurückzahlen müsse. Dies plagte ihn so sehr, daß er beim besten Willen nicht einschlafen konnte.

Da stand seine Frau kurzerhand auf, warf sich einen Schal um die Schultern, ging auf die Straße und rief:

„Abdullah! Abdullah!", bis der alte Abdullah schließlich ans Fenster kam, sich den Schlaf aus den Augen rieb und fragte:

„Was ist denn los? Um was geht's?"

Die Frau rief laut zurück:

„Ich bin nur gekommen, um dir zu sagen, daß du morgen deine Silbermünzen nicht bekommen wirst. Mein Mann hat sie nicht aufgetrieben."

Danach drehte sie sich um und ging wieder nach Hause.

„Schlaf ein, Nasrudin“, sagte sie ihrem Mann, „jetzt kann sich Abdullah Sorgen machen.“

Und der Meister schloß: „Einer muß zahlen. Plagt jemanden etwas?“

Anthony de Mello, Eine Minute Unsinn

Zerstörerisch

Drei Dinge im Leben sind zerstörerisch:
Zorn, Gier und Selbstüberschätzung.

Mohammed

Ehrgeiz

Zehn Derwische können unter einer Decke schlafen; aber zwei Könige können nicht ein Land regieren. Ein Mensch mit Hingabe wird die Hälfte seines Brotes essen und die andere Hälfte Derwischen geben. Ein Herrscher mag ein Reich sein eigen nennen, dennoch wird er Pläne schmieden, die ganze Welt zu besiegen.

Saadi von Schiras

Gewinn und Verlust

Mich würde interessieren, was ein Mensch, der kein Wissen besitzt, wirklich gewonnen hat, und was ein Mann des Wissens nicht gewonnen hat.

Dein einziger Besitz ist das, was bei einem Schiffbruch nicht verlorengeht.

Al Ghasali

Geld

Man bot Uwais El-Qarni eine Summe Geld an. Er sagte: „Ich brauche es nicht, ich habe schon eine Münze." Der andere sagte: „Wie lange wird sie vorhalten? – sie ist doch nichts wert." Uwais antwortete: „Garantiere mir, daß ich länger leben werde, als diese Münze vorhält, dann werde ich Dein Geschenk annehmen."

Bedauere nicht die Vergangenheit und mach dir keine Sorgen um die Zukunft.

Dhun-Nun

Der Dieb und die Decke

Ein Dieb drang in das Haus eines Sufis ein und konnte nichts finden. Als er das Haus wieder verlassen wollte, wurde der Derwisch seiner Enttäuschung gewahr und warf ihm die Decke zu, unter der er geschlafen hatte, damit er nicht mit leeren Händen gehen müsse.

Saadi von Schiras

Nichts haben, alles besitzen

Die Sufis sind die *nihil habentes omnia possidentes.* Wurde nicht ein Ausspruch des Propheten Muhammad überliefert: „*Faqrī fakhrī* – Meine Armut ist mein Stolz"?

Es war daher die Sitte der Asketen, nie Geld bei sich zu behalten:

Nie blieb im Haus des Baalschem Geld über Nacht. Kam er von einer Fahrt zurück, so beglich er die aufgelaufenen Schulden, und den Rest teilte er unter die Bedürftigen aus.

Einmal brachte er von einer Fahrt viel Geld mit, bezahlte die Schulden und teilte aus. Dazwischen aber hatte seine Frau ein weniges an sich genommen, damit sie einige Tage nicht auf Borg kaufen müßte. Am Abend verspürte der Baalschem beim Beten eine Hemmung. Er kam nach Hause und fragte: „Wer hat von dem Geld genommen?" Die Frau bekannte sich dazu. Er nahm ihr das Geld wieder ab und ließ es noch am selben Abend austeilen.

Diese Geschichte könnte wörtlich in den Berichten über die frühen Mystiker der islamischen Welt stehen, die beispielsweise nie Geld über den Freitag bei sich behielten.

Armut ist jedoch nicht nur äußere Armut, wie sie sich in allen mystischen Religionen findet; es ist die Armut des unendlich geringen armen Menschenkinds gegenüber dem unendlich reichen Gott, „bei dem die Schlüssel aller Schätze sind" (Sure 15,21). Es ist die Armut des Gefäßes, das aus diesem niemals endenden Reichtum gefüllt werden möchte – manifestiert in der Leere mancher großen Moscheen. Und selbst wenn in späteren Zeiten manche Sufimeister wohlhabend waren – wirkliche Armut bedeutete für sie, daß sie all ihren Reichtum ohne Zögern sofort weggeben könnten, weil sie ihr Herz nicht daran hängen. Rumi hat die Armut poetisch beschrieben:

Sah die Armut gestern ich im Traum –
ihre Schönheit raubt' mir den Verstand,
und von ihrer Huld, Vollkommenheit
war ich bis zum Morgen ganz entbrannt.
Sie sah aus wie ein Rubinenschacht,
hüllt' mich in rotseidenes Gewand ...

Die wahre Armut macht den Mystiker zum König, der in das leuchtende Gewand der Gottesglorie gehüllt ist. Das Thema von dem Armen, sei es der Derwisch oder sei es Diogenes, der sich dem mächtigen König gegenüber als der wahre König zeigt, ist ebenso bei Meister Eckehart wie in zahlreichen Sufigeschichten zu finden; denn wer sein Herz an nichts Geschaffenes hängt, ist dem Schöpfer nahe.

Solche Armut schließt auch die Reinigung des Herzens ein. Das Bild des Herzens als eines Hauses, einer Festung, ist nicht nur bei Teresa von Ávila zu finden, sondern erscheint schon um 900 bei dem Bagdader Mystiker Nuri: Um das Herzenshaus zu reinigen, braucht man den Besen des *lā*, „kein", d. h. wie schon erwähnt, das Anfangswort des Glaubensbekenntnisses, mit dem alles außergöttliche „hinweggefegt" wird. Wie sollte der *dulcis hospes animae*, der ersehnte göttliche Geliebte, in einem Hause wohnen, das noch anderes als ihn enthält? Ja, nicht einmal das Ich des Suchers darf noch neben ihm bestehen, denn, wie Rumi in einem berühmten Gedicht erzählt, solange der Sucher noch sagt „*Ich* stehe vor der Tür", wird er nicht eingelassen.

Annemarie Schimmel, Wie universal ist die Mystik?

Ewiges Leben

Es kam ein Mann zu Jesus und fragte: Meister, was muß ich Gutes tun, um das ewige Leben zu gewinnen? Er antwortete: Was fragst du mich nach dem Guten? Nur einer ist „der Gute". Wenn du aber das Leben erlangen willst, halte die Gebote!

Darauf fragte er ihn: Welche? Jesus antwortete: *Du sollst nicht töten, du sollst nicht die Ehe brechen, du sollst nicht stehlen, du sollst nicht falsch aussagen; ehre Vater und Mutter!* Und: *Du sollst deinen Nächsten lieben wie dich selbst!* Der junge Mann erwiderte ihm: Alle diese Gebote habe ich befolgt. Was fehlt mir jetzt noch? Jesus antwortete ihm: Wenn du vollkommen sein willst, geh, verkauf deinen Besitz und gib das Geld den Armen: so wirst du einen bleibenden Schatz im Himmel haben; dann komm und folge mir nach. Als der junge Mann das hörte, ging er traurig weg, denn er hatte ein großes Vermögen.

Matthäus 19, 16–22

Der reiche Jüngling

Dschunaid hielt einen Vortrag, bei dem ein gewisser, reicher Jüngling zuhörte. So beeindruckt war der junge Mann, daß er nach Hause ging und bis auf tausend Dinare seinen gesamten Reichtum den Bedürftigen schenkte. Dieses restliche Geld nahm er, kehrte damit zu Dschunaid zurück und bot es ihm an. Dschunaid sagte: „Versuchst du, mich in die Dinge dieser Welt zu verstricken?" Da nahm der junge Mann das Geld und ging zu einem Flußufer. Dort warf er die Münzen, eine nach der anderen, in das Wasser. Als er zu Dschunaid zurückkehrte, um sein Schüler zu werden, sagte der Meister: „Etwas mit tausend Handlungen zu tun, was du mit einer einzigen hättest tun können zeigt, daß du nicht mein Begleiter werden kannst. Warum hast du nicht alle auf einmal weggeworfen?"

Idries Shah, Tausend Dinare

Urwiderspruch

Was nützt es dem Menschen, wenn er die ganze Welt gewinnt? Alles, was er hat, genügt ihm nicht und scheint ihm nichtig, sobald er es besitzt; denn er selber genügt sich nicht, er selber besitzt sich nicht. Und alles, was er zu dieser auszehrenden Speise hinzufügen mag, ist Hungernahrung: Kaum hat er auf den Gipfeln seines Lebens seinen Götzen aufgerichtet, ekelt dieser ihn schon wieder an; er stellt ihn nur auf, um ihn wieder zu stürzen – als wüßte er schon zum voraus, daß seine Hand diesen krönenden Abschluß nur in gotteslästerlicher Verwegenheit aufrichtet.

Maurice Blondel, Logik der Tat

Lassen

Wer sich gänzlich (nur) einen Augenblick ließe, dem würde alles gegeben. Wäre dagegen ein Mensch zwanzig Jahre lang gelassen und nähme sich selbst auch nur einen Augenblick zurück, so ward er noch nie gelassen. Der Mensch, der gelassen hat und gelassen ist und der niemals mehr nur einen Augenblick auf das sieht, was er gelassen hat, und beständig bleibt, unbewegt in sich selbst und unwandelbar – *der* Mensch allein ist gelassen.

Meister Eckhart, Qui audit me

Nichts weiter

Weil Sie gerade in dieser Finsternis und Leere geistlicher Armut leben, denken Sie, daß Ihnen alles und alle fehlen; aber das ist kein Wunder, denn dabei meinen Sie ja auch, daß Ihnen Gott fehlt. Aber es fehlt Ihnen nichts, und Sie haben es auch nicht nötig, etwas zu besprechen, aber auch wirklich nichts, noch wissen Sie etwas, noch werden Sie etwas finden, denn alles ist nur ein unbegründeter Verdacht. Wer nichts anderes will als Gott, geht nicht im Finstern, auch wenn er sich noch so sehr in Dunkelheit und armselig erlebt. Und wer weder im Hinblick auf Gott noch auf die Geschöpfe in seinen eigenen Ansprüchen und Wohlgefühlen lebt und weder in diesem noch in jenem seinen eigenen Willen tut, hat nichts, worüber er stolpern noch was er besprechen müßte. Es geht Ihnen gut, lassen Sie das und freuen Sie sich doch! Wer sind Sie denn, daß Sie um sich selber kreisen? Das ginge ja gut aus!

Nie ist es Ihnen besser gegangen als zur Zeit, denn nie sind Sie so demütig gewesen und so ergeben, noch haben Sie so wenig auf sich und alle Dinge der Welt gegeben, nie haben Sie sich als so schlecht und Gott als so gut erkannt, nie haben Sie Gott so lauter und selbstlos gedient wie jetzt, noch laufen Sie den Unvollkommenheiten Ihres eigenen Willens und Ihres Eigensinnes hinterher, wie Sie es vielleicht gewohnt waren.

Was wollen Sie denn? Was für ein Leben oder einen Lebensablauf stellen Sie sich denn vor? Was meinen Sie denn, was es heißt, Gott zu dienen, wenn nicht: sich des Bösen zu enthalten, indem Sie seine Gebote halten und für seine Anliegen leben, wie wir es vermögen? Da das so ist, wozu bedarf es dann weiterer Wahrnehmungen oder weiterer Erleuchtungen oder Köstlichkeiten von hier und da, bei denen es für gewöhnlich nicht an Stolpersteinen und Gefahren für den Menschen fehlt, der sich mit seinen Einsichten und Bestrebungen täuscht und berauscht, und dessen eigene Seelenvermögen ihn in die Irre gehen lassen? Und daher ist es eine große Gnadengabe Gottes, wenn er diese verdunkelt und den Menschen so armselig macht, daß er sich damit nicht irren kann. Und wenn man nicht in die Irre geht, was gibt es dann noch herumzurätseln, als vielmehr den ebenen Weg des Gesetzes Gottes und der Kirche zu gehen, und einzig im dunklen und wahren Glauben, in sicherer Hoffnung und ungeteilter Liebe zu leben, und unsere Güter drüben zu erwarten, während wir herüben als Pilger, Arme, Verbannte und Waisen in der Trockenheit leben, ohne Weg und ohne alles, in der Erwartung von all dem dort?

Seien Sie fröhlich und vertrauen Sie auf Gott, der Ihnen Zeichen gegeben, daß Sie das sehr gut können, ja es sogar tun müssen; und wenn nicht, wird es nicht viel brauchen, daß er verärgert ist, wenn er Sie schön dumm herumlaufen sieht, obwohl er Sie dorthin führt, wo es für Sie am zuträglichsten ist, und er Sie an einen so sicheren Ort gestellt hat. Verlangen Sie also nichts anderes als diesen Zustand und glätten Sie Ihre Seele, denn es geht ihr gut!

Johannes vom Kreuz, Brief an Doña Juana de Pedraza

Nimm es fort!

Ein junger Novize brachte seinem Zen-Meister zwei Blumentöpfe.

„Laß fallen", befahl der Meister.

Der Novize ließ einen Topf fallen.

„Laß fallen!", befahl der Meister wieder.

Der Mönch ließ auch den zweiten Topf fallen.

„Laß fallen!" rief nun der Meister zornig.

Der Novize stammelte: „Aber ich habe nichts mehr, was ich fallen lassen könnte."

Der Zen-Meister nickte. „Dann nimm es fort."

Zen-Geschichte

Was bedeutet mehr?

Ruhm der Persönlichkeit:
Was bedeutet mehr?
Das Selbst oder Reichtum:
Was ist kostbarer?
Gewinn hier, Verlust da:
Was ist schmerzlicher?
Wer sein Herz an Dinge hängt,
wird Kummer haben.
Wer Schätze sammelt,
wird Verlust erleiden.
Doch der Genügsame
ist niemals enttäuscht.
Der Enthaltsame
muß nicht darben.
Was könnte ihm zustoßen?

Lao-Tse, Jenseits des Nennbaren

Sein und Haben

Der Mensch ist nicht im Sinne von Descartes eine letzte, isolierte Einheit, so wie etwa die Physiker vor Einstein geglaubt haben, daß das Atom die letzte Einheit der Materie sei; vielmehr steht der Mensch seinem Wesen nach ständig in einem Prozeß des Erfassens und Begreifens der Welt, des Interesses an der Welt – wenn wir einmal „Interesse" in seinem ursprünglichen Wortsinn nehmen als Inter-esse, als Darinnen-Sein – durch den die Spaltung zwischen einem feststehenden Subjekt und einem ebenso festen Objekt, das draußen liegt, aufgehoben wird zugunsten der Vorstellung einer konstanten Beziehung, in der, wie die Buddhisten sich ausdrücken, „ich nicht nur die Rose sehe, sondern die Rose auch mich sieht". Das ist nur eine besondere Formulierung dieser prozeßhaften, wechselseitigen Beziehung des Menschen zur Welt.

Es kommt noch etwas anderes hinzu: Dieses In-der-Welt-Sein, Sich-der-Welt-Geben, dieses im Akt des Lebens Sich-Verwandeln ist nur möglich, wenn der Mensch seine Gier, seine Habsucht verliert, wenn er dieses sein Selbst als ein isoliertes, fixiertes Ego, das der Welt gegenübersteht, fallenläßt. Nur wenn der Mensch dieses Selbst fallenläßt, wenn er, um in der Sprache der Mystiker zu reden, sich ganz leer machen kann, nur dann kann er sich ganz füllen; denn er muß leer sein von seinem egoistischen Selbst, um voll zu werden mit dem, was aus der Welt auf ihn zukommt. Ob das ein Mensch ist oder die Natur oder ein Gedanke, ist egal. Der mit sich angefüllte Mensch ist nicht offen und nicht frei, sich zu geben. Um mit Marx zu sprechen: Der reiche Mensch ist der Mensch, der viel ist, und nicht der Mensch, der viel hat! Im 20. Jahrhundert könnten wir vielleicht noch hinzufügen: und auch nicht der Mensch, der viel konsumiert!

Erich Fromm, Probleme des Überflusses

Besitzlosigkeit

Wenn wir in uns die Fähigkeit entwickeln wollen, alle Menschen als gleich anzusehen, dann sollte es auch unser Ziel sein, nur das zu bekommen, was auch der Rest der Welt bekommt. Wenn also die ganze Welt Milch bekommt, dann sollen auch wir welche haben. Wir müßten also zu Gott beten und sagen: „O Gott, wenn Du es wünschst, daß ich Milch bekomme, dann gib sie erst dem Rest der Welt." Doch wer kann in dieser Weise beten? Nur der, der so sehr mit den anderen mitempfindet und sich für ihr Wohl einsetzt. Auch wenn wir dieses Prinzip nicht verwirklichen können, müssen wir es doch wenigstens verstehen und gutheißen. Darum sollte zur Zeit unser einziges Gebet zu Gott darin bestehen, daß Er von uns, die wir so tief gefallen sind, auch die kleinen Dinge annimmt, die wir tun können. Auch wenn wir in dieser Richtung keine sehr großen Fortschritte machen, möge Er uns dennoch die Kraft geben, unseren Besitz einzuschränken. Wenn wir diese Sünden bereuen, dann wird unser Besitz schließlich nicht weiter anwachsen. Wir sollten nichts für uns behalten und meinen, es sei unser Eigentum, sondern vielmehr darum kämpfen, so viel von unserem Besitz aufzugeben wie wir nur können.

Mahatma Gandhi, Aus der Stille steigt die Kraft zum Kampf

Nahe am Knochen ist das Leben am süßesten

Wie armselig dein Leben auch sein mag, nimm es an und lebe es. Weiche ihm nicht aus und beschimpfe es nicht. Es ist nicht so schlecht wie du. Es sieht am ärmlichsten aus, wenn du am reichsten bist. Wer Fehler finden will, findet sie auch im Paradies. Liebe dein Leben, arm wie es ist. Du kannst schöne, ergreifende, herrliche Stunden auch in einem Armenhaus verleben. Die untergehende Sonne wird von den Fenstern des Armenhauses so hell zurückgestrahlt wie von der Residenz der Reichen, und der Schnee schmilzt im Frühling vor seiner Tür genauso früh. Ich sehe nicht ein, warum ein stilles Gemüt hier nicht ebenso zufrieden leben und ebenso heitere Gedanken haben soll wie in einem Palast.

Hege die Armut wie ein Gartenkraut, wie den Salbei. Gib dir nicht soviel Mühe, Neues zu erwerben, Kleider oder Freunde. Wende die alten; wende dich ihnen wieder zu. Die Dinge ändern sich nicht; wir ändern uns. Verkaufe deine Kleider, und halte fest an deinen Gedanken. Gott wird dafür sorgen, daß du nicht Mangel hast an Gesellschaft. Wenn ich mein Leben lang in der Ecke einer Dachkammer verbringen müßte wie eine Spinne, die Welt wäre mir gerade so groß, solange ich meine Gedanken hätte. Der Philosoph sagte: „Einer Armee von drei Divisionen kann der General genommen und die Armee dadurch in Unordnung gebracht werden, dem verworfensten, gemeinsten Menschen aber kann man seine Gedanken nicht nehmen." Trachte nicht so ängstlich danach, dich zu entwickeln und dich vielen Einflüssen auszusetzen, die ihr Spiel mit dir treiben. Das ist alles Verzettelung. Demut offenbart wie die Finsternis das himmlische Licht. Die Schatten von Armut und Niedrigkeit umgeben uns, „und siehe! Die Schöpfung entfaltet sich vor unserem Blick." Oft werden wir daran erinnert, daß unsere Ziele und im wesentlichen auch unsere Mittel die gleichen bleiben müßten, und wenn uns der Reichtum des Krösus zufiele. Wenn dein Spielraum außerdem durch Arbeit eingeengt ist, wenn du zum Beispiel keine Bücher und Zeitungen kaufen kannst, dann mußt du dich auf die wichtigsten, lebensnotwendigsten Erfahrungen beschränken. Du bist gezwungen, dich an die Stoffe zu halten, die den meisten Zucker und die meiste Stärke hergeben. Nahe am Knochen ist das Leben am süßesten. Du bist davor gefeit, dein Leben zu vertändeln. Kein Mensch verliert auf einer niedrigeren Stufe durch Großzügigkeit auf einer höheren. Überflüssiger Reichtum kann nur Überflüssiges kaufen. Es bedarf des Geldes nicht, um das zu erwerben, was der Seele nottut.

✷

Ich bin bestürzt, daß Gott mich so reich gemacht hat mit meiner eigenen dürftigen Habe. Es bedarf nur einiger Strohhalme in der Sonne, eines kleinen gesprochenen Wortes oder eines, das lange schweigend in einem Buch geruht.

✷

In der Gesellschaft vieler Menschen oder mitten im sogenannten Erfolg finde ich mein Leben unbedeutend, und meine Stimmung sinkt schnell. Ich möchte lieber das unfruchtbarste Brachland sein, als den Fluch königlicher Komplimente zu tragen, als die schweflige, verdammte Wüste zu sein, wo einst Babylon stand. Doch wenn nur ein raschelndes Eichenblatt oder das leise metallische Zwitschern eines Baumsperlings meinen Winterspaziergang belebt, wird mein Leben zufrieden und süß wie der Kern einer Nuß. Ich würde lieber ein einziges Blatt einer Zwergeiche am Ende einer winterlichen Lichtung von selbst rascheln hören, wenn ich mich nähere, als eine Schiffsladung von Orden von den fremden Königen und Völkern der Erde zu empfangen.

Durch Armut, das heißt durch ein einfaches Leben und wenig Zwischenfälle, festige und kristallisiere ich mich wie Dunst oder Flüssigkeit durch Kälte. Es ist eine einzigartige Konzentration von Kraft, Energie und Aroma. Enthaltsamkeit ist ein ständiges Bekenntnis zum All. Mein zerstreutes, nebelhaftes

Leben wird wie die Eisblumen und Frostnadeln, die an einem Wintermorgen an den Kräutern und Stoppeln wie Edelsteine glitzern. Ihr glaubt, daß ich mich selbst arm mache, indem ich mich von den Menschen zurückziehe, aber in meiner Einsamkeit habe ich mir ein seidenes Gewebe wie eine Schmetterlingspuppe gesponnen, und gleich einer Nymphe werde ich in Bälde als ein vollkommeneres Wesen hervorgehen, einer höheren Gesellschaft würdig. Durch Einfachheit, gewöhnlich Armut genannt, ist mein Leben konzentriert und damit organisiert, ein Kosmos, während es vorher unorganisch und knotig war.

Henry David Thoreau, Aus den Wurzeln leben

Nehmen, geben

Nehmen, geben. Wer zu rechnen liebt,
Der wird nie auf seine Rechnung kommen.
Leben lehrt: wer einen Finger gibt,
Dem wird gleich die ganze Hand genommen.

Gabst du? Wohl, du gabst. Nun warte nicht,
Daß die Jahre dir die Schuld begleichen.
Wags, ob auch die Klugheit widerspricht,
Soll und Haben kühnlich auszustreichen.

Dieses nur. Dann leg den Stift beiseit,
Armut wird dich unversehns versöhnen.
Ja, sie selbst, die karge Endlichkeit
Will dich ans Unendliche gewöhnen.

Albrecht Goes

5
Leben und lassen, handeln und nichthandeln

Wie die Seele ruhig wird –
Vom Finden des richtigen Wegs

Gelassenheit

Für uns alle sind die Einrichtungen, Apparate und Maschinen der technischen Welt heute unentbehrlich, für die einen in größerem, für die anderen in kleinerem Umfang. Es wäre töricht, blindlings gegen die technische Welt anzurennen. Es wäre kurzsichtig, die technische Welt als Teufelswerk verdammen zu wollen. Wir sind auf die technischen Gegenstände angewiesen; sie fordern uns sogar zu einer immerzu steigenden Verbesserung heraus. Unversehens sind wir jedoch so fest an die technischen Gegenstände geschmiedet, daß wir in die Knechtschaft zu ihnen geraten.

Aber wir können auch Anderes. Wir können zwar die technischen Gegenstände benutzen und doch zugleich bei aller sachgerechten Benützung uns von ihnen so frei halten, daß wir sie jederzeit loslassen. Wir können die technischen Gegenstände im Gebrauch so nehmen, wie sie genommen werden müssen. Aber wir können diese Gegenstände zugleich auf sich beruhen lassen als etwas, was uns nicht im Innersten und Eigentlichen angeht. Wir können „ja" sagen zur unumgänglichen Benützung der technischen Gegenstände, und wir können zugleich „nein" sagen, insofern wir ihnen verwehren, daß sie uns ausschließlich beanspruchen und so unser Wesen verbiegen, verwirren und zuletzt veröden.

Wenn wir jedoch auf diese Weise gleichzeitig „ja" und „nein" sagen zu den technischen Gegenständen, wird dann unser Verhältnis zur technischen Welt nicht zwiespältig und unsicher? Ganz im Gegenteil. Unser Verhältnis zur technischen Welt wird auf eine wundersame Weise einfach und ruhig. Wir lassen die technischen Gegenstände in unsere tägliche Welt herein und lassen sie zugleich draußen, d. h. auf sich beruhen als Dinge, die nichts Absolutes sind, sondern selbst auf Höheres angewiesen bleiben. Ich möchte diese Haltung des gleichzeitigen Ja und

Nein zur technischen Welt mit einem alten Wort nennen: *die Gelassenheit zu den Dingen.* In dieser Haltung sehen wir die Dinge nicht mehr nur technisch. Wir werden hellsichtig und merken, daß die Herstellung und die Benützung von Maschinen uns zwar ein anderes Verhältnis zu den Dingen abverlangen, das gleichwohl nicht sinn-los ist. So werden z. B. der Ackerbau und die Landwirtschaft zur motorisierten Ernährungsindustrie. Daß hier – so wie auf anderen Gebieten – ein tiefgreifender Wandel im menschlichen Verhältnis zur Natur und zur Welt vor sich geht, ist gewiß. Welcher Sinn jedoch in diesem Wandel waltet, dies bleibt dunkel.

So regiert denn in allen technischen Vorgängen ein Sinn, der das menschliche Tun und Lassen in Anspruch nimmt, ein Sinn, den nicht erst der Mensch erfunden und gemacht hat. Wir wissen nicht, was die ins Unheimliche sich steigernde Herrschaft der Atomtechnik im Sinn hat. *Der Sinn der technischen Welt verbirgt sich.* Achten wir nun aber eigens und stets darauf, daß uns überall in der technischen Welt ein verborgener Sinn anrührt, dann stehen wir sogleich im Bereich dessen, was sich uns verbirgt, und zwar verbirgt, indem es auf uns zukommt. Was auf solche Weise sich zeigt und zugleich sich entzieht, ist der Grundzug dessen, was wir das Geheimnis nennen. Ich nenne die Haltung, kraft deren wir uns für den in der technischen Welt verborgenen Sinn offen halten: *die Offenheit für das Geheimnis.*

Die Gelassenheit zu den Dingen und die Offenheit für das Geheimnis gehören zusammen. Sie gewähren uns die Möglichkeit, uns auf eine ganz andere Weise in der Welt aufzuhalten. Sie versprechen uns einen neuen Grund und Boden, auf dem wir innerhalb der technischen Welt, und ungefährdet durch sie, stehen und bestehen können.

Die Gelassenheit zu den Dingen und die Offenheit für das Geheimnis geben uns den Ausblick auf eine neue Bodenständigkeit. Diese könnte sogar eines Tages geeignet sein, die alte, jetzt rasch hinschwindende Bodenständigkeit in einer gewandelten Gestalt zurückzurufen.

Vorerst allerdings – wir wissen nicht wie lange – befindet sich der Mensch auf dieser Erde in einer gefährlichen Lage. Weshalb? Nur deshalb, weil unversehens ein dritter Weltkrieg ausbrechen könnte, der die völlige Vernichtung der Menschheit und die Zerstörung der Erde zur Folge hätte? Nein. Es droht im anbrechenden Atomzeitalter eine weit größere Gefahr – gerade dann, wenn die Gefahr eines dritten Weltkrieges beseitigt ist. Eine seltsame Behauptung. Allerdings, aber nur so lange seltsam, als wir nicht nachdenken. Inwiefern gilt der soeben ausgesprochene Satz? Er gilt insofern, als die im Atomzeitalter anrollende Revolution der Technik den Menschen auf eine Weise fesseln, behexen, blenden und verblenden könnte, daß eines Tages das rechnende Denken *als das einzige* in Geltung und Übung bliebe.

Welche große Gefahr zöge dann herauf? Dann ginge mit dem höchsten und erfolgreichsten Scharfsinn des rechnenden Planens und Erfindens die Gleichgültigkeit gegen das Nachdenken, die totale Gedankenlosigkeit zusammen. Und dann? Dann hätte der Mensch sein Eigenstes, daß er nämlich ein nachdenkendes Wesen ist, verleugnet und weggeworfen. Darum gilt es, dieses Wesen des Menschen zu retten. Darum gilt es, das Nachdenken wach zu halten.

Allein – die Gelassenheit zu den Dingen und die Offenheit für das Geheimnis fallen uns niemals von selber zu. Sie sind nichts Zu-fälliges. Beide gedeihen nur aus einem unablässigen herzhaften Denken.

Martin Heidegger, Gelassenheit

Arbeitswut

Die besondere Spielart der Unfähigkeit, zu entspannen und zu genießen, betrifft etwa fünf Prozent unserer Bevölkerung – sie leiden unter „Arbeitssucht" und werden als „Workaholics" bezeichnet. Genaugenommen kennen diese Menschen doch einen einzigen Genuß – arbeiten! Und dies tun sie exzessiv, freiwillig, ausdauernd und lustvoll.

Workaholics sind diejenigen Personen, die aus eigenem Antrieb lange und hart arbeiten, und zwar nicht für andere oder auch nicht immer (berechnend) für bestimmte Ziele, sondern lediglich für sich, um der Arbeit selbst willen, für das Gefühl, etwas wegzuschaffen, zu erledigen und effizient zu sein. Ihr Lebensmotto scheint zu lauten: „Es gibt immer etwas zu tun, packen wir's an!" Sie brauchen den Druck wie eine Droge, Konkurrenz belebt sie, und berufliche Anforderungen sowie ein abzuarbeitender Schreibtisch sind die (vermeintlich) beste Therapie bei persönlichen Schwierigkeiten. Weitere Süchte wie die nach Geld oder Liebe gehen oft mit der Arbeitssucht einher. Bei einem Ehekrach geht der Workaholic als Ausweichmanöver eher ins Büro als zu Freunden, in die Kneipe oder zum Sport.

Typisch für den Arbeitssüchtigen ist auch sein Bestreben, Arbeit und Freizeit eng miteinander zu verflechten. Den Urlaub plaziert er praktischerweise an den Ort einer Tagung, die Akten breiten sich am Wochenende zu Hause aus, und als ausfüllendstes (und häufig einziges) Hobby wird auf Befragen die Arbeit genannt. Immer wieder vermögen Arbeitswütige auch ohne Not ihre Partner in die Rolle des Sekretärs und Assistenten zu bugsieren. Der Kreis der Freunde wird typischerweise bald identisch mit dem der Kollegen. Die besonders streßgefährdeten unter den Workaholics setzen sich zusätzlich unter den Druck, auch gänzlich private Anlässe als Konkurrenzsituationen zu definieren und zum Austoben des Leistungsmythos zu benutzen. Sie fühlen sich angetrieben, während einer Party immer nach neuester Mode gekleidet zu sein, brillanter als andere zu parlieren oder aktueller informiert zu wirken. Der Garten soll nicht durch Nützlichkeit oder Schönheit bestechen, sondern perfekter gepflegt sein und attraktiver als der des Nachbarn oder Kollegen imponieren – und natürlich eine Aufgabe darstellen und herhalten für Arbeitstreffen im Freien.

So ungesund dies alles sich auch in der geballten Form anhören mag – so schwer gerät diesen Personen doch eine Umstellung ihrer Werte. Ihnen schlägt Anerkennung im Leben entgegen, und das übertüncht ihre Gefühle für sich und ihren Körper. Obwohl sie ihren Druck manchmal als Last empfinden, können sie sich dennoch nicht dem von Kollegen neidvoll bewunderten inneren Antreiber entziehen. Und sind es nicht sogar genau die Ideale unserer Leistungsgesellschaft, die diese Personen leben und vorführen? Wo wären wir denn, wenn all jene als Lebensmotto: „Was Du heut' nicht kannst besorgen, das verschieb' getrost auf morgen!" über ihrem Spiegel stehen hätten? Arbeitssüchtige genießen unseren Respekt und unsere Achtung. Der soziale Status der Droge Arbeit liegt erheblich über dem des Alkohols. Hinzu kommt, daß solche Menschen ja auch tatsächlich effektive Arbeiter sind. Sie hassen jegliche Zeitverschwendung und besitzen die Fähigkeit eines optimalen Zeitmanagements. Sie erledigen Aufgaben pünktlich, perfekt und zuverlässig. Ja, sie wirken wie die wahren Träger unseres wirtschaftlichen Wohlstandes.

Doch zu welchem Preis? Die Kosten, die die Arbeitswut fordert, sind schmerzlich hoch. Da diese Menschen erhebliche Schwierigkeiten haben, sich zu entspannen, laufen sie permanent hochtourig. Das gesamte Herz-Kreislaufsystem ist chronisch überlastet, Koronarerkrankungen sind die häufige Konsequenz. Weil sie ständig mit Erledigungen und Tätigkeiten (manchmal mehreren gleichzeitig) beschäftigt sind und mit wacher Aufmerksamkeit die Antenne nach außen gerichtet haben, verhindern sie die Möglichkeit, zu sich selbst zu kommen. Vordergründig hat das Vorteile, denn sie laufen Gefahr, dort drinnen nur eine existentielle Leere zu entdecken. Fragen Sie einen Workaholic danach, wie es ihm geht, so wird er Ihnen nicht von seinem Befinden berichten, sondern Ihnen erzählen, was er tut.

Außerdem ist durch die enge, intensive und ausschließliche Beziehung zur Arbeit in vielen Fällen die Fähigkeit verkümmert, reiche und ausgefüllte Beziehungen zu anderen Menschen aufzunehmen oder diese aufrecht zu erhalten. Berufliche Erfolge wiederum kaschieren die Ausdünnung der sozialen Netze. So entsteht nur selten ein wirklicher Leidensdruck für die Betroffenen, geschweige die Bereitschaft, sich als krank oder gar abhängig zu bezeichnen. Wie bei sonstigen Süchten gelingt es lange, die Arbeitssucht vor sich selbst und anderen zu verbergen.

Es gibt jedoch Hoffnung für die Arbeitssüchtigen! Vielleicht lassen sie sich einladen, vom Kuchen des Genusses und der Lebenslust zu kosten. Denn im Gegensatz zum Alkoholiker kann der Workaholiker lernen, sich die Droge Arbeit kontrolliert zu verabreichen. Und einschlägige Erfahrungen lehren, daß Entspannung lernbar ist. Wer erst einmal gespürt hat, daß andere ihn auch ohne Vorleistungen mögen, daß Genießen ohne Angst möglich ist und man mit Partner und Freunden über vieles erleichternd reden kann, der vermag sich sicher bald einer gesteigerten Lebenslust zu erfreuen.

Auch die sorgfältige Überprüfung von Normen und Werten, die wir von unseren Eltern als Altlasten automatisch übernommen haben, führt zu einem gesünderen Leben. Möglicherweise war man schon als Kind einem Genuß- und Lust-Tabu ausgesetzt. In Verbindung mit einer früheren emotionalen Kargheit der Erziehungsatmosphäre ließ sich dieses als besonders erstrebenswert vermitteln. Rastlos zu schaffen wurde als die erstrebenswerteste Möglichkeit herausgestellt, das Leben sinnvoll zu gestalten, unentwegte Produktivität mag der einzige Garant für liebevolle Zuwendung gewesen sein. Eine systematische Neubewertung solch irriger Glaubenssysteme kann hier bereits frischen Wind in die Persönlichkeitsentwicklung bringen.

Eckhart H. Müller, Ausgebrannt – Wege aus der Burnout-Krise

Der Zwangsneurotiker

Der Zwangsneurotiker will alles „machen" mit Wissen und Willen, und dann sieht eben alles „gemacht" und „gewollt" aus, und nicht zügig, nicht flüssig. Aber seit *Schelling* wissen wir, daß „des Menschen edelste Thätigkeit die ist, die sich selbst nicht kennt" – oder, wie wir sagen können, ein Tun, das um sich selbst nicht weiß, das kein Bewußtsein seiner selbst hat, und seit *Nietzsche* wissen wir, daß „alles vollkommene Tun gerade unbewußt und nicht mehr gewollt ist".

Wir kennen und anerkennen nicht nur ein triebhaft Unbewußtes, sondern auch ein *geistig Unbewußtes*, und in dieser Schicht gründet auch das Gemüt. *Das Gefühl kann viel feinfühliger sein, als der Verstand jemals scharfsinnig zu sein vermöchte.*

Aus alledem erhellt, wie sehr in Fällen von Zwangsneurose eine Erziehung zum Vertrauen gegenüber dem Unbewußten not täte, ein Vertrauen zur *unbewußten Geistigkeit*, zur kognitiven und dezisiven Überlegenheit des Gemüts- und Gefühlsmäßigen im Menschen gegenüber dem Vernunft- und Verstandesmäßigen an ihm – mit einem Wort: Was wir dem Zwangsneurotiker beibringen, was wir ihm wiedergeben, was wir ihn wieder finden lassen müssen, ist sein Vertrauen zur *unreflektierten Geistigkeit*.

Uns ist ein Fall bekannt, in dem der Patient in all seinem

Sprechen und Denken dermaßen sich selbst zu beobachten pflegte, daß er es mit der Angst zu tun bekam, dieser sein Beobachtungszwang könnte dazu führen, daß er beim Sprechen den Faden verliert. Es entwickelte sich eine zunehmende Erwartungsangst, die sich zu einem wirklichen Handikap seiner Karriere auswuchs. Der Patient konnte in wenigen Sitzungen so weit geheilt werden, daß er beispielsweise instand gesetzt wurde, vor einem ausländischen Gesandten eine freie Rede zu halten. Seinem Beobachtungszwang zugrunde gelegen war die Angst davor, die Kontrolle über sich zu verlieren, sich nicht in der Hand zu haben und sich fallen zu lassen, sich seinem Unbewußten zu überlassen.

Es gibt eine Weisheit der Sprache, und in ihr haben wir wohl den aufgespeicherten, angereicherten Geist der Menschheit zu sehen. Die Sprache in dieser ihrer Weisheit sagt, daß der Mensch in den Schlaf „fällt"; also auch die Unbewußtheit, die mit dem Schlaf einhergeht, ist etwas, in das wir uns eben fallen lassen müssen.

Viktor E. Frankl, Zeiten der Entscheidung

Schlafen

Einst bat Hadschdschadsch, der tyrannische Generalgouverneur vom Irak und von Syrien, einen Derwisch: „Nenne mir eine Gott wohlgefällige Tat, mit der ich mir und meinem Volk nütze!"

Der Meister empfahl ihm: „Schlafe jeden Tag bis zum Mittag!"

Staunend erwiderte der Gouverneur: „Ich wußte nicht, daß Schlafen eine Gott wohlgefällige Tat ist! Wo steht das geschrieben? Ich will es sehen!"

„Wenn du bis zum Mittag schläfst, kannst du dich nur noch

einen halben Tag lang versündigen, und dein armes Volk hat wenigstens einen halben Tag lang seine Ruhe!"

Türkische Derwischgeschichte

Tugend des Nichtstuns

Den liebe ich nicht, der nicht schläft, spricht Gott.
Der Schlaf ist der Freund des Menschen.
Der Schlaf ist der Freund Gottes.
Der Schlaf ist vielleicht meine schönste Schöpfung.
Und ich selber ruhte am siebenten Tage.
Wessen Herz rein ist, der schläft.
Und wer schläft, hat ein reines Herz.
Das ist das große Geheimnis, nie müde zu sein wie ein Kind.
Wie ein Kind diese Kraft in den Sehnen zu haben.
Diesen neuen Sehnen, diesen neuen Seelen.
Und alle Morgen von vorn zu beginnen, immer neu.
Wie die junge, wie die neue
Hoffnung. Nun sagt man mir, daß es Menschen gibt,
Die gut arbeiten und schlecht schlafen.
Die nicht schlafen. Welch ein Mangel an Vertrauen in mich.
Fast schlimmer noch ist das, als wenn sie schlecht arbeiteten, aber gut schliefen.
Als wenn sie nicht arbeiteten, aber schliefen, denn auch die Trägheit
Ist keine ärgere Sünde als die sorgende Unruhe.
Eine geringere Sünde sogar als die sorgende Unruhe.
Und die Verzweiflung und das fehlende Zutrauen zu mir.
Ich rede ja nicht, spricht Gott von den Menschen,
Die nicht arbeiten und die nicht schlafen.
Das sind die Sünder, versteht sich. Ihnen geschieht es ganz recht.

Sie sind große Sünder. Sie konnten ja arbeiten.
Ich rede von denen, die arbeiten und die nicht schlafen.
Ich bedaure sie. Ich rede von denen, die arbeiten und solchermaßen
Mir hierin gehorchen, die armen Kinder.
Und gleichwohl den Mut, das Vertrauen nicht haben, nicht schlafen.
Ich bedaure sie. Ich bin ihnen gram. Ein wenig. Sie schenken mir kein Vertrauen.
Wie sich das Kind unschuldig bettet in den Armen seiner Mutter, so betten sie sich ja nicht
Unschuldig in den Armen meiner Vorsehung.
Sie haben Mut zu der Arbeit. Sie haben den Mut nicht zum Nichtstun.
Sie haben die Tugend der Arbeit. Sie haben jedoch nicht die Tugend des Nichtstuns.
Sie können sich nicht entspannen. Sich ausruhen. Schlafen.
Die Armen, sie wissen ja nicht, was gut ist.
Sie lenken ihre Geschäfte recht gut während des Tages.
Doch sie wollen mir nicht deren Lenkung anvertrauen während der Nacht.
Als ob ich nicht fähig wäre, sie eine Nacht lang sicher zu lenken.
Wer nicht schläft, ist untreu der Hoffnung.

Charles Péguy, Den liebe ich nicht, der nicht schläft

Ehret die Nacht

„Wer die Nacht nicht ehrt, ist seines Tages nicht wert", eine alte italienische Bäuerin sagte mir das einmal, sie kam gerade von einem schweren Familienstreit. Es ging um eine

Erbschaftsangelegenheit, und sie hatte diesen heißen Streit geschlichtet, soweit er am Tage, an diesem Tage zu schlichten war. Allen Mitstreitenden und dann mir hatte sie gesagt: „ma tutte le cose son buone". Alle Dinge sind gut.

In diesem Satz birgt sich das große Vertrauen. Die Annahme der Nacht als Schoß eines Lebens, zu dem auch das Sterben gehört. In jeder Nachtangst, in jeder Angst vor dem Einschlafen arbeitet ja auch die große Angst davor, bewußtlos zu werden, wehrlos und waffenlos also, dem Überfall durch Krankheit, Tod, Unfall, Unheil aus dem Dunklen nicht sofort mit technischen, mit rationalen Mitteln, mit Instrumenten des Tages entgegentreten zu können. Sehr viele Menschen wollen deshalb nur eine Nacht im Halbschlaf, um möglichst schnell wach zu werden, wie die Tiere der Steppe, die ihre Todfeinde in der Nacht erwarten. Aber es gibt auch die Angst vor den lebendigen Dunkelheiten in uns, denen gegenüber wir uns nur passiv, erleidend, verhalten können. Sehr viele andere Menschen wollen deshalb einen betäubenden Tiefschlaf, damit das Arbeiten der Nacht in uns möglichst verdrängt, übermachtet wird. Beide Haltungen sind nur Symptom. Sie verweisen auf Fehlhaltungen dem Leben selbst gegenüber, gegenüber der Zeit und dem Rhythmus des Lebens.

Die Nacht zu ehren, das würde bedeuten, sie mit ihrem Schlaf voll und ganz zu integrieren, mit ihrem Einatmen, ihrem Ausatmen, ihrem Arbeiten, ihrem Schweigen. Alle lange lebenden alten Gesellschaften der Menschheit lebten in einer Ökonomie, die Tag und Nacht umfing. Ökonomie heißt wörtlich Hauswirtschaft: Der Haushalt unserer Kräfte, unserer Lebensenergien bedarf Pflege der Nacht und des Tages, er muß Licht und Dunkel, Winter und Sommer, alle Jahreszeiten der Seele und des Körpers annehmen, wenn er nicht erlöschen oder, überhitzt, verbrennen soll. Alle lange lebenden Gesellschaften zeigten sich auch alarmiert, wenn der Mensch nicht mehr schlafen, gut schlafen, gern schlafen konnte. Die großen Kulturen der Chinesen und Indianer, der Altafrikaner und Ägypter, Griechen und Asiaten kennen den Heilschlaf. In der Spätantike, in der nervöse, von innerer Unrast erfüllte Menschen nicht mehr schlafen können, bauen die Tempel ihre Schlafhallen immer mehr aus. Von nah und fern strömten Menschen herbei, die hier schlafen lernen wollen.

Traum-Deutung befaßt sich, seit Jahrtausenden bereits, mit der Aufschlüsselung dieser Gebilde, die uns in der Nacht, im Schlaf zukommen: wobei Menschen zu Tieren, zu großen furchtbaren Tieren deformiert erscheinen – und immer wieder zu einer gestaltlosen Sphinx, die ohne Worte die Frage stellt: Woher kommst du? Wohin gehst du? Wer bist du?

Wer bist du? In jedem Identitätskonflikt steckt aber als harter Kern die uralte Frage: Wie steht es um dein Heil? Wie steht es um deine Seele? In guter Gesellschaft sprach man lange genug nicht von Heil, nicht nur, weil der Führer, soviel Heil, soviel Heilsglaube verbraucht hatte. Dahinter steht auch eine Überbetonung des „Kopfes". Man sprach auch nicht von der Seele. Die „Psyche" mußte als Ersatzwort einspringen, um den seelischen Nöten, möglichst auf kleinstem gemeinsamem Nenner, einen Namen zu geben.

Im Schlaf kommen die Seele, der Geist, das Heil – und damit auch alles Unheil in und um uns zu Wort. Sie kommen in einem großen Schweigen zu Wort, und in den Gebilden der Träume, die Gebirge und Inseln sind, die aus dem Ozean, der See in uns aufragen.

Die Wohltaten des guten Schlafes werden nicht gesucht, also auch nicht gefunden. Wir haben in dem brennend heißen und gleichzeitig überkühlten, verkälteten Klima – Arbeitsklima, Betriebsklima, Lebensklima –, in dem wir vegetieren, oft vergessen, daß es zur Lebenskultur gehört, sich auf die Nacht, auf den Schlaf einzustimmen, sich nicht, wie ein trockener oder wie ein zu sehr durchnäßter Sack ins Bett fallen zu lassen. Sich nicht sofort hinüberzuschwemmen – mit einem Schlafmittel. „Ich lege mich nie zu Bette, ohne zu bedenken, daß ich vielleicht (so jung als ich bin) den anderen Tag nicht mehr sein werde – und es wird doch kein Mensch von allen, die mich kennen, sagen können, daß ich im Umgang mürrisch oder traurig wäre.“ Dies schrieb der fromme Freimaurer Wolfgang Amadeus Mozart als 31jähriger in dem berühmten Brief vom 4. 4. 1787 an seinen Vater. Er wußte, daß der Mensch mitverantwortlich ist für seine Einstimmung, für seine Einführung in den Schlaf.

Die Nacht und ihr Schlaf sind die unersetzlichen Helfer, die Hebammen für die Entbindung eines wachen, seelisch wachen Menschenlebens. Sie sind die Mächte, die öffnen: den tiefen Schichten der Person, den lebendigen Feuern der Gottheit zu. Menschen einer offenen Vernunft, einer wirklichkeitsfrommen Vernunft, schöpferische Menschen, seelisch bewegliche, geistig dynamische Menschen verdanken ihre tägliche Erneuerung ihren Nächten, ihrem Schlaf. Franziskus hat den Schlaf als den „großen Bruder“ besungen. Dieser große Bruder führt uns hinüber: über die Schwelle. Über die Schwellen unseres Tages-Lebens. Dieser große Bruder will uns täglich, also nächtlich lernen, „das Zeitliche zu segnen“ – hier und heute. Und in dieser täglichen Einübung will er uns lehren, was jeder Mensch lernen muß: zu sterben. Selig, die im Herrn entschlafen. Selig der Mensch, der sich seiner Nacht, seinem Schlaf anvertraut. Dieses Vertrauen transzendiert, es führt hinüber ins „weite Land“ der Seele. Und es führt damit den göttlichen Funken, der in jedem Menschen lebt, oft verdunkelt und auf Sparflamme gehalten, in die großen Feuer zurück, aus denen wir kommen, in die wir einziehen: behütet, vorbereitet durch die Nächte, durch den Schlaf – in seinem Schoß.

Friedrich Heer, Lob des Schlafes

Gönne Dich Dir selbst

Wo soll ich anfangen? Am besten bei Deinen zahlreichen Beschäftigungen, denn ihretwegen habe ich am meisten Mitleid mit Dir.

Ich fürchte, daß Du, eingekeilt in Deine zahlreichen Beschäftigungen, keinen Ausweg mehr siehst und deshalb Deine Stirn verhärtest; daß Du Dich nach und nach des Gespürs für einen durchaus richtigen und heilsamen Schmerz entledigst. Es ist viel klüger, du entziehst Dich von Zeit zu Zeit Deinen Beschäftigungen, als daß sie Dich ziehen und Dich nach und nach an einen Punkt führen, an dem Du nicht landen willst. Du fragst, an welchen Punkt? An den Punkt, wo das Herz hart wird. Frage nicht weiter, was damit gemeint sei; wenn Du jetzt nicht erschrickst, ist Dein Herz schon so weit.

Das harte Herz ist allein; es ist sich selbst nicht zuwider, weil es sich selbst nicht spürt. Was fragst Du mich? Keiner mit hartem Herzen hat jemals das Heil erlangt, es sei denn, Gott habe sich seiner erbarmt und ihm, wie der Prophet sagt, sein Herz aus Stein weggenommen und ihm ein Herz aus Fleisch gegeben (Ez. 36,26).

Wenn Du Dein ganzes Leben und Erleben völlig ins Tätigsein verlegst und keinen Raum mehr für die Besinnung vorsiehst, soll ich Dich da loben? Darin lob' ich Dich nicht. Ich glaube, niemand wird Dich loben, der das Wort Salomons kennt: „Wer seine Tätigkeit einschränkt, erlangt Weisheit" (Sir 38,25). Und bestimmt ist es der Tätigkeit selbst nicht förderlich, wenn ihr nicht die Besinnung vorausgeht.

Wenn Du ganz und gar für alle da sein willst, nach dem Beispiel dessen, der allen alles geworden ist (1 Kor 9,22), lobe ich Deine Menschlichkeit – aber nur, wenn sie voll und echt ist. Wie kannst Du aber voll und echt Mensch sein, wenn Du Dich selbst verloren hast? Auch Du bist ein Mensch. Damit Deine

Menschlichkeit allumfassend und vollkommen sein kann, mußt Du also nicht nur für alle anderen, sondern auch für Dich selbst ein aufmerksames Herz haben.

Wie lange noch schenkst Du allen andern Deine Aufmerksamkeit, nur nicht Dir selber? Ja, wer mit sich selbst schlecht umgeht, wem kann der gut sein? Denk also daran: Gönne Dich Dir selbst.

Ich sage nicht: Tu das immer, ich sage nicht: Tu das oft, aber ich sage: Tu es immer wieder einmal. Sei wie für alle anderen auch für Dich selbst da, oder jedenfalls sei es nach allen anderen.

Bernhard von Clairvaux, Brief an seinen früheren Schüler, Papst Eugen III.

Die Wiege

Ein Kind war geboren worden, und sein Vater ging zu einem Schreiner, um eine Wiege anfertigen zu lassen. Der Schreiner sagte, er solle in einer Woche wiederkommen, um es abzuholen. Nach einer Woche war es noch nicht fertig. Woche um Woche kam der Mann, jedoch war immer noch keine Wiege zu sehen. Nach und nach wuchs das Kind zum Manne heran. Auch er heiratete und seine Frau gebar ihm ein Kind.

Sein eigener Vater sagte zu ihm: „Statte dem Schreiner einen Besuch ab und schau nach, ob die Wiege schon fertig ist." Da ging der junge Mann zum Schreiner und erinnerte ihn an die Wiege. „Das ist doch eine Gelegenheit für dich, die Arbeit zu Ende zu führen", sagte er. „Ich habe jetzt einen kleinen Sohn und die Wiege wäre genau das richtige für ihn." „Fort mit dir!" sagte der Schreiner: „Ich lasse mich bei meiner Arbeit nicht hetzen, nur weil du und deine Familie von ihren Wünschen besessen sind!"

Sufi-Lehrgeschichte

Faulenzen

Aus dem heute wohl nicht mehr gebräuchlichen Katechismus meiner Kinderjahre in Deutschböhmen ist mir eine Erklärung der Trägheit in Erinnerung, die zu den sieben „Hauptsünden“ gehört. Die Erklärung gründete sich auf ein Wort aus dem alttestamentlichen „Buch der Sprichwörter“: „Fauler, geh hin und lerne von der Ameise“, so steht dort geschrieben. Obwohl ich bis heute nicht einsehe, warum ich Menschenkind ausgerechnet von der mir nach wie vor nicht besonders sympathischen Ameise etwas lernen solle, habe ich mir das gemerkt. Ich erinnere mich allerdings nicht, bei der früher ja Punkt für Punkt erfolgenden Gewissenserforschung in meinem tiefsten Inneren eine Neigung zum „Laster der Trägheit“ entdeckt zu haben.

Daß diese Trägheit, die wir in sehr verkürzter und im Grund sinnentstellter Form als „Stinkfaulheit“ und „Nichtstuerei“ kennenlernten, im Mittelalter „acedia“ hieß, und eigentlich jene schwarze Traurigkeit und lähmend pessimistische Passivität bedeutete, die nicht nur die Mönche in ihren einsamen Zellen überfiel, das wußte ich damals noch nicht. Heute habe ich manche Ahnung davon bekommen. Und ich gestehe, nicht immer frei von solchen Anwandlungen zu sein.

Aber davon möchte ich hier nichts sagen. Es geht ja nicht um die schwarzgallige „acedia“, sondern um jenes „dolce far niente“, für das wir keinen rechten deutschen Ausdruck haben. Und eben diesen Zustand kenne ich durchaus. Aber leider nicht als einen Genuß von dem ich kennerisch schwärmen könnte, sondern als eine mein Leben begleitende Sehnsucht, in etwa vergleichbar dem, was Ernst Bloch am Ende seines „Prinzips Hoffnung“ „Heimat“ nennt. Und er setzt, als unheilbarer Nachfahr des unseligen „Faust“ hinzu, daß da „noch niemand drin war“.

Im Bilde erscheint mir dieses dolce far niente zu gewissen Zeiten des Jahres suggestiv beglückend, wenn ich um Neujahr einen so gut wie leeren Terminkalender vor mir liegen sehe. So herrlich weiß und unberührt, unbekritzelt. Oder wenn ich auch im Laufe des Jahres mit einem Mal drei, vier Tage entdecke, hinter deren Datum nur das stehen könnte, was der vielleicht in seiner Art beneidenswerte König Ludwig XVI. im Rückblick auf den Tag des Bastillesturms 1789 notierte: „Rien". Nichts.

Nicht, daß ich mich danach sehnte, schnarchend in der Sonne zu schmoren oder mich morgens nach dem Frühstück noch einmal im Bett umzudrehen – solche Lustbarkeit ist nur jenen wenigen Tagen vorbehalten, an denen man sich wegen einer leichten Grippe durch Machtspruch des Chefs oder der die Ansteckung fürchtenden Kollegen ins Bett verweisen läßt. Nein, es braucht kein Federbett zu sein und kein zu diesem gebrachtes leichtes, aber leckeres Frühstück.

Es könnte auch ein Tag wie jeder andere sein. Nur eben ohne Programm und ohne Pflicht. Ohne äußeren Termin und vor allem ohne die innere Stimme, die zum Schreiben, Studieren von Quellen, zu Telefonaten, Ordnungsarbeiten an den Papieren mahnt. Statt dessen müßte es das geben, was die Alten „Otium cum dignitate" nannten, das anständige Nichtstun. Stundenlanges „Sich-Verlesen" in einem Buch, das man weder zu studieren noch gar zu rezensieren braucht. Ein Spaziergang ohne Besorgungszettel, ein nutzloses Stehenbleiben zwecks Beobachtung irgend eines Straßenereignisses.

Auch der Urlaub ist nur eine halbe Lösung. Man macht sich auch da ein Programm. Schließlich ist man ein gebildeter Mensch, will Sehenswürdigkeiten kennenlernen, will als Zeitgenosse durch Presse und Medien auf dem laufenden bleiben, plant zum Ausgleich für immer zu üppiges Essen Bewegungsübungen ein, bleibt irgendwie im Dienst.

Ach, wenn man, besser gesagt: wenn ich vielleicht untypischer Einzelmensch doch einmal dieses Schlaraffenland betreten könnte. Aber vielleicht führt mich am Ende meiner Tage der Liebe Gott da hinein, nicht ohne mir vorher mit schonungsloser Deutlichkeit in letzter Stunde klar gemacht zu haben, daß ich zeitlebens viel gesündigt habe, indem ich mir ausgerechnet die Ameise zum Vorbild nahm. Wo das eben doch zur Belehrung in meinem Katechismus stand ...

Friedrich Weigend-Abendroth

Arbeitsmoral

Ein Tourist befragt einen jungen Mann in Neapel:
„Warum arbeiten Sie eigentlich nicht?"
„Ja, warum sollte ich denn arbeiten?"
„Um Geld zu verdienen, natürlich, und zu sparen!"
„Und warum sollte ich sparen?"
„Zum Teufel, um im Alter nicht mehr arbeiten zu müssen."
„Nun, das tue ich ja jetzt schon nicht, wo ich noch jung bin. Ich lebe."

Italienisch

Verantwortung

Ein junger Mann kommt zu einem Rabbi mit der Frage: „Was kann ich tun, um die Welt zu retten?" Der Weise antwortete: „So viel, wie du dazu beitragen kannst, daß morgens die Sonne aufgeht."

„Aber was nützen dann all meine Gebete und meine guten Taten, mein ganzes Engagement?" fragt der junge Mann.

Darauf der Weise: „Sie helfen dir, wach zu sein, wenn die Sonne aufgeht."

Rabbinische Geschichte

Tiefe Erkenntnis

Ein Mönch fragte: „Meister, tust du etwas für die Menschen?"

Joshu sagte: „Ja."

Der Mönch fragte: „Wie tust du etwas für die Menschen?"

Joshu sagte: „Wenn du nicht tiefe Erkenntnis erreicht hast, wirst du dich vergeblich anstrengen, verblendete Gedanken zu beruhigen."

Der Mönch fragte: „Nun, was ist das für eine Erkenntnis, die du tief nennst?"

Joshu sagte: „Ich will nichts Wesentliches sagen."

Der Mönch sagte: „Das ist Tiefe. Aber was ist Erkenntnis?"

Joshu sagte: „Dir antworten ist Erkenntnis."

Zen-Geschichte

Mein Apfelbäumchen

Bei einem Empfang wurde ich nach den Schwierigkeiten gefragt, vor denen ich als Lepraärztin in Pakistan stehe. Ich sprach vom rapiden Anwachsen der Großstadt Karachi. Dort verdoppelt sich die Einwohnerzahl alle zehn Jahre. Da fragte der junge Mann: „Welches Konzept haben Sie denn, um die Landflucht zu verhindern?" Ich antwortete: „Um Himmels willen! Ich bin doch nicht verantwortlich für das Anwachsen der Großstädte in der Dritten Welt. Ich bin verantwortlich dafür, daß sich in Karachi die Leprabekämpfungsmaßnahmen alle zehn Jahre verdoppeln."

Ein Deutscher hat ein schlechtes Gewissen, weil in Brasilien der Urwald stirbt. Die Lehre, die er persönlich daraus zu ziehen hat, ist doch, daß er sich um das ökologische Wiesenstück vor seiner Haustüre kümmert.

Es ist uns nicht versprochen worden, daß am Ende der Welt die vollkommene innerweltliche Harmonie stehen wird. Es ist uns gesagt, daß die Welt in der Katastrophe endet. Daß aber selbst die Katastrophe nicht das letzte Wort ist. Das letzte Wort wird die Liebe sein. Trotz allem und in allem sind die Christen der Welt dieses Zeugnis gelassener Hoffnung schuldig. Und es ist kein naiver Optimismus, wenn wir so leben, wie die Menschheit immer schon im Angesicht aller Bedrohung hat leben müssen. Wenn morgen der jüngste Tag anbräche, würde er heute ein Apfelbäumchen pflanzen, hat Martin Luther gesagt. Wie könnte das „Apfelbäumchen-Pflanzen" aussehen? Eben, daß wir in unserer kleinen Welt um uns den kleinen Frieden schaffen, der in unserer Hand liegt und die Vorbedingung für den großen Frieden ist.

„Die Menschen", so läßt Saint-Exupéry seinen Kleinen Prinzen sagen, „die Menschen züchten 10 000 Rosen in ihrem Garten – und finden doch nicht, was sie suchen. Dabei kann man alles in einer Rose und in einem Schluck Wasser finden."...

„Nicht müde werden, nicht müde werden, sondern dem Wunder leise wie einem Vogel die Hand hinhalten", heißt es in einem Gedicht von Hilde Domin.

Ruth Pfau, Verrückter kann man gar nicht leben

Was zu tun ist und was man geschehen lassen soll

Alle Weisheit läßt sich mit zwei Zeilen ausdrücken:
Was für dich getan wird – laß zu, daß es getan wird.
Was du selbst tun mußt – sorge dafür, daß du es tust.

Chawwas

Gut *sein*, nicht *handeln*

Die Leute brauchten nicht soviel nachzudenken, was sie *tun* sollten; sie sollten vielmehr bedenken, was sie *wären*. Wären nun (aber) die Leute gut und ihre Weise, so könnten ihre Werke strahlend leuchten. Bist *du* gerecht, so sind auch deine Werke gerecht. Nicht gedenke man Heiligkeit zu gründen auf ein Tun; man soll Heiligkeit vielmehr gründen auf ein Sein. Denn die Werke heiligen nicht uns, sondern wir sollen die Werke heiligen. Wie heilig die Werke immer sein mögen, so heiligen sie uns ganz und gar nicht, soweit sie Werke sind, sondern: soweit wir (heiliges) Sein und Wesen haben, soweit heiligen wir alle unsere Werke, es sei Essen, Schlafen, Wachen oder was immer es sei. Die nicht großen Seins sind, welches Werk die auch wirken, da wird nichts draus.

Erkenne hieraus, daß man allen Fleiß darauf verwenden soll, gut zu *sein*, – nicht (aber) so sehr darauf, was man tue oder welcher Art die Werke seien, sondern wie der Grund der Werke sei.

Meister Eckhart, Deutsche Predigten und Traktate

Weg zur Seelenruhe

Es war in der Tokugawazeit: Ein Daimyô (Landesfürst) reiste zur Hauptstadt Yedo, dem heutigen Tokyo, um dem Shôgun (Reichsverweser) seinen Pflichtbesuch zu machen. Um aber unterwegs nicht auf die Teezeremonie verzichten zu müssen, nahm er einen Teemeister mit. Nach damaligem Brauch war das ein Zen-Mönch, der der Sicherheit halber in Samuraikleidung reiste und sich auch mit zwei Schwertern umgürtet hatte. Als er so eines Tages allein durch die Straßen der Hauptstadt ging, wurde er plötzlich von einem wirklichen Samurai gestellt und zum Zweikampf herausgefordert. Der Samurai ahnte natürlich nicht, daß er einen Mönch vor sich hatte, und begründete seine Herausforderung einfach damit, daß er ein Gelübde abgelegt habe, eine bestimmte Anzahl von Zweikämpfen auszufechten. Der Mönch war in größter Verlegenheit. Wenn er bekannte, daß er die Schwerter nur äußerlich trug, würde er vielleicht von dem Samurai sofort niedergestochen. Den Tod fürchtete er zwar nicht, aber diese Art zu sterben, wäre doch eine große Schande für ihn. Andererseits hatte er aber gar keine Erfahrung im Fechten. Trotzdem nahm er die Herausforderung an, verabredete Zeit und Ort des Kampfes und verabschiedete sich. Dann suchte er einen berühmten Fechtmeister auf und bat ihn um Belehrung, wie er sich hinstellen und das Schwert halten müsse, um beim ersten Zusammenstoß mit seinem Gegner ehrenvoll zu sterben. Der Fechtmeister war von dieser Bitte etwas überrascht, aber da der andere so eindringlich bat, gab er schließlich nach und erteilte ihm die gewünschte Belehrung. Der Mönch bedankte sich und ging fort. Zur festgesetzten Stunde stellte er sich dem Samurai an dem für das Duell vereinbarten Platz. Sein Gegner wartete schon. Als der Kampf nun beginnen wollte, nahm der Mönch die erlernte Stellung ein. Er hielt das Schwert mit beiden Händen hoch erhoben, senkte den Kopf und wartete so auf den tödlichen Streich. Aber so lange er auch wartete, der Samurai schlug nicht zu, sondern ließ vielmehr sein Schwert sinken und bat den Mönche, bei ihm als Schüler angenommen zu werden. Seine Haltung sei so vollendet gewesen, daß er sich glücklich schätzen würde, sein Schüler im Fechten zu werden.

Was zeigt diese Erzählung? Sie zeigt den Einfluß des Zen auf die Japanischen „dô“, übersetzt die „Wege“, etwa „Weg des Tees“ (die sogenannte Teezeremonie); „Weg des Bogens“, „Kyû-dô“; „Weg des Schreibens“, „Sho-dô“ (jap. Kalligraphie);

„Weg der Blumen“, „Ka-dô“ (Blumenstecken); „Weg des Ringens“, „Jû-dô“ (auch Jiujitsu genannt); „Weg des Fechtens“, „Ken-dô“; ferner allgemein der „Weg der Künste“, „Gei-dô“; auch der „Weg des Ritters“, „Bushi-dô“ (jap. Rittergeist), gehört hierher. All das wurde in Japan ursprünglich nicht als Sport, Kunst oder gar Kunstgriff geübt, sondern war und ist auch jetzt noch ein „Weg“, ein Lebensweg, oder besser: eine Lebensphilosophie. Es wird damit eine gewisse innere geistige Haltung bezeichnet, die man in allen Lebenslagen bewahren soll, nicht nur zur Zeit der Ausübung der Zeremonie, des Schreibens, des Fechtens usw. In allen diesen Wegen lebt ein Geist, und das ist der Geist des Zen. Daher gibt es auch im Japanischen Ausdrücke wie „Ken-Zen-ichinyo“, d. h. „Schwert (Fechtkunst) und Zen sind eins“. Im Geiste des Zen gehen alle diese dôs auf die Einheit des Geistes aus und weiter auf das Einswerden mit der Natur, mit dem All. Sie verlangen das „Muga“, das „Nicht-Ich“ oder das Sich-Selbst-Aufgeben, und wollen völlige innere Ausgeglichenheit und Seelenruhe vermitteln.

Noch eine kleine Begebenheit soll das gleiche in etwas anderen Umständen veranschaulichen. Diesmal handelt es sich um einen japanischen Tänzer, der in ein vornehmes Haus eingeladen war, um seine Kunst vorzuführen. Als er spätabends auf einsamem Weg in seine Wohnung zurückkehrte, wurde er von einem Räuber erspäht, der dort auf der Lauer lag. Mit der Waffe in der Hand folgte der Räuber dem Tänzer, um ihn rücklings niederzustoßen. Aber der Gang des Tänzers war so vollendet, daß der Räuber keine Blöße entdecken konnte, um den anderen auch nur zu verwunden. Je mehr er sich bemühte, ihn umzubringen, um so mehr mußte er ihn bewundern. Der Tänzer ahnte nicht einmal, wie nahe ihm der Tod auf den Fersen folgte. Als er unbehelligt zu seiner abgelegenen Wohnung kam und hineingehen wollte, sprang der Räuber hinter ihm hervor, warf sich ihm zu Füßen und bat, als sein Schüler angenommen zu werden. Der Tänzer hatte durch den Weg der Kunst, „Gei-dô“, die vollkommene Harmonie und Selbstbeherrschung zu seiner ständigen inneren und äußeren Haltung gemacht.

Hugo M. Enomiya-Lassalle, Zen – Weg zur Erleuchtung

Die wunderbare Kunst einer Katze

Es war einmal ein Fechtmeister namens Shoken. In seinem Hause trieb eine große Ratte ihr Unwesen. Selbst am hellen Tage lief sie herum. Da machte der Hausherr einmal das Zimmer zu und gab der Hauskatze Gelegenheit, die Ratte zu fangen. Die aber sprang der Katze ins Gesicht und biß sie so, daß sie laut schreiend davonlief. So also ging es nicht. Und so brachte der Hausherr einige Katzen herbei, die in der Nachbarschaft einen tüchtigen Ruf genossen und ließ sie in das Zimmer hinein. Die Ratte kauerte in einer Ecke, und sowie eine Katze ihr nahte, sprang sie sie an, biß sie und schlug sie in die Flucht. So ungestüm sah die Ratte aus, daß die Katzen alle zögerten, sich noch einmal heranzuwagen. Da wurde der Hausherr zornig und lief selber der Ratte nach, um sie zu töten. Sie aber entschlüpfte jedem Hieb des erfahrenen Fechtmeisters, und er konnte sie nicht erwischen. Er schlug dabei Türen, *Shojis, Karakamis* u. a. entzwei. Aber die Ratte huschte durch die Luft – schnell wie ein fahrender Blitz, entging jeder seiner Bewegungen und sprang ihm ins Gesicht und biß ihn. In Schweiß gebadet rief er schließlich seinem Diener zu: „Man sagt, sechs bis sieben Cho von hier sei eine Katze, die die tüchtigste in der Welt sei. Geh und hole sie her.“ Der Diener brachte die Katze. Sie schien sich nicht viel von den anderen Katzen zu unterscheiden, sah weder besonders klug, noch besonders scharf aus. So traute der Fechtmeister ihr auch nichts Besonderes zu, aber er machte die Tür auf und ließ sie hinein. Ganz ruhig und langsam ging die Katze hinein, so als erwarte sie gar nichts Besonderes. Aber die Ratte fuhr zusammen und rührte sich nicht. Und die Katze ging ganz einfach und langsam auf sie zu und brachte sie im Maul heraus.

Am Abend versammelten sich in Shokens Haus die geschlagenen Katzen, baten respektvoll die alte Katze auf den Ehrensitz, knieten vor ihr nieder und sagten bescheiden: „Wir alle gelten als tüchtig. Wir alle haben uns auf diesem Wege geübt und uns die Klauen geschärft, um damit jede Art von Ratten, ja sogar Wiesel und Ottern besiegen zu können. Wir hätten niemals gedacht, daß es eine so starke Ratte geben könnte. Aber mit was für einer Kunst habt Ihr sie so leicht besiegt? Machet doch kein Geheimnis aus Eurer Kunst und erzählt uns doch Euer Geheimnis!" Da lachte die Alte und sprach: „Ihr jungen Katzen, ihr seid zwar ganz tüchtig. Aber ihr wißt im rechten Weg nicht Bescheid. So verfehlt ihr, wenn etwas Unerahntes euch begegnet, den Erfolg. Doch erzählt erst ihr mir, wie ihr euch geübt habt."

Da rückte eine schwarze Katze heran und sagte: „Ich stamme aus einem Haus, das für den Rattenfang berühmt ist. So entschloß auch ich mich zu diesem Weg. Ich kann Wandschirme von zwei Meter Höhe überspringen. Ich kann mich durch ein winziges Loch zwängen, durch das sonst nur eine Ratte durchkommt. Von Kind auf habe ich alle akrobatischen Künste geübt. Auch wenn ich beim Aufwachen aus dem Schlaf noch nicht ganz da bin, eben dabei, mich wiederzufinden und sehe da eine Ratte über den Balken laufen – schon habe ich sie. Die Ratte von heute aber war stärker, und ich habe die furchtbarste Niederlage erfahren, die ich in meinem Leben jemals zu erleiden gehabt. Ich bin beschämt" – Da sagte die Alte: „Worin du dich da geübt hast, ist eben nichts als nur Technik! (*shosa* – die reine physische Kunst.) Dein Geist ist aber besetzt mit der

Frage: Wie gewinnen? So haftest du ja noch am Zielen! Wenn die Alten ›Technik‹ lehrten, so taten sie es, um damit eine *Weise des Weges (michisuji)* zu zeigen. Ihre Technik war einfach, beschloß jedoch die höchste Wahrheit in sich. Die Nachwelt aber beschäftigt sich nur noch mit Technik. Dabei erfand man zwar vieles, so nach dem Rezept ›Wenn man *dies* und *das* übt, dann kommt dies und jenes dabei heraus.‹ Was aber kommt dabei heraus? Nichts als eine Geschicklichkeit. Unter Preisgabe des überlieferten Weges entstand so unter Aufbietung von viel Klugheit der Wettbewerb in Technik bis zur Erschöpfung, und nun kommt man nicht weiter. Das ist immer so, wenn man an Technik und Erfolg denkt und dabei ausschließlich die Klugheit betätigt. Zwar ist die Klugheit eine Funktion des Geistes, wenn sie aber nicht auf dem *Weg* fußt und allein auf Geschicklichkeit abzielt, dann wird sie zum Ansatz von Falschem und das Errungene zum Übel. Also geh in dich und übe von nun an im rechten Sinn weiter."

Darauf rückte eine große Katze mit einem Tigerfell heran und sprach: „In der Ritterkunst kommt es, so meine ich, nur auf den Geist an. So habe ich mich daher seit jeher in dieser Kraft geübt *(ki wo neru)*. So ist mir, als sei mein Geist ›stahlhart‹ und frei und geladen vor dem Geist, der Himmel und Erde erfüllt (Menzius). Sehe ich den Feind, schon schlägt dieser allgewaltige Geist ihn in den Bann, und ich gewinne den Sieg schon im voraus. Erst dann gehe ich vor! Ganz unbewußt, so wie es die Lage erfordert. Ich richte mich nach dem ›Klang‹ meines Gegners, banne die Ratte, wie es mir beliebt, nach links oder nach rechts und komme jeder Wendung entgegen. Um die Technik als solche kümmere ich mich überhaupt nicht. Die kommt von selber. Eine Ratte, die über den Balken läuft, starre ich nur an, und schon fällt sie herunter und ist mein. Aber diese geheimnisvolle Ratte da kommt ohne Gestalt und geht ohne Spur. Was ist das? Ich weiß es nicht." Da sagte die Alte: „Worum du dich da bemüht hast, ist wohl das Wirken, das aus der großen Kraft kommt, die Himmel und Erde erfüllt. Aber was du gewonnen hast, ist doch nur eine psychische Kraft und ist nicht von dem Guten, das den Namen des Guten verdient. Allein schon die Tatsache, daß du dir der Kraft, mit der du siegen willst, bewußt bist, wirkt dem Siege entgegen. Dein Ich ist im Spiel. Wenn das des anderen aber stärker ist als das deine, was dann? Wenn du den Feind mit dem Übergewicht deiner Kraft besiegen willst, stellt er dir die seine entgegen. Bildest du dir ein, allein stark zu sein und alle anderen schwach? Wie aber soll man sich verhalten, wenn es etwas gibt, das man beim besten Willen nicht mit dem Übergewicht der eigenen Kraft besiegen kann – das ist die Frage! Was du da als ›frei‹ und ›gestählt‹ und als ›Himmel und Erde erfüllend‹ in dir fühlst als geistige Kraft, das ist nicht die große Kraft *(ki no sho)* selbst, sondern nur ihr Abglanz in dir. Es ist dein eigener Geist, also nur der Schatten des großen Geistes. Es gibt sich zwar so, wie die große Kraft, in Wirklichkeit aber ist es etwas völlig anderes. Der Geist, von dem Menzius spricht, ist stark, weil er von großem Klarsinn bleibend erhellt ist. Dein Geist aber gewinnt seine Kraft nur unter bestimmten Bedingungen. Deine Kraft und die, von der Menzius spricht, haben verschiedenen Ursprung, und so ist auch ihr Wirken verschieden. Sie unterscheiden sich wie der ewige Strom eines Flusses, z. B. des Yangtsekiang, und eine plötzliche Flut, die über Nacht kommt. Was aber ist der Geist, den man bewähren soll, wenn einem etwas gegenübersteht, das von keiner bedingten Geisteskraft *(kisei)* besiegt werden kann – das ist die Frage! Ein Sprichwort sagt: ›Eine Ratte in der Klemme beißt auch die Katze.‹ Ist der Feind in der Todesklemme, ist er auf nichts angewiesen. Er vergißt sein Leben, vergißt alle Not, vergißt sich selbst, ist frei von Sieg und Niederlage. Und darum ist ein Wille wie Stahl. Wie könnte man ihn mit einer Geisteskraft besiegen, die man sich selbst zuschreibt?“

Nun rückte eine ältere graue Katze langsam heran und sagte: „Ja, wirklich, es ist wie Ihr sagt. Die psychische Kraft hat, so stark sie auch sein mag, in sich selbst eine Form *(katachi)*. Was aber Form hat, so klein es auch sei, es ist faßbar. Daher habe ich seit langem meine Seele (*kokoro*, die Herzkraft) geübt. Ich übe nicht die Kraft aus, die den andern geistig überwältigt (das ›*sei*‹, wie die zweite Katze). Ich schlage mich auch nicht herum (wie die erste Katze). Ich versöhne mich mit meinem Gegenüber, lasse mich mit ihm eins werden und widersetze mich ihm überhaupt nicht. Ist der andere stärker als ich, so gebe ich einfach nach und bin ihm gleichsam zu Willen. Meine Kunst besteht gewissermaßen darin, die fliegenden Kieselsteine in einem losen Vorhang aufzufangen. Eine Ratte, die mich angreifen will, mag noch so stark sein, sie findet nichts vor, worauf sie sich stürzen, nichts, woran sie ansetzen könnte. Aber die Ratte von heute ging einfach nicht auf mein Spiel ein. Sie kam und ging unfaßbar wie Gott. Dergleichen habe ich noch nie gesehen."

Da sagte die Alte: „Was du Versöhnlichkeit nennst, kommt nicht aus dem Wesen, nicht aus der Großen Natur. Es ist eine gemachte, künstliche Versöhnung, ein Kniff. Bewußt willst du damit dem Angriffsgeist des Feindes entgehen. Weil du aber, und sei es auch noch so flüchtig, daran denkst, so merkt er ja deine Absicht. Gibst du dich aber in solcher Geistesverfassung ›versöhnlich‹, so kommt dein dem Angriff zugewandter Geist nur durcheinander, wird getrübt, und die Präzision deiner Wahrnehmung und deines Handelns ist gestört. Was immer du mit bewußter Absicht tust, schränkt die ursprüngliche und aus dem Verborgenen wirkende Schwingung der Großen Natur ein, stört den Fluß ihrer spontanen Bewegung. Wo sollte da eine wunderbare Wirkkraft herkommen? Nur wenn man an nichts denkt, wenn du nichts machst, sondern dich mit deiner Bewegung der Schwingung des Wesens *(shizen no ka)* überläßt, hast du keine greifbare Form mehr, und nichts auf Erden kann als Gegen-Form auftreten; und dann gibt es auch keinen Feind mehr, der widerstehen kann."

„Ich bin durchaus nicht der Meinung, daß alles, worin ihr euch geübt habt, zwecklos sei. Alles und jedes kann eine Weise des Weges sein. Auch Technik und Tao können ein und dasselbe sein, und dann ist der große Geist, das ›Waltende‹, schon in ihr mitenthalten und bekundet sich auch im Handeln des Leibes. Die Kraft des großen Geistes *(ki)* dient der Person des Menschen *(ishi)*. Wessen *ki* frei ist, der kann mit unendlicher Freiheit allem in der rechten Weise begegnen. Wenn sein Geist sich versöhnt, wird er, ohne irgendeine besondere Kraft im Kampf einzusetzen, auch nicht an Gold oder Stein zerbrechen. Nur auf eines kommt es an: daß kein Hauch von Ich-Bewußtsein im Spiel sei, sonst ist alles verdorben. Wenn man auch noch so flüchtig an all das denkt, so ist es nur etwas Erkünsteltes. Es kommt nicht aus dem Wesen, nicht aus der ursprünglichen Schwingung des Weg-Körpers *(do-tai)*. Dann aber wird auch der Gegner einem nicht zu Willen sein, sondern seinerseits widerstehen. Was für eine Weise oder Kunst also soll man gebrauchen? Nur wenn du in jener Verfassung bist, die frei ist von jeglichem Ich-Bewußtsein, wenn du handelst, ohne zu handeln, ohne Absicht und Tricks, im Einklang mit der Großen Natur, bist du auf dem rechten Wege. So lasse man jegliche Absicht, übe sich in der Absichtslosigkeit und lasse es einfach aus dem Wesen geschehen. Dieser Weg ist ohne Ende, unerschöpflich."

Und dann fügte die alte Katze noch etwas Erstaunliches hinzu: „Ihr müßt nicht glauben, daß das, was ich euch hier sagte, das Höchste sei. Es ist nicht lange her, da lebte in meinem Nachbardorf ein Kater. Der schlief den ganzen Tag. Irgend etwas, das nach geistiger Kraft aussah, war nicht an ihm zu bemerken. Er lag da wie ein Stück Holz. Niemand hatte ihn je eine Ratte fangen gesehen. Aber wo er war, gab es ringsherum keine Ratten! Und wo auch immer er auftauchte oder sich niederließ, ließ keine Ratte sich sehen. Ich suchte ihn einmal auf und fragte ihn, wie das zu verstehen sei. Er gab keine Antwort. Ich fragte ihn noch dreimal. Er schwieg. Aber eigentlich war es nicht so, daß er nicht antworten wollte, sondern er wußte offenbar nicht, was er antworten sollte. Aber so ist das ja: ›Wer es weiß, der sagt es nicht, und wer es sagt, der weiß es nicht.‹ Dieser Kater hatte sich selbst vergessen und so auch alle Dinge im Kreis. Er war ›nichts‹ geworden, hatte den höchsten Stand der Absichtslosigkeit erreicht. Und hier kann man sagen, er hatte den göttlichen Ritterweg gefunden: Zu siegen, ohne zu töten. Dem stehe ich noch so weit nach."

Karlfried Graf Dürckheim, Wunderbare Katze

Gesunde Passivität

Der moderne Mensch braucht als Gegengewicht zu seiner Überaktivität eine gesunde Passivität. Die Erleuchtung ist eine Passivität, und zwar eine erworbene Passivität, nicht aber eine träge Passivität oder ein Sichtreibenlassen von Instinkten, das den Menschen unter diese Instinkte sinken läßt und seiner unwürdig wäre. – Sie ist vielmehr eine Passivität, die ihn über diese Instinkte erhebt und dazu einen heroischen Kampf gegen alles Niedrige zur Voraussetzung hat. Die Erleuchtung selbst aber wird trotzdem im Augenblick des Herausgerissenwerdens in eine höhere Ebene als etwas Empfangenes empfunden. Das aber konnte nur auftreten, weil der Mensch sich lange darum bemühte. Da sie aber selbst ein Zustand der Ruhe ist, ein wirkliches Zu-sich-selbst-Kommen, nicht nur im landläufigen Sinne, sondern im Sinne der Erfahrung des Selbst in seiner reinen Existenz, so gibt sie wirkliche Freiheit, Einheit und Ruhe.

Die Wirkung geht noch einen Schritt weiter, nämlich zu einer natürlichen Zufriedenheit und Freude. Diese Freude ist wohl eine Auswirkung der Harmonie zwischen Körper und Geist. Sie wird auch empfunden als Harmonie mit der Natur, läßt sich aber schwer durch Worte erklären. Sie ist weder eine rein sinnliche noch eine rein geistige Freude. Jedoch ist diese Freude nicht immer vorhanden, es sei denn, daß man weit auf dem Wege der Erleuchtung vorangeschritten ist. Aber man erlebt sie schon vorher von Zeit zu Zeit. Sie wird intensiver und andauernder, je mehr man im Zazen Fortschritte macht. Sie tritt oft unerwartet auf. Man denkt gar nicht daran, und die Umstände sind vielleicht für den Körper gar nicht die angenehmsten. Ein Motorradfahrer hatte z. B. dieses Erlebnis im Winter an einem kalten, nebligen Morgen, draußen zwischen den Feldern, obwohl ihm die Hände wie zu Eis gefroren waren. Beim Dahinfahren durch diese kalte Luft erlebte er eine intensive Freude, indem er sich ganz eins fühlte mit seiner Umgebung, wie er es früher nicht gekannt hatte. Das ist ein kleines Beispiel dafür, daß sich intensive Freude des Geistes mit heftigen Schmerzen im Körper zusammenfinden kann. Daß es so etwas gibt, ist uns aus den Berichten über die christlichen Märtyrer genügend bekannt. Als klassisches Beispiel im Zen wird die Einäscherung eines Zen-Klosters in der Feudalzeit erzählt. Der Feind war bis zum Kloster vorgedrungen und ließ keinen Mönch heraus. Dann steckte er das Kloster in Brand. Darauf sagte Abt Hayakawa den versammelten Mönchen in Form eines Kurzgedichtes:
Wenn Herz und Sinn vernichtet sind,
Ist Feuer nur ein kühler Wind.

Hugo M. Enomiya-Lassalle, Zen – Weg zur Erleuchtung

Himmel und Hölle

Ein großer starker Krieger ging einst zu einem kleinen Mönch. „Mönch", sagte er mit einer Stimme, die Gehorsam verlangte, „lehre mich, was Himmel und Hölle sind!"

Der Mönch schaute diesen Krieger mit Verachtung an und sagte: „Dich soll ich über Himmel und Hölle belehren?! Dir könnte ich nichts beibringen. Du bist schmutzig. Du stinkst. Du bist eine Schande und eine Beleidigung für den Stand der Samurai. Hinaus! Ich kann deinen Anblick nicht länger ertragen!"

Der Samurai war wutentbrannt. Er konnte vor Zorn nicht sprechen, zog sein Schwert aus der Scheide und hob es über sein Haupt, um den Mönch zu töten.

„Das ist die Hölle", sagte der Mönch sanft.

Der Samurai war überwältigt. Das Mitgefühl und die Hingabe dieses kleinen Mannes, der sein Leben eingesetzt hatte, um ihm diese Lektion über das Wesen der Hölle zu geben, beeindruckte ihn stark. Er senkte langsam sein Schwert, voller Dankbarkeit und jetzt plötzlich von Frieden erfüllt.

„Und das ist der Himmel", sagte der Mönch sanft.

Zen-Geschichte

Weit wie der Himmel

Ein Schüler fragte seinen Lehrer: „Was ist der richtige Weg?"

Der Meister erwiderte: „Der alltägliche Weg ist der richtige Weg."

Wiederum fragte der Schüler: „Kann man diesen Weg erlernen?"

Der Meister sagte: „Je mehr du lernst, desto weiter kommst du vom Weg ab."

Darauf fragte der Schüler: „Wenn man dem Weg nicht durch Lernen näherkommen kann, wie kann man ihn erkennen?"

Da sprach der Meister zu ihm: „Der Weg ist nichts Sichtbares und auch nichts Unsichtbares. Er ist nichts Erkennbares und auch nichts Unerkennbares. Suche ihn nicht, lerne ihn nicht, nenne ihn nicht! Sei weit und offen wie der Himmel, und du bist auf dem richtigen Weg."

Zen-Geschichte

Bewegte Herzen

Zwei junge Mönche betrachteten eine Fahne, die sich über dem Kloster im Wind bewegte.

„Die Fahne bewegt sich", sagte der eine.

„Nein", erwiderte der zweite, „nicht die Fahne bewegt sich. Der Wind bewegt sie."

In diesem Augenblick kam der Zen-Meister vorbei. „Weder die Fahne bewegt sich", sagte er, „noch der Wind. Eure Herzen bewegen sich!"

Da erschraken die Mönche zutiefst.

Zen-Geschichte

Wert des Studiums

Bevor jemand Zen studiert,
sind Berge Berge und
Wasser ist Wasser; nach einem
ersten Blick in die Wahrheit des Zen
sind Berge nicht mehr Berge,
und Wasser ist nicht länger Wasser;
nach der Erleuchtung sind
Berge wieder Berge, und
Wasser ist wieder Wasser.

Zen-Weisheit

Wirken ohne Taten

Der Reifen eines Rades wird gehalten von den Speichen,
aber das Leere zwischen ihnen ist das Sinnvolle beim Gebrauch.

Aus nassem Ton formt man Gefäße,
aber das Leere in ihnen ermöglicht das Füllen der Krüge.

Aus Holz zimmert man Türen und Fenster,
aber das Leere in ihnen macht das Haus bewohnbar.

So ist das Sichtbare zwar von Nutzen,
doch das Wesentliche bleibt unsichtbar.

Zu viele Farben blenden das Auge.
Zu viele Töne betören das Ohr.
Zu viele Gewürze berauben den Geschmack.
Rennen und Jagen verwirren den Sinn.

Gefährlich ist die Suche nach Reichtum.
Darum leitet den Weisen sein inneres Gefühl und nicht der Augenschein.
Leicht läßt er jenes und wählt dieses.

Die alten Meister waren empfindsam, geheimnisvoll, ernst.
Sie kannten die Antwort.
Die Tiefe ihres Wissens war unergründlich.
Weil dies so ist, können wir nur ihr Äußeres beschreiben:
Aufmerksam wie Menschen, die im Winter einen Fluß queren.
Wachsam wie Menschen in Gefahr.
Höflich wie Menschen zu Gast.
Nachgiebig wie Eis, das gerade schmelzen will.
Einfach wie unbehauenes Holz.

Geheimnisvoll wie Höhlen.
Undurchsichtig wie ein getrübter Teich.

Wer kann friedvoll warten, bis das Wasser sich klärt?
Wer kann Ruhe bewahren bis zum Augenblick der Tat?

Die Schüler des Tao streben nicht ungeduldig nach Erfüllung.
Darum werden sie auch nicht fortgespült vom Verlangen nach Veränderung.
Ruhe wird durch Dauer allmählich erschaffen.

In dir sei Leere und das Denken ruhe.
Zehntausend Dinge entstehen und vergehen.
Sie wachsen und blühen und kehren zur Quelle zurück.
Dein Selbst versinke in Betrachtung der ewigen Wiederkehr.
Ruhig ist die Rückkehr zur Quelle.
Das ist der Weg der Natur, unwandelbar.

Das Bleibende zu kennen bedeutet Einsicht.
Doch das Ewige zu erkennen klärt den Sinn.
Im göttlichen Bereich bist du eins mit dem Tao.
Einssein mit dem Tao bedeutet Unsterblichkeit.
Denn stirbt auch dein Leib, das Tao währt ja ewig.

Den besten Herrscher kennt man kaum, den guten kennt und liebt man.
Den bösen Herrscher fürchtet man, den unfähigen verachtet man.

Dem Herrscher, der keinem vertraut, dem wird auch niemand trauen.

In alten Zeiten kannten die Fürsten den Wert ihrer Taten und den Wert ihrer Worte.
Sie verrichteten ihre Arbeit in Stille und Würde.
Das Volk fühlte sich frei, es wußte:
„Er tut seine Arbeit, wir tun die unsere."

Wer sinnvoll handelt, findet einen Sinn.
Wer wirklich lebt, vereint sich mit dem Leben.
Wer Armut kennt, was hat der zu verlieren?

Kennst du den Sinn, erkennst du ihn in allem.

Stehst du im Leben, ist es eins mit dir.
Kennst du den Verlust, kann Armut dich nicht schrecken.
Wer sich nicht treu ist, dem wird man nicht trauen.
Nur Aufgebautes kann man niederreißen.
Vor dem Empfangen muß das Geben stehn.
Was abnimmt, muß zuvor gewachsen sein;
das, was versagt, zuvor bestanden haben.

Dies ist die Erkenntnis von der Natur der Dinge:
Das Weiche, Schwache wird das Harte und Starke überdauern.
Kein Fisch kann ohne weiches Wasser leben,
und keinem Land nützt Waffengerassel.
Das Allerweichste auf Erden wird das Allerhärteste besiegen.
Das Substanzlose kann selbst da eindringen, wo kein Zwischenraum ist.

Oh, ich kenne den Wert des Nichthandelns.
Lehren ohne Worte.
Wirken ohne Taten.
Wer versteht das?

Lao-Tse, Jenseits des Nennbaren

Chance

Eine Chance
klopft nur ein einziges Mal an.
Bleib ruhig sitzen,
und sie wird weitergehen.

Robert Lax, Gedichte

6

Im Einklang mit allem

Gegenwart erfahren und leben

Ein Spielen und Tanzen und Lächeln

Es gibt eine Passage in den Sprüchen Salomons, die sehr aufschlußreich für mich ist, wo es um die „schöpferische Weisheit" des Körpers geht. Dort erklärt die personifizierte Weisheit: „Ich bin eingesetzt von Ewigkeit her. Im Anfang ehe die Erde ward und als Gott Himmel und Erde erschuf, da war ich als sein Vertrauter bei ihm und ich war seine Lust täglich und spielte vor ihm allezeit."

Dieses literarische Bild einer personifizierten Schöpfungsweisheit, einer Weisheit von Spiel und Tanz vor den Uranfängen der Erde, hat beides: sowohl die Ruhe und die Kraft von „urher" als auch die Heiterkeit und die Leichtigkeit des Augenblicks vor dem Augenblick. Das ist gelassenes Bewußtsein: im gegenwärtigen Augenblick das Ewige im eigenen Sein zu erspüren.

*

Ich sitze an einem Hang und blicke hinab ins Tal. Über mir ragen die Zweige eines Baumes in meine Gedanken.

Die Zweige bewegen meine Gedanken.

Ich fühle mich so, als wäre es umgekehrt. Es ist ein vergehender Sommertag, von unbeschreiblicher Helligkeit, wie er sich oft nur im Süden ereignet, mit diesem gleißenden Licht und den geläuterten Farben. An einem solchen Tag packt der gute Maler seine Staffelei ein und sagt, es geht heute nicht. An einem solchen Tag sollte man weder malen noch denken.

Aber das ist schwierig. Meine Gedanken lassen mich nicht los. Trotzdem versuche ich mich einzulassen auf die Stimmung, auf dieses wandernde Licht, auf dieses ungreifbar Greifbare jenseits aller Begrifflichkeit.

Ich atme wie von selbst mit der Landschaft und spüre den Boden, auf dem ich sitze. Ganz allmählich beginnt mich mein eigener Atem zu tragen. Ich spüre, wie eine Ruhe besonderer

Art in mich einkehrt. Ich erlebe, wie der Puls mit starken, kräftigen Schlägen im Körper wohnt.

Ich lasse meine Gedanken sein. Ich lasse sie sein. Ich lasse sie sein, wie sie sind.

Für einen Augenblick vergesse ich, wo ich bin. Denn dies ist jetzt nicht das Entscheidende. Was ist das Entscheidende überhaupt?

Die gedankliche Durchdringung einer Sache und die Wirklichkeit der im Augenblick durchlebten Empfindung sind verschiedene Dinge. In dem Augenblick, wo ich die Zeit als Dauer nicht mehr empfinde, lebe ich im Augenblick, und ich lebe zeitlos ewig in ihm. Ich lasse mir Zeit. Meine Gelassenheit ruht in der Zeit!

Es ist die Umkehr der beiden Eigenschaften von ewig und augenblicklich, die diesen Satz vom abstrahierenden Denken und vom gelebten Empfinden widerspruchsvoll und gleichzeitig folgerichtig erscheinen läßt.

Ähnlich ist es, wenn die Aufgabe den Schüler sucht, wie Kafka schreibt, oder der Käfig nach dem Vogel Ausschau hält. Wie denn, wenn sich der Käfig dem Vogel entzieht?

Das Atmen läßt auch diese Gedanken los. Die Sinne öffnen sich gleichzeitig. Ich spüre, wie der Wind plötzlich eine Woge von Seidelbast herüberträgt, wie ich die Minze aus der Luft schmecke und wie verletzlich ich bin gegen den heulenden Motorenlärm einer Baumsäge. Der ferne Schrei des Bussards weiß nichts davon, wie der Laut aus klingender Höhe in mich hineinfällt.

Ich fühle mich diesem schwebenden Vogel verwandt, indem sich das Auge sehend von ihm löst. Wenn ich „verwandt" sage, meine ich nicht die Wahrnehmung jenes vom Wind gewiegten Flugtieres, sondern eine Wahrnehmung, in welcher die Distanz zwischen Schauendem und Geschautem gar nicht mehr vorhanden ist.

In diesem Augenblick, in dem ich nicht allein Geist und nicht allein Körper bin, geschieht etwas Wesentliches. Ich befreie die Zeit von ihrer Dauer. Mein tägliches Tun steckt nicht mehr in dieser Zwangsjacke von Pflichterfüllung und Leistung. Es *muß* nichts geschehen. Ich bin weder Käfig noch Vogel. Ich befreie mich von jeder Vorstellung und Denkweise. Ich bin nur noch mein eigener Atem. Ich bin einfach. Ich bin.

Es klingt verrückt und gleichzeitig befremdlich, daß ich den Vogel ohne Begrenzung in mir trage, indem ich ihn *lasse*. Er fliegt durch mich hindurch, ohne mich zu berühren. Ich bin im Wesen dieses Vogels enthalten, weil ich in mir selbst zu sein beginne. Ich spüre, daß die Sprache an ihre Grenze stößt. Schweigen ist die einzige Ausdrucksform, diesen Zustand nicht zu zerstören.

In der Gelassenheit liegt die Kraft der Entscheidung. Die Dinge richtig zu sehen ist das eine. Das andere aber ist, mich, also mein Selbst, von meinem Ego zu befreien. Der Weg ist beschwerlich. In dem Maße, wie ich beginne, die Panzer durch mein gelassenes Atmen wegzusprengen, die Mauern um mein Selbst abzutragen, werde ich verletzlicher.

Das ist zuerst einmal erschreckend. Aber die Freiheit wird mir erst durch diesen „Käfig" bewußt. Ich kenne den Weg, diesen Narzißmus allmählich einzudämmen. Wie ich mich und wann ich mich für diesen Weg entscheide, ist eine Frage der Ausdauer und der Konzentration darauf.

Zu diesem Loslassen, diesem blitzartigen Entscheiden, zu dieser Kunst, das Wesentliche zu erahnen und das Richtige zu tun, fällt mir Cecco, der Hinker, ein, den Bergengruen in seinen „Drei Falken" beschreibt. Der Gedemütigte löst sich aus der Menge. Seine Gestalt bleibt dieselbe. Aber als er auf den Käfig zugeht und ihn öffnet, löst sich die verkrampfte Spannung aus seinem verunstalteten Wuchs. Die Menge sieht plötzlich nicht mehr sein Hinken, sondern die Größe seiner gelassenen Geste, als er den besten Falken der Grafschaft befreiend gegen den Himmel wirft.

Der vermeintliche Verlust der jahrelang gehegten Kostbarkeit ist mit dem Loslassen, mit der wiedergewonnenen Freiheit des Tieres nicht aufzuwiegen. Im Herzen des Hinkers liegt etwas beschlossen, „welches der Sinnesart der Falken entspricht“.

Die Menge schaut dem davonfliegenden Falken nach. Plötzlich ist es der Hinker, der frei geworden ist, der sich geöffnet hat und unbeachtet in der Menge verschwindet.

Der äußeren Hingabe ist die innere vorausgegangen. Es ist ein Prozeß, der in Schritten verläuft. Und am Ende spüre ich, wie ich das „Hinken“ Ceccos in mir wahrnehme und meinen eigenen Schatten nicht mehr vor mir selbst und anderen verbergen muß.

Ich bin gelassen, wenn ich barmherziger mit meinen Schwächen umzugehen lerne und verstehe die „Sinnesart des Falken“ besser.

✱

Noch einmal kehre ich an meinen Baumplatz zurück und übe im sitzenden Verweilen das langsame und ruhige Atmen. Es geschieht nichts, nur daß die Gedanken immer leichter werden und schließlich ganz „wegfliegen“. Die Zeit hebt sich von selbst auf, wenn ich geduldig bin, lange genug warten kann, wie die Erde sich selbst „öffnet“.

Gelassen kann ich bleiben, wenn ich das Vertrauen in meinen eigenen Grund wiederfinde und das erdhaft Vereinnahmende in meinem Spiegelbild nicht verneine.

Ich muß keine Angst haben, falsch gesehen zu werden, wenn ich mich selbst richtig einschätze, wenn ich mich selbst barmherziger anschaue.

Ich kann gelassen bleiben, wenn ich so sein darf, wie ich ganz langsam zu werden beginne. Ganz egal wie die Gegenwart mich „ablichtet".

Die Frage ist nur: Kann ich meiner Gelassenheit Dauer verleihen?

Wenn ich aus dem meditativen Raum meines Atmens heraustrete, in die Zone der lebenslauten Realität, wo Hektik, Betriebsamkeit und Abhängigkeiten die „Intensivstation" des Alltags dominieren, kann ich mich diesen Zwängen entgegenstemmen? Finde ich mich nicht als angetriebenes Rädchen wieder, das seinerseits antreibt? Treibe ich nicht an, so werde ich doch „betrieben", gefesselt an den gewaltigen Moloch der Abläufe. Wo finde ich dann die Lücke, die freiwillige Atempause, die kreative Coda, die jene schöpferische Gelassenheit erwirkt, auf der nach der Weisheit des Salomon alles Sein gründet? Unser technologisches Zeitalter macht die Luftwege eng. Wie kann ich atmen in dieser lebensbedrohten Befindlichkeit? Die Computergesellschaft, der wir angehören, lehnt den bewußten Körper ab.

Wie kann ich ruhig agieren, wenn Zeitzwänge und äußerer Druck meinen Puls beschleunigen und mich selber verkrampfen?

Die Gelassenheit meines Atems allerdings macht mir diesen Teufelskreis immer wieder bewußt.

Ich klinke mich aus.

Für Minuten rufe ich meinen „Baum" in den Alltag und höre auf meinen Herzschlag in mir.

Ich übe meinen Herzschlag. Ich bin mein Herzschlag!

Ich übe ihn ein für das Eigentliche.

Zunächst für das Naheliegende, daß die Erde mich trägt. Daß ich, so wie ich bin, gewollt bin.

Im meditativen Sitzen, beim beständigen Üben, im augenblicklichen Sein zu bleiben, wird nicht nur das leibhafte Glück und der leibhafte Schmerz, sondern auch das gelebte Entzücken der zeitlosen Gegenwart spürbar und erfahrbar.

Die Wünsche werden kleiner und das Bewußte wächst.

Plötzlich beginnt auch der Hang zum aktivistischen Perfektionismus geringer zu werden. Wenn ich meinen „Käfig“ benennen kann, werde ich freier. Wenn ich die Logik des Käfigs „verstehe“, begreife ich auch, daß die Lösung ihm selbst innewohnt.

Ich kann gelassen sein, nicht durch eine plötzliche Erkenntnis, sondern weil mir der Weg auf einmal klar geworden ist, den ich zu wählen habe. Der Weg, der für mich gilt. Denn jeder andere findet den seinen für sich.

✳

Ich kehre zum Anfang zurück, zur „schöpferischen Weisheit“ in den Sprüchen Salomons, zu jener Form der Gelassenheit, die Voraussetzung für dieses „Ursein“ in meiner Wahrnehmung ist.

Jene Haltung, die im Vertrauen auf die Öffnung der Erde gründet, auf die Fruchtbarkeit und auch auf den Tod alles Lebendigen.

Im vertrauten Spektrum dieser Gelassenheit verliert das vermeintlich „Endliche“ seinen Schrecken, weil in seinem Vergehen die Wiederkehr bereits angelegt ist.

Für mich existiert jenes tröstliche Wissen, daß nichts verlorengeht. Nicht einmal unsere eigene Verlorenheit kommt abhanden, sie wird aufgefangen von einem „Nichtsein“ das in seiner Umkehr auf ein „Allsein“ verweist!

Und um diese „Schöpfungsweisheit“ Salomons, die dabei war, „als Jahwe die Wolken befestigte und die Kraft der Urflutwellen bestimmte“, geht es. Dieser Weisheit möchte ich mich eines Tages öffnen können, um gleichzeitig am Anfang und am Ende das Spielen und Tanzen zu verstehen, das dem Lächeln der Gelassenheit nicht nur vorausgeht, sondern ihm und ihr so schwerelos und unmittelbar verbunden ist.

Kurt Hock, Gelassen sein – gelassen werden

Im Leib sein

Das Lassen ist ein „Sich-Zurücknehmen", das sich vielfältig auswirkt. Es ist ein *Zurücktreten* aus dem Scheinwerferlicht des gegenständlichen Bewußtseins, das alles auf eine bestimmte Sinnordnung hin konturiert und die Oberfläche des Lebens undurchsichtig macht. Es ist das *Eintreten* in das Halbdunkel eines anderen Bewußtseins, darin die Dinge von innen leuchten. Es ist das *Aufgeben* einer Starre, das Einweichen einer Härte, in der alles nicht nur zu eindeutig konturiert, sondern auch zu fest fixiert wird. Es ist letztlich ein Aufgeben des Standes, auf dem wir uns nur auf das verlassen, was wir haben, wissen und können. Es ist das *Fallenlassen* der Einstellung, daß wir alles machen müßten, und insbesondere der Vorstellung, daß alles so sein müßte, wie wir es erwarten. Damit wird das „Lassen" zur Voraussetzung des rechten „Annehmens" des Lebens wie es ist und des Zulassens dessen, was vom Wesen her ans Licht drängt. Das die Verwandlung blockierende Vorwalten des in seinen Fixierungen befangenen Ichs ist zu verspüren und anzugehen, in der leibhaftigen Weise da zu sein. Das Lassen ist kein nur „innerlicher" Vorgang. Es ist ein Auflösen und Loslassen der eingefleischten Fehlhaltungen. So schließt das „Loslassen" immer ein: das Fallenlassen der hochgezogenen Schultern, in denen der Sicherungswille eingefleischt ist; das Loslassen des Unterkiefers, in dem ein übermächtig und eigenläufig gewordener Eigenwille sich festsetzt;

das Freigeben der Stirn, deren senkrechte Faltung die Erstarrung des intentionalen Blicks zugleich anzeigt und verewigt. Das Freigeben des „fixierenden" Auges für das hinnehmende Schauen (im zugespitzten Auge ist das Fixieren hart geworden); das Freigeben des eingezogenen Bauches, der den Menschen von den Grundkräften abschnürt etc. In alledem handelt es sich nicht um nur „körperliche" Verkrampfungen, sondern um den vielseitigen Ausdruck einer zentralen Verhaltenheit des Subjekts. Daher gelingt das „Lassen" auch nie nur durch Loslassen bestimmter Muskelpartien, sondern nur wo der Mensch lernt, *sich* überhaupt und in der betreffenden „Stelle" loszulassen. „Wo" auch immer die besondere Verspannung sei – in Wahrheit ist es immer der betreffende *Jemand*, der da verspannt ist und sich lassen muß. Dieses bedeutet aber immer auch: daß er sich aus einer Angst und einem Mißtrauen heraus freigebe in ein bestimmtes Vertrauen, und zwar ein Vertrauen darauf, daß, auch wenn er sich losläßt, er noch nicht ins Nichts fallen wird. Wer sich loszulassen gelernt hat, hat die Angst überwunden.

Karlfried Graf Dürckheim

Atmen

Atmen ist das Element, das uns mit dem geistigen Kosmos verbindet. Es ist die Gabe des Himmels, der Geist, der in uns einströmt. In vielen Sprachen sind die Worte für Atem und Geist identisch.

Wie beglückt sind wir, wenn wir in einer schönen Landschaft auch gute Luft genießen, in den Bergen, auf hoher See, in winterlicher Schneelandschaft, im Frühling. Und diese Atemluft ist nicht steril, sie ist voller erregender und beglückender

Gerüche, die uns begeistern – oder auch entsetzen, wenn die Luft Krankheits- oder Fäulniskeime oder Gifte trägt.

Atmung und Befindlichkeit hängen zusammen. Ein gesunder Mensch steht im Wohlbefinden und hat alle Voraussetzungen, glücklich zu sein. Ein Mensch, der nicht tief ein- oder ausatmen kann, aus welchen Gründen auch immer, der fühlt sich beengt – es schnürt ihm die Brust zusammen. Er wird mißmutig, gereizt und unglücklich. Im Abendland herrscht die wissenschaftliche Vorstellung, daß der Atemprozeß vom vegetativen Nervensystem geregelt wird. Daß der Atmungsvorgang also vom menschlichen Willen nicht zu beeinflussen sei. „Es" atmet in einem! Infolgedessen gab es hier auch keine Kultur des Atmens. Ganz anders verhält es sich im Osten, in Indien, China, Japan. Dort gibt es in der Hindulehre und der damit verbundenen Yoga-Praktik nicht nur die Vorstellung, daß der Mensch der Herr seines Atmens ist, sondern, daß er seinen Charakter und seine Stimmung durch Übungen zu regulieren vermag. Deshalb gibt es unzählige Atmungsanweisungen in Verbindung mit der Meditation. Man sammelt sich, man sitzt aufrecht und still, und man atmet bewußt: etwa drei Sekunden ein, dann hält man den Atem drei Sekunden an, atmet dann in drei Sekunden aus, und hält wieder drei Sekunden an. Das übt man zunächst nur einige Minuten. Man wiederholt aber die Übung mehrmals am Tage. Allmählich gewöhnt man sich auch unbewußt daran, in dieser Weise rhythmisch zu atmen. Das hat sehr heilsame Wirkung. Der Mensch wird harmonischer in seinem Verhalten, in den Gedanken und Bewegungen, in dem, was sein Temperament bestimmt. Er wird nicht mehr aufgeregt oder wütend, denn jederzeit kann er seinen Atem zügeln, und in dem Moment, da er ihn zügelt, wird der Atem regelmäßig, und die Aufregung verfliegt.

Versuchen Sie einmal, wenn Sie wütend oder verstimmt sind, sich im Spiegel zu betrachten und zu lächeln. Es geht nicht. Oder es verfliegt die Wut und Sie können lächeln. Aber beide Gefühle können Sie nicht in sich behalten.

Buddhas Anweisungen in der Sattipathana über die Meditation und besonders seine Meditation über den Atem muten uns ganz modern an: „Es gibt, ihr Mönche, diesen einen Weg zur Läuterung, zur Überwindung von Kummer und Sorgen, zum Untergang der Leiden und des Elends, zur Erreichung des rechten Pfades ... Danach, ihr Mönche, setzt sich der Mönch auf einen Baumstumpf mit gekreuzten Beinen. Wachsam atmet er ein, wachsam atmet er aus. Dabei beobachtet er seinen Körper. Auf diese Weise wird sein Atem ruhig und tief, seine Seele wird fröhlich und kraftvoll."

Die Mönche vom Athosberg, dem größten Heiligtum der Orthodoxie, haben eine ähnliche Anweisung: „Du aber, wenn du in deiner stillen Zelle sitzt und den Geist sammeln willst, ziehe den Atem durch die Nase ein, dränge ihn in das Herz hinunter. Wenn er dort eintritt wird alles, was nachher kommt, voll Freude und Jubel sein ..."

Goethe hat, ohne die östlichen Lehren genauer gekannt zu haben, diesen Zusammenhang allgemeingültig ausgesprochen: „Im Atemholen sind zweierlei Gnaden: / Die Luft einholen und sie wieder entladen. / So danke Gott, wenn er dich preßt, / Und danke, wenn er dich wieder entläßt."

Wladimir Lindenberg

Aufhebung

Sein Unglück
ausatmen können
tief ausatmen,
so daß man wieder
einatmen kann.
Und vielleicht auch
sein Unglück sagen können
in Worten
in wirklichen Worten,
die zusammenhängen
und Sinn haben
und die man selbst noch
verstehen kann
und die vielleicht sogar
irgendwer sonst versteht
oder verstehen könnte
und weinen können.

Das wäre schon
fast wieder
Glück.

Erich Fried, Beunruhigungen

Einheit

Du solltest jeden Tag zeitig aufstehen und zum Gebet gehen. Magst du dich auch von anderen Verpflichtungen entschuldigen, niemals jedoch vom Gebet. Bemühe dich darum, deinen Geist in eine Haltung zu versetzen, daß er für eine halbe Stunde von nur einem einzigen Gedanken beherrscht wird. So sollte jeder für sich eine Zeit der Betrachtung festsetzen. Sie schafft uns die Möglichkeit, uns eins zu fühlen mit allen lebenden Geschöpfen.

Mahatma Gandhi, Aus der Stille steigt die Kraft zum Kampf

Harmonie

Schönheit wird aus der Harmonie geboren. Was ist Harmonie? Harmonie ist das rechte Verhältnis der Dinge und Wesen zueinander oder auch der rechte Rhythmus. Und was ist Leben? Leben ist die Folge von Harmonie. Im Hintergrund der ganzen Schöpfung ist Harmonie, und das Geheimnis der ganzen Schöpfung ist Harmonie. Intelligenz verlangt danach, die Vollkommenheit der Harmonie zu erreichen. Was der Mensch Glück, Wohlbehagen, Gewinn nennt, alles, wonach er sich sehnt und was er sich wünscht, ist, Harmonie zu erlangen. Selbst in dem Streben nach den allerweltlichsten Dingen wünscht er Harmonie. Nur wendet er häufig nicht die richtigen Methoden an. Der erreichte Gegenstand bleibt bei guten oder schlechten Methoden der gleiche, aber die Art, mit der man ihn zu erlangen versucht, kann recht oder falsch sein. Nicht das Objekt als solches ist schlecht, sondern die Methode, mit der wir es zu erreichen suchen.

Niemand, in welchem Abschnitt seines Lebens er auch ist, wünscht sich Disharmonie, denn alles Leiden, alle Schmerzen und Sorgen sind Mangel an Harmonie.

Hazrat Inayat Khan, Vom Glück der Harmonie

Achtsamkeit

Ich entsinne mich einer kurzen Unterhaltung zwischen dem Buddha und einem zeitgenössischen Philosophen:

„Ich habe gehört, der Buddhismus sei eine Erleuchtungslehre. Worin besteht deine Methode? Wie sieht deine tägliche Praxis aus?"

„Wir gehen, wir essen, wir waschen uns, wir setzen uns ..."

„Was soll daran Besonderes ein? Jeder geht, ißt, wäscht sich, setzt sich ..."

„Mein Herr, wenn wir gehen, achten wir auf das Gehen; wenn wir essen, achten wir auf das Essen ... Wenn andere gehen, essen, sich waschen oder sich setzen, achten sie gewöhnlich nicht auf das, was sie tun."

Die Achtsamkeit wirft ihr Licht auf alle Dinge. Das ist der Ausgangspunkt. Wenn ich ohne Achtsamkeit lebe, in Selbstvergessenheit, lebe ich, wie Albert Camus in seiner Novelle „Der Fremde" sagt, „wie ein Toter". Die alten Zen-Meister pflegten zu sagen: „Wenn wir in Selbstvergessenheit leben, sterben wir im Traum." Wie viele von uns leben „wie Tote"! Das allererste, was wir tun müssen, ist: wieder lebendig werden, aufwachen und auf alles, was wir tun, genau achten. Sind wir mit voller Achtsamkeit dabei, wenn wir essen, trinken, bei der Meditation sitzen? Oder vergeuden wir unsere Zeit, weil wir zerstreut und selbstvergessen sind?

Die Achtsamkeit bringt die Kraft der Konzentration hervor. Sie hilft uns, unsere Aufmerksamkeit auf das zu richten, was wir jeweils gerade tun, und folglich zu wissen, was wir tun. Gewöhnlich sind wir Gefangene unserer Gesellschaft. Unsere Energien sind überall verstreut. Unser Körper und unser Geist sind nicht in Harmonie miteinander. Wenn man anfängt, sich dessen genau bewußt zu sein, was man tut, sagt und denkt, macht man auch den Anfang damit, einen Damm gegen das

Überschwemmtwerden von seiner Umgebung und von all seinen falschen Wahrnehmungen aufzubauen. Hat man die Lampe der Achtsamkeit eingeschaltet, so leuchtet man sein ganzes Wesen aus, und alles, was sich darin einstellt, jeder Gedanke und jedes Gefühl, wird ebenfalls genau beleuchtet. Dadurch entwickelt man wieder Selbstvertrauen, wird nicht mehr von den Schattenbildern seiner Illusionen überwältigt und entwickelt seine Konzentration zu voller Stärke. Man wäscht seine Hände, zieht sich an und verhält sich in allem genau wie vorher – aber jetzt ist man sich dessen, was man tut, redet und denkt, *klar bewußt*.

Die Praxis der Achtsamkeit ist keineswegs nur eine Übung für Novizen. Jeder muß sie sein Leben lang üben, sogar der Buddha selbst. Die Macht der Achtsamkeit und der Konzentration ist die spirituelle Kraft, die alle großen Männer und Frauen in der Geschichte der Menschheit erfüllt hat.

Thich Nhat Hanh, Schlüssel zum Zen

Unendliche Freundlichkeit

Wer inmitten der Natur lebt und noch Herr seiner Sinne ist, kann nicht ganz der Schwermut verfallen. Es hat noch keinen Sturm gegeben, der einem gesunden, unverdorbenen Ohr nicht wie äolische Musik geklungen hätte. Nichts kann füglich einen einfachen, aufrechten Menschen zu gemeiner Traurigkeit zwingen. Solange ich in den Jahreszeiten meine Freunde habe, kann mir nichts das Leben vergällen. Der sanfte Regen, der meine Bohnen wässert und mich heute im Hause festhält, ist nicht düster und melancholisch, sondern tut auch mir gut. Obwohl er mich heute am Jäten hindert, ist er viel mehr wert als mein Jäten. Sollte er auch so lange anhalten, daß die Saat im Boden verfault und die Kartoffeln im Flachland verderben, ist er immer noch gut für das Gras im Hochland, und wenn er für das Gras gut ist, dann ist er auch für mich gut. Wenn ich mich manchmal mit anderen Menschen vergleiche, kommt mir vor, daß die Götter mich mehr begünstigen als sie, über jedes mir bewußte Verdienst hinaus, als hätte ich eine verbriefte Garantie von ihnen, die meine Mitmenschen nicht besitzen, und stünde unter ihrer besonderen Obhut und Führung. Ich schmeichle mir nicht, doch – wenn das überhaupt möglich ist – schmeicheln sie mir. Ich habe mich nie einsam oder im mindesten bedrückt gefühlt durch das Gefühl des Alleinseins. Nur einmal, einige Wochen, nachdem ich in den Wald gezogen war, zweifelte ich eine Stunde, ob die Nähe von Menschen nicht doch wesentlich für ein heiteres, gesundes Leben sei. Es war unangenehm, alleine zu sein. Doch war ich mir gleichzeitig einer Störung in meinem Gemüt bewußt und sah meine Genesung wohl voraus. Als mich während eines feinen Regens diese Gedanken noch beherrschten, empfand ich plötzlich, welche holde und wohltuende Gesellschafterin die Natur ist: im Fallen der Tropfen, in jedem Geräusch und Anblick im Umkreis meines Hauses. Eine unendliche und unerklärliche Freundlichkeit umfing mich wie die Atmosphäre und ließ die eingebildeten Vorteile menschlicher Nachbarschaft verblassen, und ich habe seither nicht mehr an sie gedacht. Jede kleine Fichtennadel drehte sich und schwoll vor Sympathie und war mein Freund. Ich empfand deutlich die Gegenwart von etwas mir Verwandtem, selbst in einer Umgebung, die wir gewöhnlich wild und düster nennen, und ich spürte, daß das mir am nächsten Blutsverwandte und Menschliche nicht eine Person, kein Dorfbewohner sei und daß es keinen Ort mehr geben könne, der mir fremd ist.

✷

Einige meiner angenehmsten Stunden verbrachte ich während der langen Gewitterregen im Frühling oder Herbst, die mich nachmittags und morgens ans Haus banden und mein Gemüt mit ihrem endlosen Krachen und Brausen beschwichtigten. Eine frühe Dämmerung leitete den langen Abend ein, an dem manche Gedanken Zeit hatten, Wurzel zu fassen und sich zu entfalten. Während jener stürmischen Regengüsse aus Nordost, welche die Häuser des Dorfes so bedrängten, daß die Mägde mit Lappen und Eimer vor dem Eingang standen, um der Sintflut zu wehren, saß ich hinter meiner Tür in meinem Häuschen, das nichts als Eingang war, und genoß von Herzen seinen Schutz. Während eines heftigen Gewitters schlug der Blitz in eine hohe Pechkiefer jenseits des Sees ein und hinterließ vom Wipfel bis zur Wurzel eine auffällige, vollkommen regelmäßige, spiralförmige Rinne etwa einen Zoll tief und vier oder fünf Zoll breit, so wie man einen Spazierstock auskerben würde. Ich ging neulich wieder daran vorbei und empfand ein ehrfurchtsvolles Schaudern, als ich aufblickte und deutlicher denn je dieses Zeichen sah, wo vor acht Jahren ein furchtbarer, unaufhaltsamer Donnerkeil aus heiterem Himmel niedergefahren war.

Oft fragen mich Menschen: „Wirst du nicht einsam sein dort unten und dich nach der Nähe von Menschen sehnen, vor allem bei Regen und Schnee und bei Nacht?“ Denen möchte ich zur Antwort geben: Die ganze Erde, die wir bewohnen, ist nur ein Punkt im Weltraum. Wie weit voneinander entfernt, meint ihr wohl, sind die am weitesten entfernten Einwohner dieses Sterns dort oben, dessen Breite unsere Instrumente nicht messen können? Warum soll ich mich einsam fühlen? Ist unser Planet nicht in der Milchstraße? Die Frage, die ihr mir stellt, scheint mir nicht so wichtig. Was ist das für ein Raum, der den Menschen von seinem Mitmenschen trennt und ihn einsam macht? Nach meiner Erfahrung bringt keine Anstrengung der

Beine zwei Seelen einander näher. In wessen Nähe möchten wir am liebsten wohnen? Sicher nicht in der Nähe vieler Menschen, ... sondern an dem ewigen Quell, der aller Erfahrung nach unser Leben speist, so wie die Weide am Bach ihre Wurzeln in Richtung des Wassers drängt. Das wird verschieden sein, je nach der Natur des einzelnen, ein Weiser aber gräbt an diesem Ort seinen Keller.

Wenn Tag und Nacht so sind, daß du sie mit Freuden begrüßt und das Leben einen Duft ausströmt wie Blumen und wohlriechende Kräuter, wenn es elastischer wird, sternenreicher und unsterblicher – das ist dein Erfolg. Die ganze Natur bringt dir ihre Glückwünsche dar, und du hast so manches Mal Grund, dich seligzupreisen. Der größte Gewinn und die höchsten Werte werden am wenigsten geschätzt. Wir zweifeln leicht daran, ob sie überhaupt existieren. Wir vergessen sie bald. Sie sind die höchste Wirklichkeit. Vielleicht teilen die Menschen sich die erstaunlichsten und wirklichsten Tatsachen niemals mit. Die wahre Ernte meines täglichen Lebens ist etwas so Unfaßliches und Unbeschreibliches wie das Morgen- und Abendlicht. Ich habe ein wenig Sternenstaub, ein Stückchen vom Regenbogen erhascht.

Henry David Thoreau, Leben aus den Wurzeln

Rhythmen des Lebens

Es ist ein Ewiges, das wandelt und das bleibt,
Das in sich selber ruht und ruhlos alles treibt.

Du mußt Erregungen und Leidenschaften lassen,
Wenn du das Ewige, das ruhet, willst erfassen.

Du mußt Erregungen und Leidenschaften hegen,
Wenn dich das Ewige, das wandelt, soll bewegen.

Erfassend und erfaßt, erregend und erregt,
Sei gleich dem Ew'gen selbst, bewegt und unbewegt.

Friedrich Rückert, Am Abend zu lesen

Von der Verwirrung zur Ordnung

Wenn es Zeit für etwas ist, dann verlangt das etwas von uns, ob es uns paßt oder nicht. Auch wenn wir nur fünf Minuten zu spät kommen, geht die Sonne kein zweites Mal für uns auf oder unter. Auch die Mittagszeit können wir nicht verschieben, indem wir die Uhr zurückdrehen. Sonnenaufgang, Mittag, Abend, das sind entscheidende Zeiten, um die sich der Tag im Kloster dreht; kosmische Augenblicke, auf die die Glocke hinweist, nicht willkürliche Uhrzeiten auf einem Fahrplan. Die Glocken im Kloster sollen uns daran erinnern, daß es Zeit ist, wenn wir sie läuten hören – „nicht unsere Zeit".

In dem Augenblick, wo wir unsere Zeit loslassen, haben wir alle Zeit der Welt. Wir sind jenseits der Zeit, weil wir in der Gegenwart sind, im Jetzt, das Zeit überwindet. Das Jetzt ist nicht in der Zeit. Jetzt geht über Zeit hinaus. Nur wir Menschen wissen, was „jetzt" bedeutet, weil wir „existieren", – weil wir aus der Zeit „herausragen". Das ist ja die Bedeutung von Existenz. Und all diese klösterlichen Glocken wollen uns einfach erinnern: Jetzt! -- und sonst nichts.

Uns durcharbeiten durch diese Askese von Raum und Zeit, von der Verwirrung zur Ordnung, von der Finsternis zum Licht – das ist es, was wir im Kloster zu tun versuchen. Freilich können wir nicht behaupten, daß es uns schon gelungen sei. Um Thomas Eliot zu zitieren:

> Dies Ziel ist hienieden
> Den meisten von uns unerreichbar,
> Wir, die nur unbesiegt bleiben
> Weil wir es stets aufs neue versuchten.
>
> Für uns gilt nur der Versuch
> Der Rest ist nicht unsere Sache.

Wir versuchen, in diese Askese von Raum und Zeit einzutreten, versuchen uns einer Umwelt, die Finsternis und Verwirrung vertreibt, zu öffnen und so inneren Frieden zu finden.

Unsere lateinische Tradition definiert Frieden als „tranquillitas ordinis", die Stille der Ordnung. Ordnung ist untrennbar von Stille, aber diese Stille ist dynamisch. Die Ruhe der Ordnung ist eine dynamische Ruhe, es ist die Stille einer unbewegt brennenden Flamme, eines Rades, das sich so schnell dreht, daß es still zu stehen scheint. Stille in diesem Sinn ist nicht nur eine Eigenschaft der Umwelt, sondern vor allem eine innere Haltung, die Haltung des Hinhorchens. Jeder von uns ist eingeladen, dieses Geschenk der Stille allen anderen weiterzuschenken. Wir wollen einander Stille schenken. Laßt uns hier und jetzt damit beginnen. Laßt uns einander das Geschenk der Stille geben, so daß wir gemeinsam horchen und einander zuhorchen können. Nur in dieser Stille wird es uns möglich sein, den sanften Atem des Friedens zu hören, die Musik der Sphären, die allumfassende Harmonie, in der zu tanzen wir hoffen.

David Steindl-Rast, Achtsamkeit des Herzens

Mit dem inneren Rhythmus leben

Unser Universum funktioniert rhythmisch. Über Jahrmilliarden hinweg dehnt es sich aus und wird irgendwann einmal wieder in sich zusammenfallen. Sommer und Winter, Tag und Nacht, Ebbe und Flut lassen uns unentwegt die mächtigen rhythmischen Bewegungen der Welt und deren Konsequenzen spüren. Auch am eigenen Leibe können wir die Rhythmik des Lebens wahrnehmen: der regelmäßige Herzschlag, die Menstruation, Wachen und Schlafen.

Für viele andere rhythmische Abläufe in unserer Psyche und unserem Körper ist unsere Antenne von Mensch zu Mensch unterschiedlich ausgeprägt. Manche Personen registrieren ihre inneren Hochs und Tiefs äußerst feinfühlig, andere wiederum pflügen ungestüm über die eigenen Körpersignale hinweg. Und paßt die Botschaft von innen überhaupt nicht in den Arbeitsalltagskram, wird schon mal probiert, den Rhythmus medikamentös umzustellen. So merken die einen kaum ihren Pausenbedarf, während andere sich die Arbeit, wenn irgend möglich, sinnvoll portionieren. Meist sind die Pausen festgelegt, und wir erlauben uns kaum zu prüfen, ob sie zu unserem organismischen Bedürfnis passen.

Menschen, die auszubrennen drohen, sind nicht selten „Rhythmus-Sünder“. Sie merken nicht, wann sie heißlaufen und versäumen, rechtzeitig für Kühlung zu sorgen. Sie versuchen, sich ihren eigenen, künstlichen Rhythmus zu schaffen und scheren sich nicht darum, ob er mit den natürlichen Schwingungen in Einklang zu bringen ist. Sie akzeptieren wie selbstverständlich einen Einheitsrhythmus und passen sich diesem an, solange es gutgeht. Nur – es geht eben selten auf Dauer gut.

Im jungen Forschungszweig der Chronobiologie haben Psychologen, Arbeitsmediziner und andere Wissenschaftler herausgefunden, daß unser Körper in einem 90-Minuten-Rhythmus arbeitet. Im Schlaf wechselt sich drei- bis sechsmal pro Nacht eine längere Tiefschlafphase mit einer kürzeren Traumphase ab (weswegen wir das gelegentliche Aufwachen als ein ganz normales Phänomen ansehen können). Ebenso sinkt nach ca. 1 1/2 Stunden kontinuierlicher Arbeit und Aufmerksamkeit die Fähigkeit, sich zu konzentrieren, sich etwas zu merken oder fehlerfrei zu produzieren. Wir spüren Anzeichen von Müdigkeit und gedanklichem Abschweifen, und uns unterlaufen zunehmend Fehler. Nach einer Zeit der Konzentration auf Anforderungen von außen nimmt unser Organismus sich eine Phase der Innenschau, Besinnung und des Abschaltens.

Dieser phasische Verlauf läßt sich nicht beliebig manipulieren! Kurzfristige Zuwiderhandlungen, sei es natürlicher („Wille“) oder künstlicher Natur (Alkohol, Nikotin, Kaffee, Medikamente) werden langfristig von unserem Körper bestraft. Es gibt eigentlich nur eine gesunde Möglichkeit, mit diesen Erkenntnissen umzugehen: sie hinzunehmen, mit dem Rhythmus zu leben, sich diese Gesetzmäßigkeit zum Freund zu machen und sie für sich zu nutzen.

Eckhart H. Müller, Ausgebrannt – Wege aus der Burnout-Krise

Die große Entdeckung

Solange wir uns mit dem Körper und dem Geist identifizieren, schwimmen wir auf der Oberfläche des Bewußtseins herum, wo wir nach den flüchtigen Reizen des außerhalb unser liegenden Lebens jagen. Hier ein erhaschter, da ein entgangener Genuß; heute Lob, morgen Tadel; eine endlose Abfolge von Gewinn und Verlust – so verbringen wir unsere Tage, wobei wir auseinandergetrieben, entzweit, rastlos und unvollendet werden.

Bei einer in die Tiefe dringenden Meditation lassen wir all das zurück und konzentrieren uns einzig und allein auf die Frage unserer eigentlichen Identität. Wenn wir uns innerlich so sammeln, durchbrechen wir die Oberfläche des Bewußtseins und stoßen in die Urtiefe des eigentlichen Wesens.

Was wir dort entdecken, läßt sich nicht in Worte fassen, aber nach einem solchen Erlebnis sind wir vollkommen verändert. Unser ganzes Bewußtsein ist so intensiv auf einen inneren Brennpunkt gebündelt worden, daß die Grenzen, die uns von der übrigen Welt zu trennen scheinen, verschwinden. Die Zweiteilung von Subjekt und Objekt, von Erkennendem und Erkanntem schwindet, und wir öffnen uns einer transzendentalen Erkenntnisweise.

Der Mensch ist ein Teil des Ganzen, das wir das „Universum" nennen, und zwar ein von Zeit und Raum begrenzter Teil. Er erfährt sich, seine Gedanken und Gefühle als etwas vom Übrigen Getrenntes – eine Art optische Täuschung seines Bewußtseins. Diese Täuschung ist eine Art Gefängnis für uns, das uns auf die eigenen Wünsche und die Zuneigung gegenüber den wenigen Menschen, die uns am nächsten stehen, einschränkt. Unsere Aufgabe muß es sein, uns aus diesem Gefängnis zu befreien, indem wir den Kreis unseres Mitgefühls so erweitern, daß er alle Lebewesen und die ganze Natur in ihrer Schönheit umschließt.

In diesem Zustand der Vertiefung erleben wir, daß alle unbedeutenden persönlichen Sehnsüchte, alles Hungern und Dürsten, jedes Gefühl der Unvollständigkeit verschwinden. Wir entdecken, fast in jeder Zelle unseres Wesens, daß uns tief in unserem Innern nichts fehlt. Unsere inneren Reserven an Liebe und Weisheit sind unbegrenzt; wir können endlos aus ihnen schöpfen, ohne daß sie jemals geringer würden.

Vorher schwangen vage Mißtöne bei unserem Denken und Tun mit. Wie ein drückender Schuh, eine ausgerenkte Schulter, ein falscher Schlüssel im Schlüsselloch waren die Dinge irgendwie einfach nicht in Ordnung. Aber jetzt durchdringt ein Gefühl der Richtigkeit unser Leben: Wir passen, wir gehören hierher. Diese Erde, die Natur, unsere Mitgeschöpfe, wir selbst – alle nehmen ihren Platz in einer einzigen großartigen Harmonie ein. Weil wir uns nicht mit einem Fragment des Lebens, sondern mit dem Ganzen identifizieren, hören Konflikte und Trennung auf.

Damit will ich nicht behaupten, daß alle Meinungsunterschiede verschwinden. An der Oberfläche des Lebens besteht tatsächlich Verschiedenheit; gerade sie macht es auch interessant. Aber nun sind Sie immer in der Lage, andere Ansichten zu verstehen. Sind nicht die Menschen im wesentlichen überall gleich? Die Unterschiede belaufen sich auf ein Prozent, die Ähnlichkeiten dagegen auf neunundneunzig Prozent. Man kann aus den eigenen Schuhen oder Sandalen in die eines anderen schlüpfen und somit dessen Sichtweise annehmen; man kann vermeintliche Barrieren des Alters, des Geschlechts, der wirtschaftlichen Lage und der Nationalität überspringen. So leben Sie in jedem, und jeder lebt in Ihnen.

Einen solchen Zustand des Bewußtseins zu erreichen, ist

das höchste Lebensziel des Menschen. Die verschiedenen Religionen haben dieses Ziel unterschiedlich ausgedrückt: Erleuchtung, Aufklärung, Nirwana, Selbstverwirklichung, Eingehen in das verheißene Land oder in das Himmelreich in einem selbst. Wie immer man es nennen mag, die Erfahrung ist überall die gleiche. Jesus sprach von einer „kostbaren Perle“, ohne sie wird unserem Leben immer etwas fehlen; für sie wäre kein Preis zu hoch, selbst wenn wir alles auf Erden hingeben müßten, um in ihren Besitz zu gelangen.

Möge diese Perle Ihnen gehören!

Eknath Easwaran, So öffnet sich das Leben

Um Mitternacht

Gelassen stieg die Nacht ans Land,
Lehnt träumend an der Berge Wand;
Ihr Auge sieht die goldne Waage nun
Die Zeit in gleichen Schalen stille ruhn.
Und kecker rauschen die Quellen hervor,
Sie singen der Mutter, der Nacht, ins Ohr
Vom Tage,
Vom heute gewesenen Tage.

Das uralt alte Schlummerlied –
Sie achtet's nicht, sie ist es müd';
Ihr klingt des Himmels Bläue süßer noch,
Der flücht'gen Stunden gleichgeschwungnes Joch.
Doch immer behalten die Quellen das Wort,
Es singen die Wasser im Schlafe noch fort
Vom Tage,
Vom heute gewesenen Tage.

Eduard Mörike

Tief befriedet, kinderselig

Sternenschimmer, Schlummerleuchten
Hat nun rings die Welt umfangen;
Eingewiegt in tiefen Frieden
Schläft der Menschen Hast und Bangen.

Nur die seligen Engel wachen,
Leise durch den Himmel schwebend,
Alle, die hier unten schieden,
An die reinen Herzen hebend.

Und mir ist, als müßt ich einstens
Nach der letzten Not auf Erden
Tief befriedet, kinderselig
So von dir getragen werden.

Theodor Storm, Nachts

Was bleibt?

Loslassen
Einswerdenlassen
Zulassen

Dürckheim

Ich gehe hinaus in den Wald, allein. Ich strecke die Arme aus und atme tief durch. Ich schließe die Augen und fasse Grund mit den Füßen, spüre den weichen Waldboden. Ich entspanne mich, ich atme lange aus. Ich schüttle mich, lasse los, was an mir hängt. Ich werde ruhig und lausche. Es knackt irgendwo. Grillen zirpen. Ein Specht hämmert drauflos. Ein Vogel flattert zwischen den Stämmen dahin. Der Wind streicht durch die Baumkronen, sie rauschen leise. Ich atme langsam und ruhig. Ich spüre mich, mich selbst, meinen ganzen Körper, meine ganze Person. Ich bin, ich war, ich werde sein. Ich atme ein und aus. Ich merke, wie die Luft nicht nichts ist, sondern stofflich, Materie, wir also keine leeren Räume sind, sondern nur Beziehung. Ausgefülltheit, Angefülltheit. Ich bin verbunden. Ich bin da mit all diesen Wesen, bei allem, mit allen, bei den Bäumen, den Mücken, den Vögeln, dem Moos, Ich gehöre dazu, gehöre hierher. Ich bin kein Fremdling, kein Außenseiter. Ich bin Teil vom Großen, Ganzen. Ich bin gerührt, wie ich den Lebenswillen um mich herum spüre: das ist alles prallvoll mit Lebenswillen, jedes Blatt, jeder Ast, jede Blüte, jedes Tierchen. Diese Selbstverständlichkeit im Hiersein.

Ich denke mich einen Moment weg – der Schmetterling hat's nicht gemerkt, und auch dem herübergewehten Kuhgeläut ist es gleichgültig. Ich bin wieder da, im Walde, doch die Bäume kümmert's nicht, und auch die Libelle hat Wichtigeres vor. Es ist gut so, sehr gut. Die Welt wie vor Millionen Jahren.

Ich atme tief, öffne die Augen, schließe sie wieder.

Ich erkenne, wie ich lange so stehe, daß etwas Neues heraufkommen will in unserer Gesellschaft. Ja, es will heraufkommen und blühen. Und es wird blühen, allem zu Trotz, auch wenn noch ein langer Weg zu gehen ist. Mit den Gesellschaften ist es wie mit jedem einzelnen Menschen: Sie sind auch unterwegs, einem Ziele zu.

Haben wir die Kraft zur Umkehr, zur Kurskorrektur? „Wir können den Nachmittag des Lebens nicht nach demselben Programm leben wie den Morgen, denn was am Morgen viel ist, wird am Abend wenig sein", und was Jung für den Lebenslauf des Individuums meinte, gilt auch für die Entwicklung von Zivilisationen, für unsere westliche Überflußgesellschaft, die sich so lange dem Außen verschrieben hat. Es scheint, als sei es

Zeit, grundsätzlich in den „Nachmittag" hinüberzuwechseln und „erwachsen" zu werden. Es muß eine Kultur des Innen kommen, und vieles deutet darauf hin, daß sie schon angefangen hat: Viele von uns beginnen, neben dem äußeren Umweltschutz auch den inneren zu praktizieren. Sie erfahren sich selber viel tiefer, als sie dies je für möglich gehalten hätten. Und sie erfahren die Realität als viel weiter, viel gehaltvoller, umfassender, als sie gedacht haben. Wer im Inneren weiter kommt auf dem Wege, der wird auch im Äußeren die Horizonte, die Mauern fliehen sehen. Viele von uns haben begriffen, daß es auf den Alltag ankommt. Auf die Zeiteinteilung, auf den Wechsel zwischen Aktivität und Passivität. Auf eine neue Prioritätenliste. Und auf diese beiden Dinge: die eigenen Träume als Signale und Boten des Unbewußten ernst zu nehmen und zu verstehen suchen und das tägliche Sitzen mit geschlossenen Augen.

Wenn wir so sitzen, können wir beispielsweise ein Wort von Dürckheim nehmen und es wie ein Abendmahlsbrot auf die Zunge legen. Dort bleibt es, bis es sich aufgelöst hat und wir es in uns ganz aufgenommen haben, bildlich gesprochen: *Zulassen.*

Dieses Wort in unsern Körper aufnehmen, immer wieder. Der innere Weg ist abhängig von unserer Disziplin, er ist angewiesen auf Regelmäßigkeit, und so fügt sich dieser zweite Begriff neben das große Wort Gelassenheit: Entschlossenheit.

Wenn wir *Zulassen* lernen und *Loslassen* und *Einswerdenlassen*, wird uns Selbstwerdung und Entwicklung möglich und eine neue Erfahrung der Welt.

Ich öffne meine Augen, gehe ein paar Schritte, bin glücklich, fühle mich leicht. Ich bleibe stehen und höre in mir Sätze von Glaube, Liebe und Hoffnung.

Glaube

Nichts ist, das ohne Zukunft ist.
Nichts ist, das ohne Geheimnis wäre.
Niemand lebt, der keinen Engel hätte.

Liebe

Wir treten vor die Dinge hin
und sagen ihnen gleich die Namen.
Wir sagen Flieder und Schnecke
und Wolke
und machen sie so stumm
und gestatten ihnen nicht,
uns ihr Geheimnis zu verraten.
Denn hätten wir Liebe genug
und könnten lange warten,
sie würden selber zu reden beginnen
und uns kundtun,
wie sie wirklich heißen.
Vielleicht gäben sie uns sogar Namen
und flüsterten uns zu,
was wir für sie sind,
in ihrer Welt.

Hoffnung

Dynamit wird nicht bleiben
und auch nicht die Faust.
Wenig Chancen hat die große Maschine.
Um den Lautsprecher steht es nicht allzugut
und auch die Rakete
hat keinen Grund zum Optimismus.

Bleiben wird:
das Gras, das Träumen und der große Fluß,
die Axt, das Haus, das Gelächter und das Brot,
dann, wenn diese Zeit vorbei ist.

Bleiben wird:
der Brief, das Tanzen, die Aufrichtigkeit,
der Stern, die Stille, die Umarmung und der Mut,
dann, wenn diese verrückte Zeit vorbei ist.

Bleiben wirst du.

Renato Biscioni, Die neue Gelassenheit

7
Den Klang der Stille hören

Ein Schlüssel zur Harmonie

Redet etwa der Himmel?

Konfuzius sagt: „Ich möchte lieber nicht reden." Da sagte sein Schüler Tze-kung: „Wenn du, Meister, nicht redest, was sollen dann deine Jünger aufzeichnen?"

Da sprach der Meister: „Redet denn der Himmel etwa? Und trotzdem gehen die vier Jahreszeiten ihren Gang und alle Kreatur entsteht. – Redet etwa der Himmel?"

Konfuzius, Gespräche

Gerede

Der Gebildete, der nur redet, wird niemals
zum innersten Herzen des Menschen vordringen.

Saadi von Schiras

Erkennen ohne Worte

Muhiuddin Ibn Arabi begegnete einmal Schihabuddin Suhrawardi. Beide setzten sich einander gegenüber und versanken, ohne ein Wort miteinander zu wechseln, in Meditation. Sie gingen dann wieder auseinander, ebenfalls wortlos. Später fragten einige Leute Ibn Arabi nach dem inneren Zustand Suhrawardis. Er gab folgende Antwort: „Der Scheich Suhrawardi befolgt mit jeder Faser seines Seins die Sunna des Propheten."

Dieselben Leute stellten dann Suhrawardi die gleiche Frage: Er antwortete: „Der Scheich Muhiuddin Ibn Arabi ist ein Ozean der göttlichen Wahrheit."

Türkische Derwischgeschichte

Schweigen des Wissenden

Wer das Geheimnis der göttlichen Liebe kennt, spricht nicht davon. Wer davon spricht, kennt es nicht.

Wer die wahre Liebe nicht kennt, lebt auf dieser Erde im Kerker seines Körpers.

Je begieriger man hinter körperlichen Genüssen her ist, desto mehr leidet die Seele.

Kinan Rifa'i

Wahre Weisheit

Wenn jemand dem Sein nachjagt,
Dann wird's ihm entgehen.
Wenn jemand hinter dem Nichts herläuft,
Dann kehrt es ihm den Rücken zu.
Durch tausend Worte und
Tausend Gedanken
Bist du nur um so weiter von ihm
Geschieden. Erst über alle Worte
Und alle Gedanken hinaus
Kannst du es allenthalben treffen.

Szoszan

Spirituelle Übung

Die Erfahrung hat mich gelehrt, daß Schweigen Teil der spirituellen Übung ist, der sich ein Wahrheitssucher unterwirft.

Es ist eine natürliche Schwäche des Menschen, die Wahrheit – wissentlich oder unwissentlich – zu übertreiben, zu unterdrücken oder abzuwandeln; da ist das Schweigen hilfreich, um diese Schwäche zu überwinden. Ein Mensch, der nur wenige Worte macht, wird selten gedankenlos daherreden. Er wird jedes Wort abwägen.

Wenn man darüber nachdenkt, so kann man sich des Eindrucks nicht erwehren, daß nahezu die Hälfte allen Elends auf der Welt verschwinden würde, hätten wir elenden Sterblichen den Wert des Schweigens kennengelernt.

Mahatma Gandhi, Aus der Stille steigt die Kraft zum Kampf

Teestunde

Einmal wurde ein Meister nach dem Weg der Weisheit gefragt. Doch statt auf den Rat des Meisters zu hören, war der Besucher die ganze Zeit damit beschäftigt, von seinen Sorgen und Schwierigkeiten zu erzählen.

Schließlich kam die Teestunde, und der Meister begann einzuschenken. Er goß die Schale des Besuchers bis zum Rande voll und hätte nicht mit dem Einschenken aufgehört, wenn ihm sein Besucher nicht in den Arm gefallen wäre.

„Was tut ihr da, Meister“, rief er, „seht Ihr denn nicht, daß die Schale voll ist?“

„Ja, sie ist voll“, sagte der Meister, „und auch du bist bis zum Rand angefüllt mit Sorgen und Schwierigkeiten. Wie soll ich dir Weisheit einschenken, wenn du mir keine leere Schale reichst?“

Zen-Geschichte

Die leise Stimme

Schon oft ist mir klargeworden, daß, wer nach Wahrheit sucht, schweigsam sein muß. Ich kenne die wunderbare Wirkung des Schweigens. In Südafrika habe ich einmal ein Trappistenkloster besucht. Was für ein herrlicher Ort! Die meisten Bewohner des Klosters waren durch das Schweigegelübde gebunden. Ich fragte den Abt nach den Motiven dafür, und er sagte, der Grund liege auf der Hand: „Wir sind schwache Menschen; wir wissen sehr oft nicht, was wir sagen. Wenn wir auf die sanfte, leise Stimme hören wollen, die immer in uns spricht, dann werden wir sie nicht verstehen können, wenn wir selbst ständig reden." Diese wertvolle Lehre habe ich begriffen. Ich kenne also das Geheimnis des Schweigens.

Schweigen ist eine große Hilfe für einen Wahrheitssucher wie mich. Im Zustand des Schweigens findet die Seele ihren Weg in einem klareren Licht, und alles Trügerische und alle Täuschung lösen sich auf in kristallene Klarheit. Unser Leben ist eine lange, beschwerliche Suche nach der Wahrheit, und die Seele braucht innere Ruhe, um zu ihrer vollen Größe zu gelangen.

Mahatma Gandhi, Aus der Stille steigt die Kraft zum Kampf

Fasten, schweigen und sich selber finden

Wie finde ich zu mir selbst? Wie erkenne ich mich? Wer bin ich? Diese Fragen sind alt und ernst. Die Aufforderung des Orakels von Delphi: „Erkenne dich selbst" ist heilig, stand sie doch auf einem Tempel geschrieben. Erst in neuester Zeit ist das Bemühen, sich selber zu erkennen und zu finden, in Mißkredit geraten. Auf der einen Seite haben wir eine große

Zahl von Menschen, die sich selber und anderen fremd geworden sind und sich menschlich als „Fragment und Krüppel" (E. Fromm) erfahren. Diese Not ruft andererseits zahlreiche, zum Teil unqualifizierte Angebote auf den Plan, die auf marktschreierische Art Hilfe versprechen und ihrerseits einen Selbsterkenntnis-Boom auslösen. Der aber heilt seine Anhänger und Anhängerinnen nicht, sondern läßt sie im Stich. Der Teufelskreis ist perfekt. Wie ihn durchbrechen? Jammern hilft wenig. Noch weniger hilft es, das zutiefst menschliche Streben nach Selbsterkenntnis unbesehen zusammen mit dessen Vermarktung und Simplifizierung durch gewisse sich wissenschaftlich gebende Psycho-, Sozio-, Astro- oder andere -logien zu verurteilen. Gefragt ist vielmehr eine ernste Auseinandersetzung, die der Tiefe und Tragweite echter Selbsterkenntnis und Selbstfindung Rechnung trägt.

Für uns stellt sich in diesem Zusammenhang die Frage: Ist das Fasten, richtig verstanden, ein gültiger Weg der Selbstfindung und wenn ja, warum?

Im Fasten schaltet der Mensch bekanntlich von der äußeren Ernährung auf die innere um. Dieser psycho-somatische Vorgang hat zur Folge, daß er aus dem Außer-sich-Sein zur Mitte seiner selbst geführt wird und zur Ruhe kommt. Mit anderen Worten: Die Umschaltung erleichtert die Einkehr und Selbstfindung. Bei Fastenkursen mache ich oft die Erfahrung, daß die Teilnehmerinnen und Teilnehmer sozusagen intuitiv das Schweigen und die Stille suchen. Das Fasten führt in die Stille und lädt ein zur Meditation; die Meditation begünstigt und vertieft ihrerseits das Fasten. Beide zusammen sind für uns eine Hilfe, uns selbst besser zu erkennen. Warum?

Nehmen wir an, wir seien enttäuscht worden von einem lieben Menschen oder gestreßt von einer unliebsamen Arbeit oder frustriert durch einen verregneten Ferientag. In solchen Situationen sagen wir vielleicht: Mir ist nicht wohl, ich brauche etwas. Dieses „etwas" kann bedeuten: ein verständnisvoller Mensch, sinnvolle Tätigkeit, ein Spaziergang in der frischen Luft. Statt dessen denken wir bei diesem „etwas" bloß an „etwas zum Essen". Zu dieser Übersprungshandlung kann es kommen, weil das Gefühl der Leere und Frustration dem Hungergefühl zum Verwechseln ähnlich ist. Der tiefere Grund hierfür liegt in der Tatsache, daß der Eßtrieb der grundlegendste aller Triebe ist und ins Maßlose weist. Die Sprache bringt dies an den Tag. So sprechen wir etwa von Hunger und Durst nach Liebe, Gerechtigkeit, Frieden. Wo dieser Hunger nicht adäquat befriedigt wird, kann es zu Ersatzhandlungen und Ersatzmitteln kommen: Tabletten, Drogen, Alkohol und nicht zuletzt Essen, Betriebsamkeit und Gerede.

Das Essen wie das Reden sind probate Mittel, unliebsame Seiten zu verdrängen und zu vergessen und tief im Herzen sitzende Unlustgefühle gar nicht hochkommen zu lassen. Und hier liegt die Chance des Fastens, wenn es mit Zeiten der Stille und mit meditativen Übungen verbunden wird. Fastend legen wir die vielen Ersatzbefriedigungen aus der Hand, die uns oft genug betäuben und blind machen. „Das Fasten deckt mir auf, wer ich bin."

Diese Einsicht des Benediktinermönchs Anselm Grün deckt sich mit der Erfahrung Gandhis. Anläßlich eines Fastens, das Gandhi im November 1925 als stellvertretende Buße für ein im Ashram Sabarmati vorgekommenes Vergehen auf sich nahm, bekennt er, daß das Fasten ein Teil seines Wesens sei. Er könne auf es ebensowenig verzichten wie auf seine Augen. Was die Augen für die äußere Welt seien, das sei das Fasten für die innere.

Fasten heißt, sich und seinen Weg besser zu erkennen, und das bedeutet auch, sich als begrenzt, abhängig und zugleich als frei zu erfahren. Dieser scheinbare Widerspruch bedarf einer kurzen Erläuterung: Im Fasten lebe ich aus meinem Depot, existiere also buchstäblich aus mir heraus. Neben der allgemein gemütsaufhellenden Wirkung des Fastens liegt in dieser Erfahrung der Grund für das Gefühl der Freiheit und einer gewissen Überlegenheit. Andererseits und nicht weniger existentiell erfahre ich, daß ich abhänge von anderen Menschen und von Wasser und Luft, von Pflanze und Tier, und daß ich gar nicht aus mir leben kann und im Grunde auch nicht will. Und diese Erfahrung kann mich dankbar machen. So wohnen denn Überheblichkeit und wahre Bescheidenheit sowie Selbsterkenntnis ganz nahe beieinander. Dies ist eine Tatsache, deren wir uns besonders im Fasten bewußt werden.

Niklaus Brantschen, Fasten neu erleben

Was Ruhe bedeutet

Wenn die Lippen geschlossen sind, beginnt das Herz zu sprechen; wenn das Herz schweigt, entzündet sich die Seele, wird zur Flamme und erleuchtet das ganze Leben. Dieser Gedanke zeigt die große Bedeutung der Stille, und diese Stille wird in der Regel erlangt. Die meisten Menschen wissen nicht, was Ruhe bedeutet, weil sie nur ein Verlangen danach haben, wenn sie müde sind, während sie sonst nicht die Notwendigkeit der Ruhe erkennen.

✷

Wann lernen wir Nachdenklichkeit? Im Schweigen. Und wann üben wir Geduld? Im Schweigen.

Schweigen heißt, daß wir jedes Wort und jede Handlung vorher erwägen sollen. Ein meditativer Mensch hat gelernt, dieses Schweigen in seinem täglichen Leben natürlich zu gebrauchen. Wer im täglichen Leben zu schweigen weiß, hat bereits zu meditieren gelernt. Jemand mag eine halbe Stunde des Tages für die Meditation reservieren, aber wenn er danach zwölf bis fünfzehn Stunden aktiv ist, verbraucht die Aktivität alle Kraft, die er in der Meditation gewonnen hat. Beides muß zusammen wirken. Wer die Kunst des Schweigens erlernen will, muß das Schweigen in seinem Bewußtsein festhalten, wieviel Arbeit er auch zu tun hat. Wenn man dies nicht beachtet, wird man nicht den vollen Gewinn aus der Meditation haben.

Hazrat Inayat Khan, Vom Glück der Harmonie

Der Rat

Von einem weisen Heiler wird folgende Geschichte erzählt. Eine Frau kam zu ihm und fragte: „Können Sie mir sagen, was ich tun soll? Ich habe Schwierigkeiten mit meinem Mann. Jeden Tag gibt es zu Hause Streit." Er erwiderte: „Das ist einfach." – „Ich wäre Ihnen so dankbar", sagte sie. „Ich gebe Ihnen diese Süßigkeiten. Behalten Sie sie im Mund, wenn Ihr Mann heimkommt, und alles wird wieder gut werden. Es sind magnetisierte Süßigkeiten." Sie nahm sie und stellte fest, daß es keinen Streit mehr gab. Nach zehn Tagen waren die Süßigkeiten aufgebraucht. Da ging sie wieder zum Heiler und sagte: „Ich gebe Ihnen, was Sie wollen, wenn Sie mir nur noch mehr von jenen Süßigkeiten geben. Sie sind wunderbar." Da antwortete der Lehrer: „Nachdem Sie zehn Tage von diesen Süßigkeiten gegessen haben, sollten Sie verstehen, daß Ihr Mann, nachdem er sich den ganzen Tag abgemüht hat, nervös und müde ist, wenn er heimkommt. Natürlich ist er nicht ‚in Stimmung', und dies haben Sie durch Ihr Reden verschlimmert. Als

Sie still waren, gab es nichts, um darüber zu streiten, und Ihr Heim wurde harmonischer. Dies sollte Sie lehren, daß Schweigen ein Schlüssel zur Harmonie ist."

Hazrat Inayat Khan, Vom Glück der Harmonie

Schätze der Verschwiegenheit

Es wäre ein eitles Beginnen, das Schweigen deuten zu wollen. Es läßt sich nicht in Worte fassen. Sechstausend Jahre lang haben die Menschen es so treu wie möglich übersetzt, und doch ist es kaum mehr als ein versiegeltes Buch. Eine Zeitlang kann ein Mensch zuversichtlich so weitermachen und denken, er hätte es unter dem Daumen und eines Tages würde er es ausschöpfen, aber schließlich muß auch er schweigen, und man wird nur sagen, was für einen tüchtigen Anfang er gesetzt habe. Denn wenn er endlich in das Schweigen eingeht, ist das Mißverhältnis zwischen dem Gesagten und dem Ungesagten so riesig, daß das erstere nur ein Bläschen auf der Oberfläche scheint, wo er verschwand. Dennoch werden wir fortfahren, wie die chinesischen Klippensegler unser Nest zu bespeicheln, und eines Tages kann es zum lebensspendenden Brot für die Küstenbewohner werden.

Dreiundzwanzig Jahre lang habe ich das Schweigen gebrochen und habe ihm doch kaum einen Riß beigebracht. Das Schweigen ist ohne Ende; Reden ist nur sein Anfang. Mein Freund meint, daß ich Schweigen *bewahre*, während ich nur daran würge, daß ich es so schnell herauslasse. Vergißt er, daß neue Schätze der Verschwiegenheit sich mir ständig auftun?

Ruhig sein, heiter! Hier ist die Ruhe des Sees, wenn sich kein Lüftchen regt; dort die Ruhe des stehenden Wassers im Graben. So ist es auch mit uns. Manchmal sind wir auf gesunde Art geläutert und beruhigt wie nie zuvor im Leben, nicht durch ein Schlafmittel, sondern durch unbewußten Gehorsam gegenüber den allgerechten Gesetzen, so daß wir wie ein stiller See von reinstem Kristall werden, und mühelos offenbaren sich uns unsere Tiefen. Die ganze Welt geht vorüber und spiegelt sich in unserem Grund. Solche Klarheit! Errungen mit solch reinen Mitteln! Durch einfaches Leben, durch ehrliche Absicht. Wir leben und jubeln. Ich erwachte in einer Musik, die außer mir niemand hörte. Wem soll ich dafür danken? Lust der Weisheit! Lust der Tugend! Gibt es Maßlosigkeit in diesen Dingen? Ich spüre, wie mein Schöpfer mich segnet. Der ist bei Sinnen, für den die Welt ein Musikinstrument ist. Eine leise Berührung schon schenkt innige Freude.

Der Mensch, der mir begegnet, ist oft nicht so lehrreich wie das Schweigen, das er bricht. Diese Stille, ist eine Art Wasserdost oder Kunigundenkraut für meinen Intellekt. Das ist es, was ich suche.

Henry David Thoreau, Leben aus den Wurzeln

Echo des Friedens

Wenn man etwas schreibt über die einsamen, meditativen Dimensionen des Lebens, kann man nichts sagen, was nicht bereits der Wind im Kiefernwald viel besser gesagt hätte. Die vorliegenden Seiten möchten nicht mehr wiedergeben als das Echo des Schweigens und des Friedens, den man „hört“, wenn der Regen frei über die Hügel und Wälder hinzieht.

– Aber wie kann der Wind etwas sagen, wenn niemand zuhört?

Es gibt noch ein tieferes Schweigen; das Schweigen, in dem der Hörer zum Nicht-Hörer wird.

Wer ist dieser Nicht-Hörer?

Auf diese Frage gibt es keine Antwort auf der Ebene der Vernunft. Die einzige Antwort ist das Hören selbst. Das angemessene Klima für solches Hören ist die Einsamkeit.

Oder vielleicht besser: dieses Hören, das ein Nicht-Hören ist, ist selbst Einsamkeit. Warum spreche ich von einem Hören, das Nicht-Hören ist? Weil man sich den Einsiedler nicht als einen „Einzelnen" vorstellen darf, der sich zahlenmäßig von den „vielen anderen" abgesetzt hat; der also lediglich von der Menge ausgezogen wäre, um sein privates Namensschild an einen Felsen in der Wüste zu heften und dort Post zu empfangen, die den Vielen versagt bliebe. Eine solche Einsamkeit wäre eine falsche, eine dämonische Einsamkeit. Das wäre Solipsismus, nicht Einsamkeit, das falsche Einssein des Abgespaltenen, der sein privates Konto eröffnet und seine Selbstbestätigung davon bezieht, daß er mit den andern nichts mehr zu tun haben will.

Das wahre Einssein im Einsiedlerleben ist dasjenige, in dem keinerlei Abtrennung möglich ist. Der wahre Einsiedler sucht nicht sich selbst, sondern er verliert sich selbst. Er vergißt, daß es ein Konto gibt, um alles zu empfangen. Daher ist er ein Nicht-(individueller) Hörer.

Er hat seinen Empfang auf alles Hören in der Welt eingestellt, denn er lebt im Schweigen. Er horcht nicht auf den Grund des Seins, sondern er weiß sich eins mit diesem Grund, in dem alles, was ist, hört und sich selbst kennt. Daher verschwendet er keinen Gedanken mehr an sich selbst.

Was ist dieser Grund, diese Einheit? Er ist Liebe. Das Paradox der Einsamkeit ist, daß ihr wahrer Grund allumfassende Liebe ist – und wahre Einsamkeit ist die ungeteilte Einheit der Liebe, für die es nicht Maß noch Zahl gibt.

Die Liebe ist kein Problem, und auch keine Antwort auf eine

Frage. Die Liebe kennt keine Frage. Sie ist der Grund von allem, und Fragen stellen sich nur in dem Maß ein, in dem wir gespalten, abwesend, weit weg, entfremdet von diesem Grund sind.

Aber unsere Gesellschaft ist geradezu darauf angelegt, diese Spaltung, diese Entfremdung, dieses Losgelöstsein, diese Abwesenheit herzustellen. Und so leben wir in einer Welt, die wir mit unseren Besitztümern, unseren Projekten, unserer Ausbeute und unseren Maschinen vollstopfen – in der wir selbst aber abwesend sind.

Wir leben in einer Welt, in der längst die Parole ausgegeben worden ist: „Gott ist tot". Das stimmt sogar in einem gewissen Sinn, denn wir haben die Fähigkeit verloren, die Erfahrung der Wahrheit zu machen, daß wir ganz und gar in Seiner Liebe verwurzelt und gegründet sind.

Wie konnen wir diese Wahrheit wiederentdecken?

Erst wenn wir sie nicht länger zu suchen brauchen – denn solange wir sie suchem, unterstellen wir, daß wir sie verloren haben. Aber in Wirklichkeit heißt erkennen, daß wir in unserem wahren Grund, in der Liebe, gegründet sind, erkennen, daß wir ohne sie gar nicht sein können.

Diese Erkenntnis ist ohne ein grundlegendes persönliches Einsamsein unmöglich.

Das aufgeregte kollektive Getue mag noch so sehr auf „Ich und Du" aus sein – es wird das nie erlangen. Denn im Grund der Einsamkeit sind „Ich und Du" eins. Und nur aus diesem Grund erwächst wahre Liebe.

Hüten wir uns also davor, die „Liebe" und das „Einsamsein" zum Gegenstand von Frage und Antwort zu machen. Man kann die Antwort nicht in Worten finden, sondern nur, indem man auf einer bestimmten Ebene des Bewußtseins lebt.

In Augenblicken der Stille, der Meditation, der Erleuchtung und des Friedens lernt man, überall still und allein zu sein. Man lernt es, selbst mitten in einer Menschenmenge von einer Atmosphäre der Einsamkeit umhüllt zu sein. Denn man lernt, ein Hörer zu werden, der ein Nicht-Hörer ist, und man lernst, alle Wörter zu vergessen und nur auf das Eine Wort zu horchen, das ein Nicht-Wort zu sein scheint. Man öffnet die innere Tür seines Herzens für das unendliche Schweigen des Geistes, aus dessen Abgründen die Liebe unfehlbar hervorsprudelt und sich allen mitteilt. In Seinem Schweigen offenbart sich schließlich der Sinn jedes Lauts. Nur in Seinem Schweigen kann man die Wahrheit der Wörter ausmachen, nicht in ihrem Nebeneinander, sondern in ihrem gemeinsamen Zeigen auf die letzte Mitte, die Liebe. Alle Wörter sagen dann nur eines: daß *alles Liebe* ist.

Heidegger hat gesagt, unsere Beziehung zu dem, was uns am nächsten liege, sei immer verworren und kraftlos. Was liegt uns näher als die Einsamkeit, die der Grund unseres Daseins ist? Sie ist immer da. Genau aus diesem Grund verkennen wir sie unablässig. Denn sobald wir an sie denken, wird uns unbehaglich zumute; wir machen sie zum „Gegenstand" unserer Betrachtung, und unsere Beziehung zu ihr verfälscht sich. Tatsächlich sind wir uns selbst so nahe, daß es wirklich keine „Beziehung" zum Grund unseres eigenen Daseins gibt. Können wir nicht einfach wir selbst *sein*, ohne darüber nachzudenken? Das ist wirkliche Einsamkeit.

Stimmt es, daß man in die Einsamkeit geht, um „zur Wurzel des Daseins vorzustoßen"? Besser würde man einfach sagen, daß man in der Einsamkeit an der Wurzel ist. Wer allein ist und sich dessen bewußt wird, was seine Einsamkeit bedeutet, findet sich selbst schlicht und einfach im Grund des Lebens vor. Er ist „in Liebe", ist verliebt in alle, in jeden einzelnen, in alles. Darüber wundert er sich nicht, und er ist imstande, aus einem entwaffnenden und unaufregenden Wirklichkeitssinn zu leben, der unerklärlich scheint. Er lebt also wie ein Samenkorn, das in den Grund gesenkt worden ist.

Thomas Merton, Zeiten der Stille

Der Weg der Erziehung

Einer der untrüglichsten Maßstäbe für den Rang eines Menschen ist sein Sinn für das Schweigen. Es gibt Menschen, deren Rede man anhört, daß sie aus einem Raum des tiefen Schweigens kommt; sie strahlen eine gesammelte Ruhe aus, die alles vorlaute und äußerliche Wesen zum Verstummen bringt, und die auf eine unbegreifliche Weise zu bewirken vermag, daß in ihrem Umkreis Menschen und Dinge wie von selbst in die rechte Ordnung rücken. Das Schweigen, dem wir in diesen Menschen begegnen und das der Ursprung aller menschlichen Würde und Hoheit ist, muß denen unzugänglich bleiben, die das Schweigen nur als Verschlossenheit und als Verhinderung des Redens kennen. Hier wird nichts verborgen, was ebensogut auch ausgesprochen werden könnte, hier gibt es keine Verstecke, in denen sich etwas aufstöbern ließe, was ans Licht gehört. Aber alles Große, alles Heilige steht im Bereich dieses unaussagbaren Schweigens, und niemand wird sich in Wahrheit zum Menschen bilden, der nicht in diesem Raum sich gefunden hat.

Die Gründer der alten Klosterschulen wußten, daß die Erziehung aus dem Schweigen stammt. Wo das „favete linguis" nicht erklingt, mit dem der Dichter der Römeroden anhebt, da ist das erzieherische Wort in den Wind gesprochen. An nichts wird Profanität unserer Welt so deutlich wie daran, daß sie das Schweigen nicht ertragen kann und deshalb auch von der Verbindlichkeit des Wortes nichts mehr weiß. Man müßte die Menschen wieder das Schweigen lehren und ich bin oft in Versuchung, an unserer Schule Lebensformen einzuführen, die einzig diesem Zweck dienen sollen. Aber wir würden durch solche Maßnahmen die Aufgabe verraten, die wir uns gestellt haben. Diese Schule steht nicht im Schutz eines sakralen Bezirkes, sondern hat ihren Standort mitten in der Welt ...

Aber das Schweigen, das schlichte Schweigen. Es gibt Menschen, die es mit der Geräuschlosigkeit verwechseln und mir raten, nach klösterlichem Vorbild Schweigestunden einzuführen. Sie wissen nicht, daß die unausgefüllte Geräuschlosigkeit sich zum wirklichen Schweigen verhält wie das Nichts zum Sein. Das Schweigen kann nicht eingeführt werden; es entsteht, es tritt ein, es breitet sich aus, es ergreift uns. Und es ergreift uns nur, wenn wir betroffen sind. Auch im profanen Tag gibt es die Augenblicke, die uns erbeben lassen und zum Schweigen bringen. Meist sind es nicht die feierlichen Stunden; mitten im Alltag, unerwartet, unbemerkt, trifft uns ein Wort, ein Gegenstand, eine Gebärde, und öffnet uns, sei es auch nur für die Dauer eines Herzschlages, jenen Bereich, in dem der Mensch in Wahrheit seine Heimat hat. Was wir die Bildung des Menschen nennen – in diesen Augenblicken ereignet es sich. Es ereignet sich mitten in der profanen Welt und läßt uns erfahren, was sie in Wahrheit ist. Sie ist nicht, wie immer wieder gesagt wird, die gottlose Welt. Sie ist auch nicht die heilige Natur der Pantheisten. Sie ist die Entsprechung zum sakralen Raum: nicht das Haus des sich offenbarenden Gottes, wohl aber die nicht weniger geheiligte Wohnstätte Gottes in der Verborgenheit.

Erziehung in der Profanität ist Erziehung in der Verborgenheit. Sie soll die Pfade des Alltags nicht verlassen und soll die Sprache sprechen, die man täglich spricht. Aber sie soll jene verschwiegene Bereitschaft offenhalten, die uns die unmerkliche Heiligkeit des profanen Raumes erfahren läßt. Das tiefe Schweigen ist auch im Getriebe und Gerede gegenwärtig. Wenn wir in dieser Welt für diese Welt erziehen, so werden wir sorgen müssen, daß es nicht zugebaut und nicht vergessen wird. Erziehung ist Pflege des Schweigens in der Alltäglichkeit. Sie muß sogar ihr eigenes Wesen verschweigen. Der Weg der Erziehung führt durch das nicht ausgesprochene Wort zum verborgenen Werk.

Georg Picht

Stille

Erst mit der großen Stille fängt die Seele an zu
Schreiben
Und läßt uns sanft und sicher werden
Und sorgt dafür, daß unsre Augen milde bleiben.

Nun wanderst du und setzt den Fuß aufs Ländliche,
Das dich und dein Gemüt erhält,
Der Riesenwahn, der Unverständliche,
Sie fliehn vor deinem Gang, und Flur und Feld
Begegnen dir so schwesterlich, so alt und ungebrochen,
Als hätten Tier und Pflanze das erste Wort gesprochen.

Die Stille ist's, die überlebt.
Dem Baum, der schweigt, ist tiefer zu vertrauen
Als allen Redensarten,
Als allen Zungen, die sich laut vermischen.
Es ist die Stille, die zur Kunst entfacht,
Geschichte macht,
Solang, bis wir den Schmerz von unsren Stirnen
Wischen.

Hanns Dieter Hüsch, Das Schwere leicht gesagt

8
Der Mensch,
der in sich selber ruht

Selbstand gewinnen –
Absehen vom Ich

Der Axtdieb

Ein Mann fand seine Axt nicht mehr. Er verdächtigte den Sohn seines Nachbarn und begann, ihn zu beobachten. Sein Gang war der eines Axtdiebes. Die Worte, die er sprach, waren die Worte eines Axtdiebes. Sein ganzes Wesen und sein Verhalten waren die eines Axtdiebes. Aber unvermutet fand der Mann beim Umgraben plötzlich seine Axt wieder.

Als er am nächsten Morgen den Sohn seines Nachbarn neuerlich betrachtete, fand er weder in dessen Gang noch in seinem Verhalten irgend etwas von einem Axtdieb.

Lao-Tse

Wer bist du?

Eine Frau lag im Koma. Plötzlich hatte sie das Gefühl, sie käme in den Himmel und stünde vor dem Richterstuhl.

„Wer bist du?" fragte eine Stimme.

„Ich bin die Frau des Bürgermeisters", erwiderte sie.

„Ich habe nicht gefragt, wessen Ehefrau du bist, sondern wer du bist."

„Ich bin die Mutter von vier Kindern."

„Ich habe nicht gefragt, wessen Mutter du bist, sondern wer du bist."

„Ich bin Lehrerin."

„Ich habe nicht nach deinem Beruf gefragt, sondern wer du bist."

Und so ging es weiter. Alles, was sie erwiderte, schien keine befriedigende Antwort auf die Frage zu sein: „Wer bist du?"

„Ich bin eine Christin."

„Ich fragte nicht, welcher Religion du angehörst, sondern wer du bist."

„Ich bin die, die jeden Tag in die Kirche ging und immer den Armen und Hilfsbedürftigen half."

„Ich fragte nicht, was du tatest, sondern wer du bist."

Offensichtlich bestand die Frau die Prüfung nicht, denn sie wurde zurück auf die Erde geschickt. Als sie wieder gesund war, beschloß sie, herauszufinden, wer sie war. Und darin lag der ganze Unterschied.

Deine Pflicht ist es zu sein. Nicht irgend jemand, nicht ein Niemand – denn darin liegt Habgier und Ehrgeiz –, nicht dies oder jenes zu sein – und dadurch abhängig zu werden –, sondern einfach zu sein.

Anthony de Mello, Warum der Schäfer jedes Wetter liebt

Gib dein Ego auf

Schüler: „Ich bin gekommen, Euch meine Dienste anzubieten."

Meister: „Wenn du das ‚ich' wegließest, ergäbe sich das Dienen von selbst."

Man kann seinen gesamten Besitz weggeben, um die Armen zu speisen, man kann seinen Leib verbrennen, und doch keine Liebe haben.

Behalte deinen Besitz, und gib das „ich" auf. Den Leib verbrenne nicht, verbrenne das Ego. Dann wirst du lieben können.

Er dachte, das Wesentliche sei, arm und enthaltsam zu leben. Es war ihm nie klargeworden, wie entscheidend wichtig es war, sein Ego aufzugeben. Denn das Ego wächst und gedeiht, ob man nun der Heiligkeit dient oder Frau Welt, nährt sich von Armut und von Reichtum, von Enthaltsamkeit und

Luxus. Es gibt nichts, das das Ego nicht ergreift, um sich aufzublasen.

Schüler: „Ich bin zu Euch gekommen mit nichts in den Händen."

Meister: „Dann laß es sofort fallen."

Schüler: „Aber wie kann ich es fallen lassen? Es ist nichts."

Meister: „Dann mußt du es eben mit dir herumtragen!"

Du kannst dein Nichts zu einem Besitz machen und deinen Verzicht wie eine Trophäe herumzeigen. Deinen Besitz brauchst du nicht aufzugeben. Gib dein Ego auf.

Anthony de Mello, Warum der Vogel singt

Alleinsein

Einer, der nicht „allein" ist, sagt Philoxenos, hat seine Identität nicht gefunden. Vielleicht kommt er sich als alleiniger vor, denn er erfährt sich selbst als „Individuum". Aber weil er willentlich von den Gesetzen und Illusionen einer kollektiven Existenz umhüllt und begrenzt ist, hat er nicht mehr Identität als ein ungeborenes Kind im Mutterschoß. Er hat noch kein Bewußtsein. Er ist seiner eigenen Wahrheit entfremdet. Er hat Sinne, aber er kann sie nicht gebrauchen. Er hat Leben, aber keine Identität. Um eine Identität zu besitzen, muß er wach und aufmerksam sein. Aber wenn er wach sein will, muß er zu Verletzbarkeit und Tod ja sagen. Und das nicht um dieser Wirklichkeiten selbst willen, und auch nicht aus Stoizismus oder Hoffnungslosikgeit, sondern einzig und allein um der verletzbaren inneren Wirklichkeit willen, die wir nicht begreifen können (wir können sie nur sein), und zu der wir nur dann erwachen, wenn wird der Unwirklichkeit unserer verwundbaren äußeren Schale gewahr werden. Die Entdeckung dieses inneren Selbst ist ein Akt und eine Bejahung der Einsamkeit.

Wenn wir jedoch unsere verwundbare äußere Schale für unsere wahre Identität halten, wenn wir der Auffassung sind, unsere Maske sei unser wirkliches Gesicht, dann werden wir sie mit künstlich fabrizierten Dingen absichern, selbst um den Preis der Verletzung unserer eigenen Wahrheit. Darin scheint die kollektive Anstrengung der Gesellschaft zu bestehen: je emsiger sich die Menschen um diese Absicherung bemühen, desto gewisser wird sie zu einer kollektiven Illusion, bis sich schließlich die enorme, besessene, unkontrollierbare Dynamik des künstlich Fabrizierten entfesselt, das einzig und allein daraufhin angelegt ist, bloße Scheinidentitäten abzusichern, „Selbste", und zwar als Objekte genommen. Selbste, die auf Abstand gehen und sich selbst zusehen können, wie sie es schön haben (und diese Illusion versichert sie dessen, daß sie wirklich sind).

So sieht die Unwissenheit aus, die man zur Grundlage alles Wissens des menschlichen Kollektivs gemacht hat: um dich selbst als wirklich zu erfahren, mußt du das Bewußtsein deiner Bedingtheit, deiner Unwirklichkeit, deines Zustandes radikaler Bedürftigkeit unterdrücken. Du kannst das tun, indem du dir selbst das Bewußtsein verschaffst, jemand zu sein, der keinerlei Bedarf hat, den er nicht unmittelbar stillen kann. Zutiefst handelt es sich dabei um die Illusion der Allmächtigkeit, eine Illusion, die sich das Kollektiv anmaßt, und die es mit seinen individuellen Mitgliedern in dem Maß teilt, in dem sie sich seinen zentralsten und starrsten künstlichen Farbrikanten unterwerfen.

Du hast Bedürfnisse; aber wenn du dich richtig benimmst und konform bist, erhältst du Anteil an der kollektiven Macht. Dann kannst du alle deine Bedürfnisse befriedigen. Indes steigert das Kollektiv deine Bedürfnisse, um seine Macht über dich zu steigern. Es wird auch in seinem Zwang zum Konformismus strenger. Je mehr du dich auf diese Weise hoffnungslos an die kollektive Macht verpfändest, desto stärker verfällst du auch der kollektiven Illusion.

Wie geht das vor sich? Das Kollektiv formt und prägt deinen Willen, glücklich zu sein („es schön zu haben"), indem es dir unwiderstehlich Bilder deiner selbst vorhält, wie du gern sein möchtest; als jemand, der es in einer so vollkommen glaubhaften Weise schön hat, daß jede Regung bewußten Zweifels unmöglich wird. Theoretisch kann ein so herrlicher Zustand derart überzeugend auf dich wirken, daß dir auch nicht mehr im entferntesten die Möglichkeit in den Sinn kommt, er könnte sich zu einem weniger befriedigenden Zustand wandeln. Praktisch dagegen läßt ein teures Vergnügen stets noch einen Zweifel zu, der sich zu einem weiteren ansehnlichen Bedürfnis auswächst, das nach einer noch überzeugenderen und kostspieligeren Bedürfnisstillung verlangt, die dich dann ihrerseits wiederum nicht voll befriedigt. Am Ende der ganzen Kette steht dann die Verzweiflung.

Weil wir im Schoß einer kollektiven Illusion leben, bleibt unsere Freiheit verkümmert. Unsere Fähigkeiten zur Freude, zum Frieden und zur Wahrheit werden nie freigelegt. Wir können sie nie wirklich gebrauchen. Wir sind Gefangene in einem Prozeß, in einem dialektischen Hin und Her von falschen Versprechungen und echten Enttäuschungen, der in der Nichtigkeit endet.

Thomas Merton, Zeiten der Stille

Ich bin

Jedes Grüppchen besitzt eine Theorie über mich –
Ich bin meine eigene; was ich bin, bin ich.

Omar Chaijam

Richtig und falsch

Ein Derwisch-Meister hat gesagt: „Wenn du einen Menschen sprechen hörst ‚Man hat gesagt ...', dann halte dir vor Augen, daß er in Wirklichkeit sagt ‚Höre, was *ich* zu sagen habe ...'."

Bishr-Al-Hafi

Achtet darauf, daß jene Dinge, die man heute für recht hält, gestern noch als unmöglich betrachtet worden sind. Die Dinge, die heute für falsch gehalten werden, sind genau die, die morgen als richtig angesehen werden.

Hudhaifa

Wie du von mir denken sollst

Ein Schüler kam zu Maruf Karkhi und sagte: „Ich habe mit den Leuten über dich gesprochen. Die Juden behaupten, du seist ein Jude; Christen verehren dich als einen ihrer eigenen Heiligen; die Moslems beharren darauf, daß du der bedeutendste aller Moslems bist." Maruf antwortete: „So sprechen die Menschen in Baghdad. Als ich in Jerusalem weilte, sagten die Juden, ich sei ein Christ, die Moslems hielten mich für einen Juden, und die Christen für einen Moslem." „Wie sollen wir dann von dir denken?" sagte der Mann.

„Einige verstehen mich nicht und verehren mich. Andere tun keines von beiden, folglich schmähen sie mich. Das ist es, was ich heute zu sagen habe. Du sollst von mir denken wie von jemandem, der dies gesagt hat."

Idries Shah, Der glücklichste Mensch

Befreiung

„Wie soll ich Befreiung erlangen?“

„Finde heraus, wer dich festgehalten hat“, sagte der Meister.

Nach einer Woche kehrte der Schüler zurück und sagte: „Niemand hat mich festgehalten.“

„Warum möchtest du dann befreit werden?“

Für den Schüler war das ein Augenblick der Erleuchtung. Plötzlich wurde er frei.

Anthony de Mello, Eine Minute Weisheit

Das innere Gesetz

Wer sein Gesetz in sich selber hat,
der wandelt im Verborgenen.
Lob und Tadel lassen ihn kalt.
Wem das Gesetz von außen kommt,
der spannt seinen Willen auf das,
was nicht in seiner Gewalt steht.
Er trachtet danach,
seine Macht über Dinge auszudehnen.

Wer im Verborgenen lebt,
der hat sein Licht, das ihn führt.
Wer seine Macht vergrößern will,
ist nichts als eine Marionette.
Er glaubt, er übertreffe andere –
die sehen nur, wie er sich krampfhaft
aufreckt, um auf den Zehenspitzen zu stehen.

Wer anderes beherrschen will,
der wird im Nu von diesem anderen beherrscht,
und er verliert sein Ich:
Wer sich nicht selbst im Blick behält,
der schätzt andere nicht richtig ein,
und am Ende steht er verlassen da
und hat nichts mehr.

Kein Schwert zerstückt mehr als der Wille!
Kein Räuber ist so gefährlich
wie die Natur (Yang und Yin).
Aber nicht die Natur ist zerstörerisch:
Jegliche Zerstörung kommt aus dem Willen!

Thomas Merton, Sinfonie für einen Seevogel

Die eigenen Fehler kennen

In den Augen der Weisen ist ein Mensch, der mit dem Elefanten kämpfen möchte, nicht wirklich tapfer. Tapfer ist derjenige, der im Zorn nichts Ungehöriges sagt.

Ein Flegel ergoß Schmähungen über einen Menschen, worauf jener erwiderte: „O Mensch mit glanzvollen Aussichten: Ich bin sogar noch schlimmer, als Du sagst. Ich kenne alle meine Fehler, während Du sie nicht kennst."

Saadi von Schiras

Rumi und die Streitenden

Eines Tages ging Rumi durch die Straßen von Konya, als er zwei Männern begegnete, die einen heftigen Streit austrugen. Der eine schrie den anderen an: „Du kannst mich beschimpfen, soviel du willst; und du wirst sehen, daß du jedes Schimpfwort tausendfach zurückbekommst."

Daraufhin wandte sich Rumi an ihn: „Was du auch zu sagen hast, sage es mir, denn wieviel Schimpfworte du auch an mich richtest, du wirst keines zurückbekommen."

Tief beschämt versöhnten sich die Streitenden und schieden friedlich voneinander.

Türkische Derwischgeschichte

Verzerrte Wahrnehmung

Anhänglichkeit verzerrt unsere Wahrnehmung – ein Thema, dem sich der Meister in seinen Vorträgen immer wieder widmete. Eines Tages erhielten die Schüler darüber einen einleuchtenden Anschauungsunterricht, als sie zuhörten, wie der Meister eine Mutter fragte:

„Wie geht es deiner Tochter?"

„Ach, meine liebe Tochter! Sie hat wirklich Glück! Ihr Mann ist wunderbar. Er hat ihr ein Auto geschenkt, jeden Schmuck, den sie sich wünscht, auch mehrere Dienstmädchen angestellt. Er bringt ihr das Frühstück ans Bett, und sie steht nicht vor Mittag auf. Ein wirklicher Prinz von einem Mann!"

„Und wie geht's deinem Sohn?"

„Der arme Junge! Was für eine Plage von Frau hat er geheiratet. Er hat ihr ein großes Auto gekauft, jeden Schmuck, den sie sich wünscht, und obendrein ein Heer von Dienstmädchen angestellt. Und sie weiß nichts anderes zu tun, als bis Mittag im Bett zu liegen. Nicht einmal das Frühstück richtet sie ihm!"

Als der Meister einmal über die problematischen Bindungen zwischen Eltern und Kindern befragt wurde, erzählte er, wie er einmal in einem Einkaufsmarkt einer Frau begegnete, die einen Kinderwagen schob, in dem zwei kleine Jungen saßen.

„Was für zwei reizende Kinder Sie haben", sagte der Meister. „Wie alt sind sie denn?"

„Der Arzt", sagte die Frau, „ist drei Jahre und der Rechtsanwalt zwei."

Anthony de Mello, Eine Minute Unsinn

Erziehung

Alexander Neill liebte Khalil Gibran. Seinem Buch von der antiautoritären Erziehung sind diese Sätze vorangestellt:

Und eine Frau, die einen Säugling an der Brust hielt,
sagte: Sprich uns von den Kindern.
Und er sagte:
Eure Kinder sind nicht eure Kinder.
Sie sind die Söhne und Töchter der Sehnsucht des Lebens
nach sich selber.
Sie kommen durch euch, aber nicht von euch.
Und obwohl sie mit euch sind,
gehören sie euch doch nicht ...

So fremd er vielen noch ist, aber vielleicht hilft uns der Gedanke, daß dieser winzige Mensch zwischen meinen Beinen oder dort im Bettchen schon eine große Vergangenheit und eine noch größere Zukunft hat. Diese Kinder waren, sind, werden sein – mit uns oder ohne uns, gegen uns, trotz uns und weiter über das hinaus, was wir uns je vorstellen können. Sie bleiben.

Es kommt nicht auf den Moment an, auf die eine, schlimme Szene mit den Kindern. Die haben ein ganzes Leben vor sich. Die haben noch manche Chance. Viele Hände werden ihnen noch entgegengestreckt, und manche Türe geht ihnen erst auf, wenn sie dreißig, vierzig oder fünfzig sind. Wir müssen nicht alles leisten. Wir müssen nicht die ganze Verantwortung auf uns nehmen. Wir können durchatmen und den Riesenpacken abwerfen.

Die sich da so in den Haaren liegen, die ihre Pampers füllen, einfach nicht schön essen wollen, die da die elende Sortenverwandlung nicht kapieren, auch beim zwanzigsten Male nicht, die uns so nerven, so furchtbar aufregen mit ihrem Getue, die so mühsam sind, die an uns kleben und nicht in den Kindergarten und nicht zur Schule wollen, die einsam sind und noch den Daumen im Mund haben mit sieben Jahren, man stelle sich vor ...! Diese unsere Kinder da, denen wir so unperfekte Eltern sind, sie sind Geschöpfe des Lebens, der Natur, der Erde. Also viel mehr als nur unsere Kinder. Und sie haben ein ganzes, langes Leben vor sich. Viel, viel Zeit. Wir sind nicht ihr Schicksal. *Es kommt nicht alles nur auf die Kindheit an.* Wenn wir das begreifen, wenn wir also viel weiter und größer sehen und denken lernen, dann werden wir zur Gelassenheit finden. Auch im stressigen Alltag. Wir sollten viel mehr Vertrauen ins Leben, in die Seele haben. In unsere Kinder.

Renato Biscioni

Zutrauen

Nein-Sagen ist die abwehrende Schutzgeste des Unsicheren vor Überredung, vor Festlegung, vor Konsequenzen und Engagement. Ja-Sagen, Anerkennen-Können, Zustimmung verlockt zur Einsicht und eröffnet die Chance zur Freiwilligkeit.

Zustimmung vor allem anderen brauchen jungen Menschen, braucht das Kind, der Schüler, der bockende Sohn und der traurige Backfisch gerade dann, wenn sie widersprechen, damit sie Zeit bekommen zu lernen, was der Bedächtige, der Alte und der rhetorisch Geschulte längst wissen: Auseinandersetzen kann ich mich nur mit etwas, das ich genau kenne – und ich kenne nichts genau, was ich nicht auch von der anderen Seite her gesehen habe. Wenn wir erkennen wollen, was uns gegenübersteht, dann ist dies eine erste Bedingung dazu: Man muß einer Sache zustimmen, wenn man ihr entlocken will, was in ihr steckt.

Ja-Sagen als Bedingung der Kritik scheint nur ein Paradox. Sobald ein Sohn seinen entschiedenen Wunsch nennt, die Tochter ihr Ziel, besserwisserisch wie immer, durchsetzen will, der Schüler Meinung nach Meinung herausschmettert, wird ein „Nein“, eine noch so berechtigte Ablehnung, jede Klärung im Trotz ersticken. Das „Nein“ unterbindet weiteres Prüfen, ein „Ja“ kann die Ohren öffnen.

Antwortet einer Forderung, einem Wunsch, einer Anmaßung, einer verqueren Meinung Zustimmung, bleibt die Unterhaltung offen. Werden Argumente akzeptiert, vorläufig fremd anmutende Vorstellungen übernommen und in die angezielte Richung verlängert, dann sieht sich der Fordernde verstanden, der Behauptende ernst genommen, dann werden Nachdenken, eigenes Bedenken ins Rückfragen führen. Der Dialog kann beginnen . . .

Widerspruch reizt zum Widerstand, Zustimmung provoziert Zuhören.

Es ist ja so schwer, nicht recht zu haben. Aber eben das sollte der Ältere dem Jungen voraushaben: Gelassen das Richtige im probenden Protest, in der provozierenden Gegenhaltung herauszuhören, mit dem jungen Menschen zusammen das Gemeinte zu formulieren. Wer zustimmend mit bedenkt, wird helfen können, einen Gedanken des anderen zu Ende zu denken. Der andere – mein Partner, der Schüler, der Sohn, mein Kontrahent – muß verstehen, daß er verstanden wurde; er wird bereit werden, mit mir weiterzudenken. Ich muß nicht dem Gegenteil dessen zustimmen, was ich selbst denke – nur dem Menschen muß ich zustimmen, ihn verstehen, um mit ihm weiterzureden.

Zustimmung ist ein Vertrauensbeweis. Sie ist Bedingung von Kritik, die verändern will. Nur wer sicher sein kann, daß er verstanden wurde, wird bereit sein, zuzuhören und Argumente neu zu prüfen. Deswegen ermutigt Zustimmung auch zum Engagement. Unsere Fähigkeiten, unsere Fertigkeiten wachsen, werden um so wirksamer, je erwartungsvoller ihnen zugestimmt wird. Deswegen unterrichtet jeder Lehrer das am besten, was er am liebsten unterrichtet, erreicht der Schüler dort das Beste, wo er die meiste Anerkennung erfährt, folgt das Kind am liebsten, wo ihm zugestimmt wird. Zustimmung bewirkt Verpflichtung, zustimmendes Vertrauen in das rechte Wollen des anderen erwirkt dessen Selbstvertrauen. Zustimmende Freundlichkeit empfängt dieselbe zurück und kann sie an den Nächsten weitergeben. So kann Zustimmung Frieden schaffen.

„Großer Geist, gib, daß ich meinen Nachbarn nicht eher tadele, als bis ich eine Meile in seinen Mokassins gewandert bin."

Manfred Seidler, Abwarten und Tee trinken

Wie ein Papierkorb

Im Kreis der Schüler eines Zen-Meisters wurde heftig die Frage diskutiert, was ein Zen-Meister sei. Einer, der alles besser wisse? Einer, der das Leben kenne wie kaum sonst jemand? Einer, der die himmlischen Gesetze kenne? Oder einer, der Liebe sei? Ja, auch das, aber vor allem dies: Ein Zen-Meister ist wie ein liebevoller Papierkorb ...

Zen-Geschichte

Die Ungeduldigen

Gerade der Werdende will das Werdende nicht: er ist zu ungeduldig dafür. Der Jüngling will nicht warten, bis, nach langen Studien, Leiden und Entbehrungen, sein Gemälde von Menschen und Dingen voll werde: so nimmt er ein anderes, das fertig dasteht und ihm angeboten wird, auf Treu und Glauben an, als müsse es ihm die Linien und Farben *seines* Gemäldes vorweg geben, er wirft sich einem Philosophen, einem Dichter ans Herz und muß nun eine lange Zeit Frondienste tun und sich selber verleugnen. Vieles lernt er dabei: aber häufig vergißt ein Jüngling das Lernens- und Erkennenswerteste darüber: sich selber; er bleibt zeitlebens ein Parteigänger. Ach, es ist viel Langeweile zu überwinden, viel Schweiß nötig, bis man seine Farben, seinen Pinsel, seine Leinwand gefunden hat! – Und dann ist man noch lange nicht Meister seiner Lebenskunst – aber wenigstens Herr in der eigenen Werkstatt.

Friedrich Nietzsche

Geduld mit sich

Daß ein Mensch mit sich Geduld haben müsse, scheint mir eine Selbstverständlichkeit zu sein, die allerdings zu den Dingen gehört, die in Wirklichkeit nur schwer und meistens schlecht gelingen. Es mag Menschen geben, die meinen, mit sich keine Geduld haben zu müssen, weil sie gänzlich mit sich und dem, was sie tun, einverstanden sind. Aber wir werden hoffentlich das Glück dieser Einfältigen nicht beneiden. Wir sind wohl doch mit Recht – wo wir uns gegenüber ehrlich sind – Menschen, die mit sich noch nicht fertig geworden sind, die aber den Zustand eines völligen Einverständnisses mit sich selbst nicht auf Kommando, nicht durch einen psychologischen Trick oder etwas Ähnliches herstellen können, und darum – weil das völlige Einverständnis mit sich selbst nicht gegeben ist und doch dieser Friede nicht in unserer Macht steht – mit sich selber Geduld haben müssen. Der in uns, der wir tatsächlich sind, grüßt schmerzlich den, der wir sein wollen.

Wir lassen hier die Fragen beiseite, ob wir, wenn diese Differenz nicht wäre, noch Menschen wären, die im Werden sind und eine Zukunft vor sich haben, ob dieser Friede mit uns selbst nicht der Tod wäre, wie man diesen Frieden so denken könne, daß er als das ewige Leben und der ewige Friede erstrebenswert ist. Jedenfalls sind wir jetzt auf dem Weg und leben zwischen einer Vergangenheit und Zukunft, die uns beide, jede in ihrer Weise, entzogen sind. Wir haben nie all das beisammen, wovon wir doch leben müssen; wir sind immer die geschichtlich Bedingten, die gesellschaftlich manipulierten, die biologisch Bedrohten und wissen dies. Man kann das Wissen um diese Situation zu verdrängen suchen; man kann versuchen, das stumpf auf sich beruhen zu lassen, was man nicht ändern kann; man kann die wirklich erfreulichen Dinge des Lebens als Analgetikum gegen das unheimliche Unbefriedetsein unserer Existenz mißbrauchen, das Vordrängen dieser geheimen Friedlosigkeit als psychische Depressionen interpretieren, die man eben überstehen müsse oder durch Psychopharmaka der verschiedensten Art bekämpfen solle. Wenn man aber den Mut hat, dieses Unbefriedigtsein sich begegnen zu lassen, wenn man sie gelten läßt und annimmt, ohne sie als das bloße Material zu interpretieren, an dem der heroische Mensch heranwächst, oder ohne an ihr zu verzweifeln, dann hat man Geduld mit sich, man ist damit einverstanden, daß man das reine Einverständnis mit sich noch nicht gefunden hat.

Es wird viele Menschen geben, die *meinen*, sie hätten diese Geduld und sie sei das Selbstverständlichste. Aber bei genauerem Zusehen würden sie merken, daß sie nicht wirklich geduldig den Schmerz der eigenen Unbefriedetheit annehmen, unverklärt und ungehaßt, sondern in die Banalität des Alltags flüchten; daß sie nur behaupten, so sachlich und nüchtern zu sein, oder daß in ihnen letztlich eine uneingestandene Verzweiflung oder verzweifelte Resignation herrscht, und sie letztlich meinen, daß zu leben keinen Sinn habe, daß sie nicht die Geduld üben in der Anschauung der Fragwürdigkeit des Daseins, sondern sich üben, wegzuschauen und das Surrogat der Geduld zu gewinnen, mit der – wie sie meinen – sich auch leben läßt.

Der eigentlich Geduldige aber duldet wirklich seine Unbefriedetheit, nimmt sie an, läßt ihren Schmerz gelten, der wirklich Geduldige nimmt auch noch einmal mit Duldung hin, daß er nicht sicher *weiß*, ob er letztlich in Geduld diese Unbefriedetheit annimmt oder sich ihr doch versagt mit einer Attrappe von Geduld aus Banalität. Der Geduldige ist mit seiner Ungeduld geduldig, verzichtet so gelassen und fast heiter auf ein letztes Einverständnis mit sich selbst. Er weiß nicht, woher ihm diese Gelassenheit, in der er sich selber läßt, eigentlich zukommt, er hofft, daß er sie hat, ja er erlaubt sich sogar mit einer heiteren Zuversicht, die Analgetika des Ungeduldigen bei sich zuzulassen, weil sie gerade ihm gestattet sind, da er ihnen keine letzte Wirksamkeit zubilligt. Der Geduldige ist der Gelassene und so der Freie.

Karl Rahner, Über die Geduld

Ändere dich nicht

Jahrelang war ich neurotisch. Ich war ängstlich und depressiv und selbstsüchtig. Und jeder sagte mir immer wieder, ich sollte mich ändern. Und jeder sagte mir immer wieder, wie neurotisch ich sei.

Und sie waren mir zuwider, und ich pflichtete ihnen doch bei, und ich wollte mich ändern, aber ich brachte es nicht fertig, sosehr ich mich auch bemühte.

Was mich am meisten schmerzte, war, daß mein bester Freund mir auch immer wieder sagte, wie neurotisch ich sei. Auch er wiederholte immer wieder, ich sollte mich ändern.

Und auch ihm pflichtete ich bei, aber zuwider wurde er mir nicht, das brachte ich nicht fertig. Ich fühlte mich so machtlos und gefangen.

Dann sagte er mir eines Tages: „Ändere dich nicht. Bleib, wie du bist. Es ist wirklich nicht wichtig, ob du dich änderst oder nicht. Ich liebe dich so, wie du bist. So ist es nun einmal."

Diese Worte klangen wie Musik in meinen Ohren: ‚Ändere dich nicht, ändere dich nicht ... ich liebe dich.'

Und ich entspannte mich, und ich wurde lebendig, und Wunder über Wunder, ich änderte mich!

Jetzt weiß ich, daß ich mich nicht wirklich ändern konnte, bis ich jemanden fand, der mich liebte, ob ich mich nun änderte oder nicht.

Liebst du mich auf diese Weise, Gott?

Anthony de Mello, Warum der Vogel singt

Hingabe

Wir müssen loslassen lernen und uns in unseren Lebensgewohnheiten neu ausrichten. Wir müssen verstehen, daß es in diesem Leben um viel mehr geht als nur um Spaß und tausend Banalitäten. Jeder Mensch, jedes Tier, jede Pflanze ist Teil einer übergeordneten Ganzheit und unterwegs, schwimmend im großen Strom des Lebendigen. Unser Weg heißt Wandlung und Heilung im tiefsten Sinne. Der Mensch da, auf der Straße oder an meiner Seite, dieses Kind da, es ist „begabt mit der Kraft zur Ewigkeit" (Drewermann). Ahnen wir, daß hinter unserer tiefen Liebe zu unseren Kindern, zu den Lebens- und Arbeitspartnern, zu den Tieren und Pflanzen eine andere Liebe ist, die alles Werden und Sein umfaßt? Und zeigt uns nicht unsere tägliche Hingabe an Menschen oder Ideen, an Werke oder wichtige Aufgaben, daß es genau darauf ankommt: dem anderen zu dienen, seinem Wachstum, seinem Leben, seiner Freude? Denn wir sind mit allem verbunden, mein Weg mit jedem Weg, mein Glück mit jedem Glück, meine Not mit jeder Not, mein Leben und Werden mit jedem Leben und Werden.

Renato Biscioni, Die neue Gelassenheit

Das sanfte Gesetz

So wie es in der äußeren Natur ist, so ist es auch in der inneren, in der des menschlichen Geschlechtes. Ein ganzes Leben voll Gerechtigkeit, Einfachheit, Bezwingung seiner selbst, Verstandesgemäßigkeit, Wirksamkeit in seinem Kreise, Bewunderung des Schönen, verbunden mit einem heiteren gelassenen Sterben, halte ich für groß: mächtige Bewegungen des Gemütes, furchtbar einherrollenden Zorn, die Begier nach Rache, den entzündeten Geist, der nach Tätigkeit strebt, umreißt, ändert, zerstört und in der Erregung oft das eigene Leben hinwirft, halte ich nicht für größer, sondern für kleiner, da diese Dinge so gut nur Hervorbringungen einzelner und einseitiger Kräfte sind, wie Stürme, feuerspeiende Berge, Erdbeben. Wir wollen das sanfte Gesetz zu erblicken suchen, wodurch das menschliche Geschlecht geleitet wird.

Dieses Gesetz liegt überall, wo Menschen neben Menschen wohnen, und es zeigt sich, wenn Menschen gegen Menschen wirken. Es liegt in der Liebe der Ehegatten zu einander, in der Liebe der Eltern zu den Kindern, der Kinder zu den Eltern, in der Liebe der Geschwister, der Freunde zu einander, in der süßen Neigung beider Geschlechter, in der Arbeitsamkeit, wodurch wir erhalten werden, in der Tätigkeit, wodurch man für seinen Kreis, für die Ferne, für die Menschheit wirkt, und endlich in der Ordnung und Gestalt, womit ganze Gesellschaften und Staaten ihr Dasein umgeben und zum Abschlusse bringen.

Adalbert Stifter, Im Angesicht der Dinge

Liebe – Die Gnade der Selbstvergessenheit

Im Tagebuch eines Landpfarrers von *Bernanos* findet sich der schöne Satz: Es ist leichter, als man glaubt, sich zu hassen; die Gnade besteht darin, sich zu vergessen. Nun, wir dürfen diese Aussage variieren, und wir können dann sagen, was sich so mancher neurotische Mensch nicht oft genug vor Augen halten kann, nämlich: Viel wichtiger als sich zu *verachten* (Übergewissenhaftigkeit) oder sich zu *beachten* (Überbewußtheit) – viel wichtiger als dies wäre, sich endlich vollends zu *vergessen.* Nur daß es unsere Patienten dann nicht so machen dürften wie *Kant* – der einmal seinen diebischen Diener entlassen mußte, seinen Schmerz darüber aber nicht verwinden konnte und, um sich dazu zu zwingen, an eine Zimmerwand eine Tafel hängte mit der Aufschrift: „Mein Diener muß vergessen werden." So erging es ihm wie jenem Manne, dem man versprochen hatte, er könne aus Kupfer Gold machen, aber nur unter der Bedingung, daß er während der betreffenden alchimistischen Prozedur zehn Minuten hindurch an kein Chamäleon denke; woraufhin er auch schon an nichts anderes zu denken imstande war als an dieses seltsame Tier, an das er sein Lebtag nicht gedacht hatte.

So geht es nicht; sondern etwas ignorieren – also die geforderte Dereflexion leisten – kann ich nur, indem ich an diesem Etwas vorbei agiere, indem ich auf etwas anderes hin existiere. Und hier schlägt die Psychotherapie um in Logotherapie, in Existenzanalyse – deren Wesen in gewissem Sinne ja darin liegt, daß der Mensch ausgerichtet wird und hingeordnet auf den (jeweils erst analytisch zu erhellenden) konkreten Sinn seines persönlichen Daseins.

Der Mensch ist nicht da, um sich selbst zu beobachten und sich selbst zu bespiegeln; sondern er ist da, um sich auszuliefern, sich preiszugeben, erkennend und liebend sich hinzugeben. Aber letztlich und eigentlich läuft alles Erkennen und Lieben auf eines hinaus, und wie sehr dies geschieht, geht hervor aus dem einen Wort, das die alte hebräische Sprache für beides findet.

Es ist nicht die Aufgabe des Geistes, sich selbst zu beobachten und sich selbst zu bespiegeln. Zum Wesen des Menschen gehört das Hingeordnet- und Ausgerichtetsein, sei es auf etwas, sei es auf jemand, sei es auf ein Werk oder auf einen Menschen, auf eine Idee oder auf eine Person. Nur in dem Maße, in dem wir solcherart intentional sind, sind wir existentiell; nur in dem Maße, in dem der Mensch geistig bei etwas oder bei jemandem ist – nur im Maße solchen Beiseins ist der Mensch bei sich.

Viktor E. Frankl

9

Singe und geh deines Weges

Sich wandeln
und das Alter bejahen

Der Mensch

Empfangen und genähret
Vom Weibe wunderbar,
Kömmt er und sieht und höret
Und nimmt des Trugs nicht wahr;
Gelüstet und begehret
Und bringt sein Tränlein dar;
Verachtet und verehret,
Hat Freude und Gefahr;
Glaubt, zweifelt, wähnt und lehret,
Hält nichts und alles wahr;
Erbauet und zerstöret
Und quält sich immerdar;
Schläft, wachet, wächst und zehret;
Trägt braun und graues Haar.
Und alles dieses währet,
Wenns hoch kommt, achtzig Jahr.
Dann legt er sich zu seinen Vätern nieder,
Und er kömmt nimmer wieder.

Matthias Claudius

Regeln der Reifung

Der Ablöseprozeß findet während der ganzen Kindheit statt; es sind auch Wegmarken der Ablösung auszumachen, Einschnitte, an denen uns deutlich wird, daß sich die Qualität der Beziehung zu einem Kind verändert. Als solche Wegmarken erscheinen uns bestimmte Situationen: Ein Kind geht zum ersten Mal in die Spielgruppe – und schaut nicht mehr zur Bezugsperson zurück, die es gebracht hat; das Kind geht in den Kindergarten und verkündet, es wolle jetzt die Kindergartentante und nicht mehr die Mami heiraten. Auch Schuleintritt, Schulübertritte usw. sind alles unübersehbare Wegmarken der Ablösung. Dazwischen liegen viele Situationen, in denen es deutlich wird, daß das Kind uns nicht mehr so sehr braucht, wie es uns einmal gebraucht hat, vielleicht auch auf eine andere Weise braucht als zuvor: Es sind Situationen, die einen Verlust signalisieren, Situationen, die aber auch einen Gewinn anzeigen: Das Kind kann das Leben immer mehr auch selber gestalten, es wird eigenaktiver, und auch die Eltern werden wieder unabhängiger, werden frei für andere Lebensaufgaben.

Die Ablösephasen verlaufen in einer gewissen Regelhaftigkeit: Kinder stürmen in die Welt hinein, sie sind stolz auf ihre Selbständigkeit, übernehmen sich dabei manchmal auch ein wenig, werden etwas irritiert oder erschrecken sich, sie kommen zurück – man nennt das den Schritt der Wiederannäherung nach der Trennung. Bei der Wiederannäherung werden etwa schon recht unternehmungslustige Kinder wieder weinerlich, hängen am Rockzipfel von Mutter oder Vater und werden wieder ganz klein. Werden sie in dieser Phase liebevoll wieder aufgenommen, ohne entwertende Bemerkungen über den vermeintlichen Rückfall in eine frühere Phase, dann ereignet sich recht bald die sogenannte Wiederannäherungskrise: Die Verbindung, aus dem Schrecken heraus geknüpft, ist zu nah, läßt zu wenig Spielraum für die mögliche Autonomie. Das Kind wird quengelig, aggressiv und wird wieder selbständiger. Bei manchen Kindern kann man beobachten, daß das Maß der Selbständigkeit jetzt etwas korrigiert wird – auf ein verträglicheres Maß hin als beim ersten Aufbruch. Die neue Distanz und die neue Autonomie spielen sich ein, bis neue Entwicklungsschritte wieder einen neuen „Trennungsschub" einleiten.

Trennungen im Leben des Menschen – auch im Erwachsenenalter – verlaufen in diesen Rhythmen, wobei zur zunehmenden Entwicklung von Autonomie auch eine zunehmende Bezogenheit auf die Menschen, mit denen man zusammenlebt, erfolgen muß.

Um die Ablösephase in der Adoleszenz gut durchzustehen, ist es hilfreich, wenn die Ablösephasen auch schon vorher bemerkt und bestanden werden. Viele Probleme, die Erwachsene mit Kindern haben, haben damit zu tun, daß nicht wirklich von Phasen Abschied genommen werden kann, die vorbei sind.

Da sagt etwa ein Vater zu seinem fünfzehnjährigen Sohn: „Es war eine wunderbare Zeit, als du so mit zehn und elf an meinen Lippen gehangen hast, als ich richtig wichtig war für dich. Warum kann das nicht so bleiben, warum mußtest du in dieses schwierige Alter kommen!" Das Alter wäre für den Vater bedeutend weniger schwierig und dennoch noch schwierig genug, hätte er Abschied genommen von der Idee, daß die Beziehung zu seinem Sohn dieselbe bleiben müsse, die er zu ihm als dem zehn- oder elfjährigen gehabt hat.

Abschied nehmen will gelernt sein. Die Emotion, die uns hilft, Abschied zu nehmen, Verluste aufzuarbeiten, das ist die Trauer. Wenn wir etwas verlieren, das für uns einen großen Wert darstellt, dann erleben wir einen Verlust, wir sind traurig. Die Trauer ist die Emotion, die den Verlust ausdrückt, die uns aber auch hilft, den Verlust zu verarbeiten, wenn wir uns den verschiedenen Emotionen überlassen, die in dem „Trauern" sich verdichten.

Verena Kast, Loslassen und sich selber finden

Altersphilosophie

Jedem Alter des Menschen antwortet eine gewisse Philosophie. Das Kind erscheint als Realist; denn es findet sich so überzeugt von dem Dasein der Birnen und Äpfel als von dem seinigen. Der Jüngling, von inneren Leidenschaften bestürmt, muß auf sich selbst merken, sich vorfühlen: er wird zum Idealisten umgewandelt. Dagegen ein Skeptiker zu werden hat der Mann alle Ursache; er tut wohl zu zweifeln, ob das Mittel, das er zum Zwecke gewählt hat, auch das rechte sei. Vor dem Handeln, im Handeln hat er alle Ursache, den Verstand beweglich zu erhalten, damit er nicht nachher sich über eine falsche Wahl zu betrüben habe. Der Greis jedoch wird sich immer zum Mystizismus bekennen. Er sieht, daß so vieles vom Zufall abzuhängen scheint; das Unvernünftige gelingt, das Vernünftige schlägt fehl, Glück und Unglück stellen sich unerwartet ins gleiche; so ist es, so war es, und das hohe Alter beruhigt sich in dem, der da ist, der da war, und der da sein wird.

Johann Wolfgang von Goethe, Maximen und Reflexionen

Mit vierzig Jahren

Mit vierzig Jahren ist der Berg erstiegen,
Wir stehen still und schaun zurück,
Dort sehen wir der Kindheit stilles liegen
Und dort der Jugend lautes Glück.

Noch einmal schau, und dann gekräftigt weiter
Erhebe deinen Wanderstab!
Hindehnt ein Bergesrücken sich, ein breiter,
Und hier nicht, drüben geht's hinab.

Nicht atmend aufwärts brauchst du mehr zu steigen,
Die Ebene zieht von selbst dich fort;
Dann wird sie sich mit dir unmerklich neigen,
Und eh' du's denkst, bist du im Port.

Friedrich Rückert

Lebensmitte

Die Zeit der reiferen Lebensmitte birgt noch eine weitere Veränderung, die es zu nutzen gilt. Die vorangegangenen Jahrzehnte haben in der Regel den Mann und die Frau den vielfältigen Prüfungen des Schicksals unterzogen. Trennungen, der Tod Angehöriger, Krankheiten, unfreiwillige Ortswechsel, Kündigungen und ähnliche einschneidende Lebensereignisse im Umfeld sind durchlebt. Man hat gelernt, daß unter die Haut gehende schmerzliche Erfahrungen auch die Widerstandskraft erhöhen und daß man trotz oder gerade wegen der Narben an die eigene Robustheit und diejenige anderer Menschen glauben kann. So hat man sich seinen Platz im äußeren Leben erobert und eine gewisse Ruhe gefunden.

Diese Zeit bietet sich idealerweise dazu an, die Suche nach dem inneren Platz zu forcieren und der Frage nach dem Sinn des eigenen Daseins Raum zu geben. Über sich und die Welt zu reflektieren muß ja nicht krankmachendes Grübeln, deprimiertes Bilanzieren oder spinnertes Abheben bedeuten. Gerade für ein verständnisvolles Umgehen mit der persönlichen Lebenskarriere und für ein angemessenes Ausrichten der Kraft auf neue Ziele ist es unabdingbar, Selbsterkenntnis zu pflegen. Durch Hören, Sehen, Lesen, Reden und weitere Erfahrungskanäle sollte man sich erlauben, die Motive der eigenen Strebungen, die bisher eher unterdrückten Wünsche und Fähigkeiten aufzuspüren, um die folgenden Lebensstadien authentisch und im Einklang mit der eigenen Persönlichkeit zu gestalten. Dabei kommt uns die Tatsache entgegen, daß wir mit zunehmendem Alter eher innengeleitet sind, eine erhöhte Fähigkeit zur Innenschau besitzen und reflexiver denken. Wenn wir diese Entwicklung akzeptieren und für uns nutzen, steht uns ein wirkungsvolles Instrument gegen das Ausbrennen zur Verfügung.

Mehr als andere Phasen erscheint die Mitte des Lebens dazu geeignet, statt früheren Idealen nachzutrauern oder deprimiert und hypnotisiert auf das Ende zu starren, im Hier und Jetzt zu leben, also altersgemäß in der jeweiligen Gegenwart. Es ist die Zeit der Balance zwischen der stürmischen Jugend und dem weisen und gesetzten Alter. Im Hier und Jetzt zu leben und Erfahrungen zu machen, bedeutet, alle Gefühle, die uns in einer Lebensmitte-Krise anfallen, wahrzunehmen; sowohl die schönen als auch die häßlichen. Es gibt keine falschen oder schlechten Gefühle, lediglich einige, die uns oberflächlich betrachtet nicht in den Kram passen, weh tun oder die seit der Kindheit mit einem Lebe-Verbot belegt sind. Um zu lernen und sich weiter zu entwickeln, ist das Annehmen und Durchstehen auch finsterer Gedanken und Empfindungen notwendig.

Vielleicht erklärt all dies die Ereignisse von Umfragen, denen zufolge ältere sich im Vergleich mit jüngeren Menschen letztlich als glücklicher und zufriedener schildern.

Eckhart H. Müller, Ausgebrannt – Wege aus der Burnout-Krise

Das fünfzigste Jahr

Irgendwann lernen wir hoffentlich alle, im Wirrwarr der Möglichkeiten die Spreu vom Weizen zu trennen, indem wir alle unsere (Ernte-)Erträge hoch in die Luft werfen für den Scheideprozeß, den uns der Wind abnimmt.

Fürs fünfzigste Jahr bin ich mit wilden Plänen und runden Rosinen im Kopf angetreten. An ihrer Verwirklichung habe ich mit viel Spaß „gearbeitet" ... und mir klar werden lassen, daß Rosinen doch manchmal besser Rosinen bleiben!

In der Vielfalt der Möglichkeiten – Was will ich tun, was kann ich tun, was muß ich tun ...? – hat sich dank der absurden sozialpolitischen Diskussion, in der wir Alternden von allen vor allem belogen werden, damit wir nicht etwa auf unsere alten Tage noch ins Extreme abdriften, herauskristallisiert, wohin ich früher oder später meine Aktivität lenken will und muß. Ob ich es kann, weiß ich nicht, aber bis heute bin ich eigentlich immer an meinen Aufgaben gewachsen. Wer wird schon als Fachfrau geboren?

Über meinem chaotischen Schreibtisch hängt ein ebenso chaotisches Merkbrett. Daran gepinnt unter anderem ein Spruch von Horaz: „Wer die Stunde des rechten Lebens hinausschiebt, gleicht dem Bauern, der darauf wartet, daß der Fluß versiegt, bevor er ihn überquert."

Die rechte Stunde ist heute. Daß es beim Überqueren nasse Socken geben wird, ist klar. Aber die Füße werden mir im Flußwasser schon nicht abfallen. Wenn ich jetzt nicht langsam beginne, dann wird es spät. Bin ich erstmal fünfundsechzig, gehöre ich zu einer ungeliebten „Randgruppe" (selbst wenn dieser Rand dann stramme 20 Millionen ausmachen wird), von der man(n) nicht mehr allzuviel hören will – schlimm genug, daß es dann soviel unnütze Esser auf Kosten der Jüngeren geben wird. Bevor man über meine saubere Entsorgung nach meinem siebzigsten Lebensjahr nachdenken wird und diese ganz heimlich, still und leise (und mit staatlicher Anerkennung!) in die Wege leitet, will ich lieber vorher darüber laut reden und sagen: Glaubt ja nicht, daß wir unserem unrühmlichen Ende entgegendämmern ... Keine kampflose Kapitulation – schließlich bin ich bester Kriegsjahrgang!

Das einzige Problem, mit dem ich in den nächsten Jahren kämpfen werde, wird die tägliche Entscheidung zwischen dem not-wendigen (um die Not zu wenden!) Engagement und meiner mir angeborenen Faulheit sein. Nehme ich (auch) das als Aufgabe!

Nun habe ich noch fünfunddreißig Jahre (jedenfalls habe ich die „oben" bestellt). Das sollte erst mal reichen, gegebenenfalls gibt es Nachschlag wegen guter Führung.

Ich werde diese Zeit in Fünf-Jahres-Plänen aufteilen: Immer entsprechend den anstehenden Themen, den Erfordernissen und der eigenen psychophysischen Befindlichkeit.

Erster Fünf-Jahresplan: POWER!

Porgrammpunkt 1: „Wer sich nicht wehrt, lebt verkehrt!"

Programmpunkt 2: „Das Sein ist eine aus lauter Knoten bestehende Linie" (Hebbel).

Programmpunkt 3: „Irrtümer sind ironische Wegweiser zur Wahrheit" (Reitz).

Programmpunkt 4: „Der Widerspruch ist die Probe auf die Notwendigkeit" (Simone Weil).

Programmpunkt 5: „Müßiggang ist aller Laster Anfang ... und aller entscheidenden Fähigkeiten Ursprung, Prüfung und Lohn" (H. von Doderer).

Fünf Jahre zum Power-Machen, Knoten-Lösen, Irren, Widersprechen und Müßiggehen! Fünf Jahre zu aktivem Leben. Und dann wollen wir weitersehen ...

Was mir das Leben noch zu bieten hat? Alles!

Christine Swientek, Mal sehen, was das Leben noch zu bieten hat

Mit siebzig

Konfuzius sprach:
Mit fünfzehn wandte ich mich dem Lernen zu,
mit dreißig hatte ich festen Grund.
Mit vierzig hatte ich keine Zweifel.
Mit fünfzig kannte ich den Willen des Himmels.
Mit sechzig war ich bereit, auf ihn zu hören.
Mit siebzig konnte ich den Wünschen meines Herzens folgen,
ohne gegen das Rechte zu verstoßen.

Konfuzius

Mit fünfundsiebzig

Wenn einer 75 Jahre alt ist, kann es nicht fehlen, daß er mitunter an den Tod denkt. Mich läßt dieser Gedanke in völliger Ruhe, denn ich habe die feste Überzeugung, daß unser Geist ein Wesen ist ganz unzerstörbarer Natur; es ist ein fortwirkendes von Ewigkeit zu Ewigkeit.

Es ist der Sonne ähnlich, die aber eigentlich nie untergeht, sondern unaufhörlich fortleuchtet.

Johann Wolfgang von Goethe, Maximen und Reflexionen

Der Sinn des Lebens

Meine Lebensgeschichte ist die Geschichte eines Beinahe-zugrunde-Gehens, vom Kampf ums Überleben und dem Ringen um den Sinn des aufs neue geschenkten Lebens. Was ist der Sinn dieses von den Einschränkungen des Alters und einer unheilbaren Krankheit beeinträchtigten Lebens?

Die positive Bedeutung dieses Lebens kann nur gefunden werden, wenn die Einschränkungen und ihre Ursachen akzeptiert werden. Habe ich mein Älterwerden, mein Kranksein und die sich daraus ergebenden Einschränkungen akzeptiert? Der Ausgangspunkt für Bejahung liegt in dem Erkennen und Anerkennen des Unvermeidlichen. Ich muß zugeben, daß es sehr lange gedauert hat, bevor ich bereit und fähig war, das Älterwerden als unausweichliche Realität anzunehmen. Kein Mensch hat darum gebeten, leben zu dürfen: er wird einfach geboren. Während des Aufwachsens und des Erwachsenwerdens wird er mit sich selbst und seinem Leben als einer unentrinnbaren Realität konfrontiert, einschließlich Geschlecht, Charakter, Anlagen, Eltern, gesellschaftlicher Position und vieles mehr. Ein Mensch kann sich dagegen auflehnen, gleichgültig bleiben oder es verbittert hinnehmen. Er kann es jedoch auch als Aufgabe auffassen, daraus etwas Gutes und Sinnvolles zu machen. Angesichts der Einzelheiten, die das Leben bietet, sind vielfältige Ansätze möglich. Soweit ich das nachprüfen kann, habe ich mich in meinem Leben für die Möglichkeit entschieden, dieses Leben als Aufgabe anzusehen. Vor diesem Hintergrund habe ich versucht, das Älterwerden und Kranksein als Bestandteil der gesamten Lebensrealität zu bejahen. In dem Maße, wie der Bejahungsprozeß fortschritt, glückte es mir auch, mich besser mit den Einschränkungen abzufinden. Bejahung ist jedoch ein langwieriger und dynamischer Prozeß, der nicht in klar unterscheidbaren Phasen, sondern eher in einer Wellenlinie verläuft. Es dürfte deutlich sein, daß ich diesen Prozeß zwar noch nicht abgeschlossen habe, damit aber gut vorankomme.

Je bewußter ich „ja" sagen konnte, desto freier wurde der Weg für Fragen nach der eventuellen positiven Beurteilung des Geschehens. In den letzten Monaten habe ich eine sehr starke Wechselwirkung erlebt zwischen den Versuchen, wirkliche Bejahung zu erreichen, und der Suche nach dem Sinn meines zukünftigen Lebens. Als mir allmählich bewußt wurde, daß es noch ein sehr sinnvolles Leben werden könnte, fiel es mir auch viel leichter, zu Alter und Krankheit „ja" zu sagen.

Wenn jemand allzu eifrig nach dem Sinn seines Lebens sucht und in klaren Formulierungen festschreibt, was dieser zukünftig sein wird, so geht er das große Risiko ein, an seinem Ziel vorbeizuschießen. Denn das Leben verläuft meistens anders, als man es geplant hat. Ich wage es also, eine unvollständige Antwort in Worte zu fassen – so wie ich sie in diesem Moment vor Augen habe.

Der Sinn meines Lebens setzt voraus:

– daß ich aufhöre, zielgerichtet nach der positiven Bedeutung zu suchen und im voraus zu planen, welche Bedeutung mein Leben haben soll ...

– daß ich lerne, mich aufs neue über alles, was existiert, zu wundern: die Blumen, die Pflanzen und Bäume, die Vögel und die Menschen, denen ich begegne ...

– daß ich lerne, darauf zu achten und daran zu glauben, was das Leben an Möglichkeiten zur Sinngebung bietet ...

Der Sinn meines Lebens kann sein, daß ich noch ein wenig arbeiten kann; in der Weise, wie ich das vorher zu tun versuchte: anderen Menschen bei ihrer Suche nach dem Sinn ihres Lebens beizustehen ...

Der Sinn meines Lebens kann liegen

– in der Möglichkeit, andere lieben zu können, nicht nur, um ihnen bei ihren Problemen zu helfen, sondern einfach nur so ...

– in der Möglichkeit, daß andere mich lieben, nicht nur, um mir zu helfen, sondern einfach nur so ...

Vielleicht bin ich doch noch zu sehr damit beschäftigt, zu suchen und zu planen, und entferne mich deshalb zu weit von mir selbst. Vielleicht muß ich mich mit dem Vertrauen darauf begnügen, daß alles gut werden wird und daß der Sinn meines Lebens eigentlich in der Tatsache liegt, daß ich als Mensch und Geschöpf Gottes leben darf – einfach nur so ...

Paul Sporken, Mein Weg zurück ins Leben

Altersgrenze

Man darf dem Gedränge weder dadurch auszuweichen suchen, daß man sich in äußere Werke stürzt, noch dadurch, daß man sich viele neue Übungen der Frömmigkeit vornimmt, ohne zu wissen, ob man sie durchzuhalten vermag.

Sowohl das eine wie das andere kann an sich gut sein, aber für diesen Menschen in dieser Situation einen großen Schaden bedeuten. Versucht er auf die eine oder andere Weise auszuweichen, so gelingt es ihm doch nicht zur Ruhe zu kommen, sondern es befällt ihn eine neue Unruhe und Unsicherheit, die ihn nicht mehr losläßt. Außerdem versperrt er sich den Weg zur Übung viel größerer Werke, die er tun könnte, nachdem er jene tiefere Vereinigung mit Gott erlangt hat, zu der ihn die augenblickliche Not hinführen könnte und sollte.

Hier liegt besonders für den modernen Menschen die Gefahr, daß er meint, Gott im Nächsten und im Wirken besser finden zu können, und nicht beachtet, daß er viel mehr für seine Mitmenschen tun könnte, wenn er zuvor gerade das würde, was er *sein* sollte.

Aber allzu viele Menschen verpassen ihre Gelegenheit. Sie schaffen und schaffen ohne Unterlaß, aber darüber werden sie alt und überschreiten schließlich die Altersgrenze, die es – nach Tauler – auch für die „Einkehr" gibt. Wenn sie es aber dann noch versuchen, dann „sind sie alt und tut ihnen der Kopf weh, und sie können der Minne nicht mehr Genüge tun in ihren Werken und Stürmen" (Tauler).

Hugo M. Enomiya-Lassalle, Erleuchtung ist erst der Anfang

Über das Alter

Das Greisenalter ist eine Stufe unseres Lebens und hat wie alle andern Lebensstufen ein eigenes Gesicht, eine eigene Atmosphäre und Temperatur, eigene Freuden und Nöte. Wir Alten mit den weißen Haaren haben gleich allen unsern jüngeren Menschenbrüdern unsre Aufgabe, die unserm Dasein den Sinn gibt, und auch ein Todkranker und Sterbender, den in seinem Bett kaum noch ein Anruf aus der diesseitigen Welt zu erreichen vermag, hat seine Aufgabe, hat Wichtiges und Notwendiges zu erfüllen. Altsein ist eine ebenso schöne und heilige Aufgabe wie Jungsein, Sterbenlernen und Sterben ist eine ebenso wertvolle Funktion wie jede andre – vorausgesetzt, daß sie mit Ehrfurcht vor dem Sinn und der Heiligkeit alles Lebens vollzogen wird. Ein Alter, der das Altsein, die weißen Haare und die Todesnähe nur haßt und fürchtet, ist kein würdiger Vertreter seiner Lebensstufe, so wenig wie ein junger und kräftiger Mensch, der seinen Beruf und seine tägliche Arbeit haßt und sich ihnen zu entziehen sucht.

Kurz gesagt: um als Alter seinen Sinn zu erfüllen und seiner Aufgabe gerecht zu werden, muß man mit dem Alter und allem, was es mit sich bringt, einverstanden sein, man muß Ja dazu sagen. Ohne dieses Ja, ohne die Hingabe an das, was die Natur von uns fordert, geht uns der Wert und Sinn unserer Tage – wir mögen alt oder jung sein – verloren, und wir betrügen das Leben.

Jeder weiß, daß das Greisenalter Beschwerden bringt und daß an seinem Ende der Tod steht. Man muß Jahr um Jahr Opfer bringen und Verzichte leisten. Man muß seinen Sinnen und Kräften mißtrauen lernen. Der Weg, der vor kurzem noch ein kleines Spaziergängchen war, wird lang und mühsam, und eines Tages können wir ihn nicht mehr gehen. Auf die Speise, die wir zeitlebens so gern gegessen haben, müssen wir verzichten. Die körperlichen Freuden und Genüsse werden seltener und müssen immer teurer bezahlt werden. Und dann alle die Gebrechen und Krankheiten, das Schwachwerden der Sinne, das Erlahmen der Organe, die vielen Schmerzen, zumal in den oft so langen und bangen Nächten – all das ist nicht wegzuleugnen, es ist bittere Wirklichkeit. Aber ärmlich und traurig wäre es, sich einzig diesem Prozeß des Verfalls hinzugeben und nicht zu sehen, daß auch das Greisenalter sein Gutes, seine Vorzüge, seine Trostquellen und Freuden hat. Wenn zwei alte Leute einander treffen, sollten sie nicht bloß von der verfluchten Gicht, von den steifen Gliedern und der Atemnot beim Treppensteigen sprechen, sie sollten nicht bloß ihre Leiden und Ärgernisse austauschen, sondern auch ihre heiteren und tröstlichen Erlebnisse und Erfahrungen. Und deren gibt es viele.

Wenn ich an diese positive und schöne Seite im Leben der Alten erinnere und daran, daß wir Weißhaarigen auch Quellen der Kraft, der Geduld, der Freude kennen, die im Leben der Jungen keine Rolle spielen, dann steht es mir nicht zu, von den Tröstungen der Religion und Kirche zu sprechen. Dies ist Sache des

Priesters. Wohl aber kann ich einige von den Gaben, die das Alter uns schenkt, dankbar mit Namen nennen. Die mir teuerste dieser Gaben ist der Schatz an Bildern, die man nach einem langen Leben im Gedächtnis trägt und denen man sich mit dem Schwinden der Aktivität mit ganz anderer Teilnahme zuwendet als jemals zuvor. Menschengestalten und Menschengesichter, die seit sechzig und siebzig Jahren nicht mehr auf der Erde sind, leben in uns weiter, gehören uns, leisten uns Gesellschaft, blicken uns aus lebenden Augen an. Häuser, Gärten, Städte, die inzwischen verschwunden oder völlig verändert sind, sehen wir unversehrt wie einst, und ferne Gebirge und Meeresküsten, die wir vor Jahrzehnten auf Reisen gesehen, finden wir frisch und farbig in unserm Bilderbuche wieder. Das Schauen, das Betrachten, die Kontemplation wird immer mehr zu einer Gewohnheit und Übung, und unmerklich durchdringt die Stimmung und Haltung des Betrachtenden unser ganzes Verhalten. Von Wünschen, Träumen, Begierden, Leidenschaften gejagt sind wir, wie die Mehrzahl der Menschen, durch die Jahre und Jahrzehnte unsres Lebens gestürmt, ungeduldig, gespannt, erwartungsvoll, von Erfüllungen oder Enttäuschungen heftig erregt – und heute, im großen Bilderbuch unsres eigenen Lebens behutsam blätternd, wundern wir uns darüber, wie schön und gut es sein kann, jener Jagd und Hetze entronnen und in die vita contemplativa gelangt zu sein. Hier, in diesem Garten der Greise, blühen manche Blumen, an deren Pflege wir früher kaum gedacht haben. Da blüht die Blume der Geduld, ein edles Kraut, wir werden gelassener, nachsichtiger, und je geringer unser Verlangen nach Eingriff und Tat wird, desto größer wird unsre Fähigkeit, dem Leben der Natur und dem Leben der Mitmenschen zuzuschauen und zuzuhören, es ohne Kritik und mit immer neuem Erstaunen über seine Mannigfaltigkeit an uns vorüberziehen zu lassen, manchmal mit Teilnahme und stillem Bedauern, manchmal mit Lachen, mit heller Freude, mit Humor.

Neulich stand ich in meinem Garten, hatte ein Feuer brennen und speiste es mit Laub und dürren Zweigen. Da kam eine alte Frau, wohl gegen achtzig Jahre alt, an der Weißdornhecke vorbei, blieb stehen und sah mir zu. Ich grüßte, da lachte sie und sagte: „Sie haben ganz recht mit Ihrem Feuerchen. Man muß sich in unserm Alter so allmählich mit der Hölle anfreunden." Damit war die Tonart eines Gesprächs angeschlagen, in dem wir einander allerlei Leiden und Entbehrungen klagten, aber immer im Ton des Spaßes. Und am Ende unsrer Unterhaltung gestanden wir uns ein, daß wir trotz alledem ja eigentlich noch gar nicht so furchtbar alt seien und kaum als richtige Greise gelten könnten, solang in unsrem Dorf noch unsre Älteste, die Hundertjährige, lebe.

Wenn die ganz jungen Leute mit der Überlegenheit ihrer Kraft und ihrer Ahnungslosigkeit hinter uns her lachen und unsern beschwerlichen Gang, unsre paar weißen Haare und unsre sehnigen Hälse komisch finden, dann erinnern wir uns daran, wie wir einst, im Besitz der gleichen Kraft und Ahnungslosigkeit, ebenfalls gelächelt haben, und kommen uns nicht unterlegen und besiegt vor, sondern freuen uns darüber, daß wir dieser Lebensstufe entwachsen und ein klein wenig klüger und duldsamer geworden sind.

Hermann Hesse, Eigensinn

Gewisse Vorzüge

So viele körperliche Beschwerden aber auch das Alter überhaupt hat, so, daß man es eine Krankheit zu nennen kein Bedenken trug; so kann man ihm doch selbst in Absicht auf den Körper gewisse Vorzüge nicht absprechen und zuweilen wird, wie widersprechend es auch klingen möchte, das Alter selbst ein Verlängerungsmittel des Lebens. Zwar hat sich in ihm die Lebenskraft vermindert, aber durch die Langsamkeit aller Verrichtungen, durch die nachlassende Thätigkeit und Lebhaftigkeit, durch die Schwächung der äußern und innern Reize, durch die Ruhe, welche die Erfahrung und kälteres Blut gibt, wird auch die Verzehrung der Lebenskraft aufgehalten, und ein ganz geringer Vorrath derselben hält weit länger, als in frühen Jahren aus, weil er haushälterischer gebraucht wird. Durch diese Gleichförmigkeit und Ruhe in der innern Oekonomie wird der alte Körper selbst vor manchen Krankheiten geschützt, und man bemerkt sogar, daß Alte der Ansteckung weniger ausgesetzt sind, als Junge. Kommt noch eine dem alternden Körper angemeßne Pflege und Lebensart hinzu; wird die abnehmende Wärme der innern und äußern Theile durch schickliche Mittel, durch wärmere Zimmer und Kleider, durch laue Bäder ersetzt, das Ernährungsgeschäfte aber durch leicht verdauliche, kräftige Nahrung und alten Wein, dieser Milch des Alters, erleichtert; wird die mechanische Ordnung des Lebens in Absicht auf Essen, Trinken, Schlafen, mäßige Bewegung und Ruhe so wenig als möglich gestört; begünstigen die äußeren Umstände Sorgenfreiheit, Zufriedenheit, heitere Aussichten, und hat der Ehrengreis in der Achtung, die er genießt, in der dankbaren Verehrung der Seinigen, und im häuslichen Glücke Ursachen, sich eines verlängerten Lebens zu freuen: so ist es zum Erstaunen, wie lange das Lämpchen des Lebens, wenn auch blässer, doch wohlig fortbrennt, und sich oft, indem man glaubt, jetzt werde es ausgehen, wieder erholt, bis es endlich erlischt.

Daß ein wohlgebauter fester Körper und gesunde Organe, eine gehörige Pflege in den ersten Jugendjahren, gleich entfernt von zu früher Anstrengung und von Verzärtlung, daß eine mäßige einfache, frugale Lebensweise, Sorgenfreiheit, und zumal ein ruhiges, leidenschaftloses Gemüth viel zur Erreichung eines hohen Alters beitragen, sind Grundsätze, die sich aus der Zusammenstellung einer Menge von Greisen ohne Widerspruch ergeben.

Gottlob Tobias Wilhelm, Unterhaltungen über den Menschen

„Singe, und geh deines Weges!“

Junge Menschen sind zuweilen ganz von selber heiter und fröhlich. Das ist eine schöne Gabe der Natur, aber kaum eine besondere Tugend. Auch ist leider das Glück der jugendlichen Fröhlichkeit meistens recht unbeständig. Die frische, lebendige Natur hält, wie es scheint, den jungen Menschen das Lachen und das Weinen in einem Säcklein bereit.

Bei uns älteren Menschen ist das anders. Die naturhafte Fröhlichkeit blüht nicht mehr so leicht. Aber die naturhafte Trauer auch nicht. Die großen Kämpfe, die zur Jugend gehören, sind gekämpft, und die schwierigen Entscheidungen, die auch zu ihr gehören, sind längst getroffen, so oder so. In geistigen Dingen gibt es freilich weiter zu ringen, solange unser Geist wach bleibt. Aber diese geistigen Bemühungen entfalten sich im Ganzen von einer ruhigeren Basis aus.

Es sind viele Erfahrungen gemacht worden, sie haben sich auf eine seltsame Weise angesammelt im Herzen. Darum lassen wir uns nicht mehr so leicht täuschen vom vergänglichen Zauber des jeweils Aktuellen. Wir haben ja schon vieles dergleichen kommen und auch wieder gehen sehen. Wir haben mit der Zeit auch in einige Hintergründe der klar und einfach scheinenden Worte, die herumgereicht werden, blicken gelernt. Wir fallen also nicht mehr so leicht herein. Und so werden unsere Gedanken oft hintergründiger, vielleicht auch komplizierter und oft auch mißtrauischer als früher.

Manche Körner, die einst in den unruhigen Acker des Herzens geworfen wurden, durften aufgehen und wachsen und reifen und glänzen nun in der herbstlichen Sonne. Anderes freilich blieb auch liegen und kam nicht weiter. Aber auch darüber glänzt jetzt die herbstliche Sonne.

Die Welträtsel konnten wir nicht lösen, das wissen wir nun. Aber sie sind als Rätsel und bisweilen sogar als Geheimnisse deutlicher geworden, und wir können nun ruhiger mit ihnen leben, sie stören uns nicht mehr.

Im leiblichen Haushalt haben wir uns da und dort einschränken müssen. Und das Gedächtnis läßt uns manchmal im ungeschicktesten Moment im Stich. Wir wollen das nicht so recht wahr haben, und darum übernehmen wir uns bisweilen ein wenig. Wir sollten es nicht tun.

Viele uns nahestehende Menschen sind nicht mehr auf dieser unruhigen Welt. Wir haben viele Freunde unter den Toten. Es wird gut so sein. Aber wir sind doch dankbar, daß einige übrig geblieben sind.

Aber noch darf der Geist leben und blühen und sich tätig entfalten für eine gemessene Zeit. Noch dürfen wir, was sich an Gedanken und Erfahrungen angesammelt hat, vor anderen Menschen und für andere Menschen ausschenken wie einen erfrischenden Trank. Und wir können ihnen manchmal ein gutes Licht aufstecken. Es wird von anderer Farbe und Temperatur sein als die Feuer, die wir als junge Menschen abbrannten.

Und da kommt dann manchmal eine seltsame Leichtigkeit und Heiterkeit über uns, und wir wissen zunächst gar nicht woher. Es ist wie ein Geschenk aus unsichtbarer Hand, oder wie das helle Wehen des Flügels eines Engels. Wir sollten dieses Geschenk, das uns da zuwehte, gut aufnehmen, und wir sollten es hüten, daß es nicht wieder verletzt und ausgelöscht wird. Und wir sollten das unsere tun, es lebendig zu entfalten. Wir sollten schauen, daß das Licht dieser Heiterkeit, dem wir uns mutig und fröhlich zuwenden wollen, beständig werden und bleiben könne. Es kann ganz gut zusammenleben mit ein wenig Melancholie, die wohl auch dazu gehört. Dann glänzt es wie die Sonne in den Dünsten, und das ist dann manchmal besonders schön. Aber das Licht und wir mit ihm, wir müssen uns tapfer durchsetzen gegen jene Art von mürrischer und stumpfer Traurigkeit, die uns manchmal auch überkommen will. Darüber sollte das Licht der Heiterkeit siegen können. Diese Schatten sollten ganz vertrieben werden können.

Zu dieser Heiterkeit gehört es, daß manches leichter wird, was schwer erschien, und daß man manches leichter nehmen darf, was in seiner Erscheinung furchtbar wichtig tut. Wir wissen ja, wie schnell es vorübergehen wird. Wir haben gelernt, die vordergründigen Wichtigkeiten zu durchschauen. Und so können wir lächeln darüber.

Und was die Last und den Ernst der Welt angeht, ihre Probleme und ihre Schmerzen und ihren Streit, was ja alles immer noch zu uns gehört, so bleibt dies freilich ernst und bedrückend und ruft auch nach dem Ernst unseres Mitleidens und unseres Helfens. Aber dieser Ernst ist nun, in der Heiterkeit unserer Jahre, doch nicht mehr ganz in sich verschlossen und in sich verbohrt. Er ist vielmehr offen und frei, und so spürt er etwas Lichtes über all diesen Problemen und all diesem Schmerz und all diesem Streit. Und so wagt er es, der Ernst, auch angesichts dessen, was ihn so ernst stimmt, ein wenig zu lächeln. Das tut dem gebotenen Ernst keinen Eintrag. Aber es bewahrt ihn vor der finsteren Sturheit, öffnet ihn ins Freie, und macht ihn elastisch und gelenkig. Die Heiterkeit gibt ihm etwas wie eine helle Weisheit auf seinen Weg mit.

So kann in der Heiterkeit der älteren Menschen, wenn sie gelingt, alles leichter und besser werden, sowohl die Last des eigenen Leibes und Lebens wie auch die Last und die Trauer der Welt. Und sie erweist sich immer wieder als ein gutes Gegenmittel gegen alle Erstarrungen, nicht nur gegen die, die das Älterwerden manchmal mit sich bringt, sondern auch gegen die anderen und gefährlicheren, in denen die Menschen manchmal in ihrem Zorn oder in ihrer Trauer oder gar in ihrer Verzweiflung erstarren.

Mit von Liebe erwärmter Heiterkeit werden wir sogar unserer vielen toten Verwandten und Freunde immer wieder gedenken. Wir werden ihnen das stille Geheimnis ihrer Ruhe gönnen, in die schließlich aller Schmerz und aller Streit des Lebens sich auflöst. Und das ewige Licht, das uns so dunkel erscheint und das wir doch für sie erhoffen dürfen. So werden wir bisweilen heiter, liebend und besinnlich mit ihnen Umgang haben.

Die Liebe, die still und unaufdringlich, aber wach in der wahren Heiterkeit lebt, wird so alles und alle umfassen. Denn sie ist ja in ihrem Tiefsten und Höchsten ein Geschenk und ein Strahl aus jenem selber liebenden Geheimnis, das alles und alle umfaßt, und am meisten die, die am meisten mühselig und beladen sind.

Die gut gereifte, liebende Heiterkeit ist auch immer voll von Zuversicht und Hoffnung. Solche Haltungen wie Zuversicht und Hoffnung erblühen fast von selbst aus ihr. Versuchen wir nur einmal, auf gute, liebende Art fröhlich zu sein, dann werden wir schnell merken, daß das gar nicht geht ohne eine helle, hoffende Zuversicht ...

Die Hoffnung der Heiterkeit fällt, sofern sie ernst und gereift ist, auch nicht in den Leichtsinn, sich zu täuschen über die irdischen Möglichkeiten, die uns bleiben. Wir wissen ja schon: unsere Jahre gehen zur Neige. Noch sind zwar unsere Gedanken und Antriebe lebendig. Aber doch nicht mehr grenzenlos. Und wir wissen auch, daß die Beschwerden des Älterwerdens wachsen werden, kaum merklich vielleicht, aber stetig.

Und trotz alledem ist es uns bisweilen gegeben, heiter zu sein und in der Heiterkeit zuversichtlich. Und wir wollen auch den Mut aufbringen, dies wirklich zu erfassen. Dann werden wir sehen: für diese Art von Heiterkeit wiegt auch das Wachsen der Schatten und das Näherkommen dessen, was uns wie Nacht erscheint, nicht allzuschwer.

In diesem heiligen Leichtsinn der Altersheiterkeit lebt etwas Göttliches, und sie ist erfüllt von einer ihr eigentümlichen Frömmigkeit. Eine Frömmigkeit, die über Leiden und Dunkel und Tod hinwegblicken kann ins unsichtbare Licht. Von jenem Licht ist sie ein Strahl, und darum kann sie glänzen wie ein Stern am Abend.

Darum ist diese Heiterkeit, sofern sie echt ist, auch so etwas wie ein Engel. Und es ist, wie wenn er sagte: Fürchte Dich nicht! Mag kommen, was will, es wird aus Gottes Hand kommen und in Gottes Herz führen. Dort ist der verborgene Quell des Lichtes, das auch das Dunkle hell und heiter macht. Fürchte Dich nicht!

Augustin hat sie einmal in einer Predigt in einem guten und knappen Wort ausgesprochen: Canta et ambula – Singe, und geh deines Weges (Sermo 256,3.P.L. 38, 1193).

Bernhard Welte, Mut zur Tugend

10
Hinter dem Leiden wartet die Freude

Das Sterben
und den Tod verwandeln

Nichts als Verwandlung

Andere kennen ist weise.
Sich selbst erkennen ist Erleuchtung.
Andere beherrschen erfordert Kraft.
Sich selbst beherrschen fordert Stärke.

Wer weiß, wann er genug hat, ist reich.
Wer sich durchsetzen kann gegen andere, ist willensstark.
Doch wer ausharren kann bei sich selbst,
überdauert Zeitbegrenzung.

Für ihn ist Tod nichts andres als Verwandlung.

Lao-Tse, Jenseits des Nennbaren

Tschuang-tses Begräbnis

Als Tschuang-tse im Sterben lag, sagten seine Schüler: „Er bekommt ein großartiges Begräbnis."

Aber Tschuang-tse sagte: „Himmel und Erde werden mein Sarg sein. Sonne und Mond sind die Jadekugeln an meiner Seite. Sterne stehen wie Juwelen rings um mich herum, und alle Lebewesen halten mir die Totenwache. Was braucht es mehr? Ihr seht: für alles ist gesorgt."

Doch sie erwiderten: „Wir fürchten, daß Krähen und Milane unseren Meister fressen werden."

„Nun", meinte Tschuang-tse, „über der Erde werde ich von Krähen und Milanen, unter der Erde von Ameisen und Würmern aufgefressen. Warum habt ihr eine solche Vorliebe für Vögel?"

Thomas Merton, Sinfonie für einen Seevogel

Sich selbst retten

Hast du die Geschichte vernommen, die unser unvergleichlicher Meister des Pfades, Maulana Rumi, erzählt hat? Sie ist es, die ich hier anspreche:

Es war einmal ein Mann, der einige Stück Vieh besaß und gehört hatte, daß Moses die Sprache der Tiere verstand. Er brachte ihn dazu, sie ihm beizubringen.

Mit diesem Wissen ausgestattet hörte er nun seinen Tieren zu. Der Hahn erzählte dem Hund, daß das Pferd bald sterben würde, und der Mann konnte ihn verstehen. Alsbald verkaufte er das Pferd, um keinen Verlust zu erleiden. Einige Zeit später wandte er sein Wissen ein weiteres Mal an und bekam zu hören, wie der Hahn dem Hund vom nahen Tod des Esels berichtete. Und so konnte er den Esel verkaufen, bevor er einen Verlust hatte. Als nächstes sagte der Hahn, daß der Sklave des Mannes bald sterben müsse. Schadenfroh verkaufte der Mann seinen Sklaven, um Geld zu sparen. Er war sehr zufrieden mit sich und bildete sich ein, dies sei der Nutzen von Wissen: dem Menschen bei seinen alltäglichen Angelegenheiten zu Hilfe zu kommen. Jetzt jedoch bekam er vom Hund zu hören, wie er dem Hahn von seinem eigenen nahen Tod erzählte. In Panik lief er zu Moses, um sich Rat zu holen, was er nun tun solle.

Moses sagte: „Du kannst jetzt hingehen und dich selbst verkaufen!"

Beachtet diese Lehre: Das Wissen, wie man die Eigenschaften anderer erkennen kann, hilft dem Menschen nichts in bezug auf seine größte Sorge – sich selbst.

Anis Ahmad ibn El-Alawi

Karawanserei

Als Ibrahim ibn Adham Padischah in Chorasan in Ostpersien war, kam eines Tages der Murschid, der später sein Lehrer werden sollte, mit einer Kamelkarawane in seinen Serail.

Ibrahim ibn Adham ärgerte sich sehr, daß da jemand mit seinen Kamelen einfach in seinen Palast kam. Er fragte den Führer der Karawane: „Siehst du nicht, daß dies hier der Serail eines Herrschers und keine Karawanserei ist?"

Der Murschid erwiderte: „So? Ich dachte, dies sei eine Karawanserei."

Ibrahim sagte: „Nein!"

Daraufhin sagte der Murschid: „Ich glaube, dies ist doch eine Karawanserei. Da dein Vater, dein Großvater und deine Ahnen nicht mehr hier wohnen, habe ich das Gefühl, daß jeder hier einige Zeit wohnt und dann in eine andere Welt weiterreist. Auch du wirst eines Tages diese Reise antreten. Hast du deine Reisevorbereitungen schon getroffen?"

Der Padischah begriff die Lektion und verstand sofort, daß diese Welt in Wirklichkeit nichts weiter als eine Karawanserei ist. Er gab seine Stellung als Sultan der Menschen auf und wurde ein Sultan der Seelen.

Türkische Derwischgeschichte

Immer mit der Ruhe

Mit dem Sterben
und mit dem Obstpflücken
soll man sich nicht beeilen.

Japanisches Sprichwort

Die wahren Herren der Erde

Erinnerst du dich der alten skythischen Sitte, wenn das Haupt einer Familie starb? Wie er in seine schönsten Kleider gekleidet, in seinen Wagen gesetzt und nach den Häusern seiner Freunde gefahren wurde, wie sie ihn oben an ihre Tische setzten und in seiner Gegenwart ein Festmahl hielten?

Stelle dir das Anerbieten vor: Du sollst langsam sterben, dein Blut soll täglich kälter werden, dein Fleisch versteinern, dein Herz soll schließlich nur wie ein paar verrostete eiserne Klappen schlagen. Dein Leben soll von dir verschwinden ..., aber von Tag zu Tag soll dein Leib prächtiger gekleidet und in höhere Wagen gesetzt werden und mehr Orden auf der Brust haben ..., so viel von deiner Seele soll im Leib bleiben, daß er weiß, was sie tun, daß er die Last des goldenen Kleides auf seinen Schultern fühlt und den Druck des Kronrades auf seinem Schädel – nicht mehr. Würdest du das Anerbieten annehmen, wenn der Todesengel es dir in Worten machte? Meinst du, daß der Niedrigste unter uns es annehmen würde? Doch praktisch und wirklich ergreifen wir es, ergreift es jeder von uns in gewissem Maße, viele in seiner ganzen Schreckensfülle. Jeder nimmt es an, der im Leben voranzukommen wünscht, ohne zu wissen, was Leben ist, der meint, daß es sich darum handelt, mehr Pferde, mehr Diener, mehr Vermögen und mehr öffentliche Ehre zu erlangen – und nicht mehr persönliche Seele. Der nur kommt im Leben vorwärts, dessen Herz sanfter, dessen Blut wärmer, dessen Verstand schärfer wird und dessen Geist in den lebendigen Frieden eingeht. Die Menschen, welche dieses Leben in sich haben, sind die wahren Herren und Könige der Erde – sie und sie allein.

John Ruskin, Menschen untereinander

Aufmerksamkeit

Wie sollen wir leben im Anblick des Todes? Ein großer Zen-Meister erzählt dazu folgendes Gleichnis:

Einem Mann begegnete auf seinem Weg ein Tiger. Er floh, das wilde Tier verfolgte ihn. An einer Klippe ergriff er eine wilde Weinrebe und schwang sich über den Rand. Von oben fauchte die Bestie nach ihm. Voller Angst blickte der Mann tief hinunter und sah einen anderen Tiger, der nur darauf wartete, daß er ihn fressen konnte. Zwei Mäuse, eine weiße und eine schwarze, begannen, an der Weinranke zu nagen. Der Mann erblickte eine saftige Beere nahebei. Mit der einen Hand hielt er sich an der Ranke, mit der anderen pflückte er die Beere. Wie köstlich sie schmeckte!

Zen-Geschichte

Glückseligkeit

Diesen Augenblick höre ich eine Nachricht, die mich sehr niederschlägt; – um so mehr, als ich aus Ihrem Letzten vermuten konnte, daß Sie wirklich krank seien! – Wie sehnlich ich einer tröstenden Nachricht von Ihnen selbst entgegen sehe, brauche ich Ihnen doch wohl nicht zu sagen. – Und ich hoffe es auch gewiß. – Obwohl ich es mir zur Gewohnheit gemacht habe, mir immer in allen Dingen das Schlimmste vorzustellen. – Da der Tod (genau zu nehmen) der wahre Endzweck unseres Lebens ist, so habe ich mich seit ein paar Jahren mit diesem wahren, besten Freunde des Menschen so bekannt gemacht, daß sein Bild nicht alleine nichts Schreckendes mehr für mich hat, sondern recht viel Beruhigendes und Tröstendes! – Und ich danke meinem Gott, daß er mir das Glück gegönnt hat, mir die Gelegenheit (Sie verstehen mich) zu verschaffen, ihn als den Schlüssel zu unserer wahren Glückseligkeit kennen zu lernen. – Ich lege mich nie zu Bette, ohne zu bedenken, daß ich vielleicht (so jung als ich bin) den anderen Tag nicht mehr sein werde. – Und es wird doch kein Mensch von allen, die mich kennen, sagen können, daß ich im Umgange mürrisch oder traurig wäre. – Und für diese Glückseligkeit danke ich alle Tage meinem Schöpfer, und wünsche sie vom Herzen jedem meiner Mitmenschen.

Wolfgang Amadeus Mozart, Brief an seinen Vater, 1787

Merkwürdige Ruhe

Es war im Oktober; die schwach besetzten Kampfgräben versanken in Laub, der See brannte lautlos in Blau, die Hügel lagen wie große welke Kränze da; wie Grabkränze, dachte ich oft, ohne mich vor ihnen zu fürchten. Zögernd und verteilt floß das Tal um sie; aber jenseits des Striches, den wir besetzt hielten, entfloh es solcher süßen Zerstreutheit und fuhr wie ein Posaunenstoß, braun, breit und heroisch, in die feindliche Weite.

In der Nacht bezogen wir mitten darin eine vorgeschobene Stellung. Sie lag so offen im Tal, daß man uns von oben mit Steinwürfen erschlagen konnte; aber man röstete uns bloß an langsamem Artilleriefeuer. Immerhin, am Morgen nach so einer Nacht hatten alle einen sonderbaren Ausdruck, der sich erst nach einigen Stunden verlor: die Augen waren vergrößert, und die Köpfe auf den vielen Schultern richteten sich unregelmäßig auf wie ein niedergetretener Rasen. Trotzdem habe ich in jeder solchen Nacht oftmals den Kopf über den Grabenrand gehoben und ihn vorsichtig über die Schulter zurückgedreht wie ein Verliebter: da sah ich dann die Brentagruppe hell himmelblau, wie aus Glas steif getäfelt, in der Nacht stehen. Und gerade in diesen Nächten waren die Sterne groß und wie aus Goldpapier gestanzt und flimmerten fett wie aus Teig gebacken, und der Himmel war noch in der Nacht blau, und die dünne, mädchenhafte Mondsichel, ganz silbern oder ganz golden, lag auf dem Rücken mitten darin und schwamm in Entzücken. Du mußt trachten, dir vorzustellen, wie schön das war; so schön ist nichts im gesicherten Leben. Dann hielt ich es manchmal nicht aus und kroch vor Glück und Sehnsucht in der Nacht spazieren; bis zu den goldgrünen schwarzen Bäumen, zwischen denen ich mich aufrichtete wie eine kleine braungrüne Feder im Gefieder des ruhig sitzenden, scharfschnäbeligen Vogels Tod, der so zauberisch bunt und schwarz ist, wie du es nicht gesehen hast.

Tagsüber, in der Hauptstellung, konnte man dagegen geradezu spazierengehen. Auf solchen Plätzen, so man Zeit zum Nachdenken wie zum Erschrecken hat, lernt man die Gefahr erst kennen. Jeden Tag holt sie sich ihre Opfer, einen festen Wochendurchschnitt, soundsoviel vom Hundert, und schon die Generalstabsoffiziere der Division rechnen so unpersönlich damit wie eine Versicherungsgesellschaft. Übrigens man selbst auch. Man kennt instinktiv seine Chance und fühlt sich versichert, wenn auch nicht gerade unter günstigen Bedingungen. Das ist jene merkwürdige Ruhe, die man empfindet, wenn man dauernd im Feuerbereich lebt. Das muß ich vorausschicken, damit du dir nicht falsche Vorstellungen von meinem Zustand machst. Freilich kommt es vor, daß man sich plötzlich getrieben fühlt, nach einem bestimmten bekannten Gesicht zu suchen, das man noch vor einigen Tagen gesehen hat; aber es ist nicht mehr da. So ein Gesicht kann dann mehr erschüttern, als vernünftig ist, und lang in der Luft hängen wie ein Kerzenschimmer. Man hat also weniger Todesfurcht als sonst, aber ist allerhand Erregungen zugänglicher. Es ist so, als ob die Angst vor dem Ende, die offenbar immer wie ein Stein auf dem Menschen liegt, weggewälzt worden wäre, und nun blüht in der unbestimmten Nähe des Todes eine sonderbare innere Freiheit.

Über unsere ruhige Stellung kam einmal mitten in der Zeit ein feindlicher Flieger. Das geschah nicht oft, weil das Gebirge mit seinen schmalen Luftrinnen zwischen befestigten Kuppen hoch überflogen werden mußte. Wir standen gerade auf einem der Grabkränze, und im Nu war der Himmel mit den weißen Schrapnellwölkchen der Batterien betupft wie von einer behenden Puderquaste. Das sah lustig aus und fast lieblich. Dazu schien die Sonne durch die dreifarbigen Tragflächen des Flugzeuges, gerade als es hoch über unseren Köpfen fuhr, wie durch ein Kirchenfenster oder buntes Seidenpapier, und es hätte zu diesem Augenblick nur noch einer Musik von Mozart bedurft. Mir ging zwar der Gedanke durch den Kopf, daß wir wie eine Gruppe von Rennbesuchern beisammenstanden und ein gutes Ziel abgaben. Auch sagte einer von uns: Ihr solltet euch lieber decken! Aber es hatte offenbar keiner Lust, wie eine Feldmaus in ein Erdloch zu fahren. In diesem Augenblick hörte ich ein leises Klingen, das sich meinem hingerissen emporstarrenden Gesicht näherte. Natürlich kann es auch umgekehrt zugegangen sein, daß ich zuerst das Klingen hörte und dann erst das Nahen einer Gefahr begriff; aber im gleichen Augenblick wußte ich auch schon: es ist ein Fliegerpfeil! Das waren spitze Eisenstäbe, nicht dicker als ein Zimmermannsblei, welche damals die Flugzeuge aus der Höhe abwarfen; und trafen sie den Schädel, so kamen sie wohl erst bei den Fußsohlen wieder heraus, aber sie trafen eben nicht oft, und man hat sie bald wieder aufgegeben. Darum war das mein erster Fliegerpfeil; aber Bomben und Maschinengewehrschüsse hört man ganz anders, und ich wußte sofort, womit ich es zu tun hätte. Ich war gespannt, und im nächsten Augenblick hatte ich auch schon das sonderbare, nicht im Wahrscheinlichen begründete Empfinden: er trifft!

Und weißt du, wie das war? Nicht wie eine schreckliche Ahnung, sondern wie ein noch nie erwartetes Glück! Ich wunderte mich zuerst darüber, daß bloß ich das Klingen hören sollte. Dann dachte ich, daß der Laut wieder verschwinden werde. Aber er verschwand nicht. Er näherte sich mir, wenn auch sehr fern, und wurde perspektivisch größer. Ich sah vorsichtig die Gesichter an, aber niemand nahm ihn wahr. Und in diesem Augenblick, wo ich inne wurde, daß ich allein diesen feinen Gesang hörte, stieg ihm etwas aus mir entgegen: ein Lebensstrahl; ebenso unendlich wie der von oben kommende des Todes. Ich erfinde das nicht, ich suche es so einfach wie möglich zu beschreiben; ich habe die Überzeugung, daß ich mich physikalisch nüchtern ausgedrückt habe; freilich weiß ich, daß das bis zu einem Grad wie im Traum ist, wo man ganz klar zu sprechen wähnt, während die Worte außen wirr sind.

Das dauerte eine lange Zeit, während derer nur ich das Geschehen näher kommen hörte. Es war ein dünner, singender, einfacher hoher Laut, wie wenn der Rand eines Glases zum Tönen gebracht wird; aber es war etwas Unwirkliches daran; das hast du noch nie gehört, sage ich mir. Und dieser Laut war auf mich gerichtet; ich war in Verbindung mit diesem Laut und zweifelte nicht im geringsten daran, daß etwas Entscheidendes mit mir vor sich gehen wolle. Kein einziger Gedanke in mir war von der Art, die sich in den Augenblicken des Lebensabschiedes einstellen soll, sondern alles, was ich empfand, war in die Zukunft gerichtet; und ich muß einfach sagen, ich war sicher, in der nächsten Minute Gottes Nähe in der Nähe meines Körpers zu fühlen. Das ist immerhin nicht wenig bei einem Menschen, der seit seinem achten Jahr nicht an Gott geglaubt hat.

Inzwischen war der Laut von oben körperlicher geworden, er schwoll an und drohte. Ich hatte mich einigemal gefragt, ob ich warnen solle; aber mochte ich oder ein anderer getroffen werden, ich wollte es nicht tun! Vielleicht steckte eine verdammte Eitelkeit in dieser Einbildung, daß da, hoch oben über einem Kampffeld, eine Stimme für mich singe. Vielleicht ist Gott überhaupt nichts, als daß wir armen Schnorrer in der Enge unseres Daseins uns eitel brüsten, einen reichen Verwandten im Himmel zu haben. Ich weiß es nicht. Aber ohne Zweifel hatte nun die Luft auch für die anderen zu klingen begonnen; ich bemerkte, daß Flecken von Unruhe über ihre Gesichter huschten, und siehst du – auch keiner von ihnen ließ sich ein Wort entschlüpfen! Ich sah noch einmal diese Gesichter an: Burschen, denen nichts ferner lag als solche Gedanken, standen, ohne es zu wissen, wie eine Gruppe von Jüngern da, die eine Botschaft erwarten. Und plötzlich war das Singen zu einem irdischen Ton geworden, zehn Fuß, hundert Fuß über uns, und erstarb. Er, es war da. Mitten zwischen uns, aber mir zunächst, war etwas verstummt und von der Erde verschluckt worden, war zu einer unwirklichen Lautlosigkeit zerplatzt. Mein Herz schlug breit und ruhig; ich kann auch nicht den Bruchteil einer Sekunde erschrocken gewesen sein; es fehlte nicht das kleinste Zeitteilchen in meinem Leben. Aber das erste, was ich wieder wahrnahm, war, daß mich alle ansahen. Ich stand am gleichen Fleck, mein Leib aber war wild zur Seite gerissen worden und hatte eine tiefe, halbkreisförmige Verbeugung ausgeführt. Ich fühlte, daß ich aus einem Rausch erwache, und wußte nicht, wie lange ich fort gewesen war. Niemand sprach mich an; endlich sagte einer: ein Fliegerpfeil! und alle wollten ihn suchen, aber er stak metertief in der Erde. In diesem Augenblick überströmte mich ein heißes Dankgefühl, und ich glaube, daß ich am ganzen Körper errötete. Wenn einer da gesagt hätte, Gott sei in meinen Leib gefahren, ich hätte nicht gelacht. Ich hätte es aber auch nicht geglaubt. Nicht einmal, daß ich einen Splitter von ihm davontrug, hätte ich geglaubt. Und trotzdem, jedesmal, wenn ich mich daran erinnere, möchte ich etwas von dieser Art noch einmal deutlicher erleben.

Robert Musil, Die Amsel

Mein Gott AIDS

Ich muß das jetzt machen: die Bilanz in der Tiefe, die radikale Frage nach dem Ersten und Letzten meiner rätselhaften Wirklichkeit, die Faszination an den drei Worten „Mein Gott AIDS".

Und das habe ich gefunden:

Auch für mich gibt es den Zufall nicht. Ich glaube, daß hinter allen Dingen, die mir widerfahren sind, ein tieferer Sinn verborgen ist. Auch wenn ich die Bedeutung von persönlichen Schicksalsschlägen oder scheinbar oberflächlichen Ereignissen im Moment des Erlebens nicht verstehen und einordnen konnte, so glaube ich fest daran, daß alles – bis ins kleinste hinein – so kommen mußte. Alles fällt mir zu. Alles, was ich erlebe, ist Fügung, hat seine Bestimmung und Berechtigung, erfordert meine Stellungnahme und klare Position. Alles ist ein Anfang, ein Sprungbrett in persönliches Wachstum und Reife. Jede dieser glücklichen Momente und jede dieser ausweglosen Situationen fügt sich zu einem Ganzen und zuletzt doch Runden zusammen. Wie beim Zahnrad greift eines fortwährend in das andere. Und zusammen entsteht das, was wir sprichwörtlich den Lauf des Lebens nennen. Alles hat seine Bedeutung und vor allem: alles brauchte seine Zeit und den Augenblick, in dem er uns begegnen kann ...

In Anbetracht meiner gesamten Lebenssituation und allem, was ich daran zu kauen und zu grübeln habe – es ist die Auseinandersetzung mit meiner eigenen Endlichkeit –, habe ich einen nicht zu bändigenden Drang nach Spiritualität. Ich spüre an mir die immer stärker werdende Auseinandersetzung zwischen Körper und Geist. Je mehr sich AIDS an mir manifestiert, desto mehr drängen meine Gedanken nach außen. Mein tiefstes Inneres, meine Seele ist suchend nach dem, was so landläufig Glauben heißt. Als wollte meine Seele wissen, wo sie hingeht, dann, wenn sie sich von meinem Körper löst. Es ist das unablässige Suchen nach Sicherheit, Wissen und Sinn. Ich habe die Hoffnung, daß es mir gelingt, am Ende meines Lebens versehen zu sein mit göttlicher Gelassenheit. Ich möchte in Vertrauen loslassen können ...

Arm sind die Menschen, die ihre Unvollkommenheit erkennen und sich damit begnügen.

Reich sind die Menschen, die ihre Unvollkommenheit erkennen und sich bemühen, sie abzubauen.

Weise sind die Menschen, die ihre Unvollkommenheit abbauen und dahinter eine größere Ordnung erkennen. Ihnen ist es möglich, trotz aller Rückschläge und Enttäuschungen mit Gelassenheit und Liebe das Leben zu leben.

Vielleicht gelingt es mir, dieser Weisheit ein Stückchen näherzukommen.

Markus Commerçon, Mein Gott AIDS

Sterben ist dies

Sterben ist dies: Ein Kind kommt zu seiner Mutter und bittet sie, ihm eine Frucht, eine Süßigkeit oder sonst etwas Gutes zu geben, das die Mutter selbst gern gehabt hätte. Sie gibt es dem Kind und freut sich am Essen des Kindes. Das ist eine Art Tod. Sie freut sich im Leben über die Freude anderer. Wer sich über die Freude anderer freuen kann auch bei eigenem Verzicht, hat einen Schritt zum wahren Leben getan. Wenn es uns gefällt, einem anderen ein gutes Kleidungsstück zu schenken, das wir selbst gern getragen hätten, wenn wir daran Freude haben, dann sind wir beim ersten Schritt. Wenn wir uns an etwas Schönem so sehr freuen, daß wir es gern besitzen möchten, und dann diese Freude einem andern schenken und uns an seiner Erfahrung freuen, sind wir tot; das ist unser Tod; und doch sind wir lebendiger als der andere. Unser Leben wird viel weiter, tiefer, größer.

Hazrat Inayat Khan, Vom Glück der Harmonie

Kostbares Geschenk

Zunächst: es gibt nichts, was uns die Abwesenheit eines uns lieben Menschen ersetzen kann und man soll das auch gar nicht versuchen; man muß es einfach aushalten und durchhalten; das klingt zunächst sehr hart, aber es ist zugleich ein großer Trost; denn indem die Lücke wirklich unausgefüllt bleibt, bleibt man durch sie miteinander verbunden. Es ist verkehrt, wenn man sagt, Gott füllt die Lücke aus; er füllt sie gar nicht aus, sondern er hält sie vielmehr gerade unausgefüllt und hilft uns dadurch, unsere alte Gemeinschaft miteinander – wenn auch unter Schmerzen – zu bewahren. Ferner: je schöner und voller die Erinnerungen, desto schwerer die Trennung. Aber die Dankbarkeit verwandelt die Qual der Erinnerung in eine stille Freude. Man trägt das vergangene Schöne nicht wie einen Stachel, sondern wie ein kostbares Geschenk in sich. Man muß sich hüten, in den Erinnerungen zu wühlen, sich ihnen auszuliefern, wie man auch ein kostbares Geschenk nicht immerfort betrachtet, sondern nur zu besonderen Stunden und es sonst nur wie einen verborgenen Schatz, dessen man sich gewiß ist, besitzt; dann geht eine dauernde Freude und Kraft von dem Vergangenen aus.

Dietrich Bonhoeffer, Widerstand und Ergebung

Verlust und Gewinn

Wenn man das Leben tiefer betrachtet, erkennt man, daß es keinen Gewinn gibt, der nicht zugleich ein Verlust ist, und daß es keinen Verlust gibt, der nicht Gewinn wäre. Was auch immer der Mensch gewonnen hat, er hat auch etwas damit verloren, dessen er oft nicht gewahr wird; und manchmal, wenn er es weiß, nennt er es den Preis, wenn er es als einen geringeren Verlust betrachtet. Aber wenn er es nicht weiß, ist der Verlust groß; denn jeder Gewinn ist immer ein vergänglicher Gewinn, und die Zeit, die zu seiner Gewinnung notwendig war, ist ein Verlust, ein größerer Verlust im Vergleich zu dem Gewinn.

Der Verlust eines jeden vergänglichen Dinges ist ein Gewinn in den unvergänglichen Sphären; denn er weckt das Herz, das im Streben nach und in der Freude an dem Gewinn schläft. Wenn ein Mensch sein eigenes Leben und seine Ereignisse genau beobachtet, erkennt er, daß es keinen Verlust gibt, der zu bedauern wäre; daß unter dem Mantel eines jeden Verlustes ein größerer Gewinn verborgen war; und er stellt ebenfalls fest, daß mit jedem Gewinn ein Verlust verbunden war, und wenn dieser Gewinn mit dem Verlust verglichen wird, erweist sich der Verlust größer als der Gewinn.

Hazrat Inayat Khan, Vom Glück der Harmonie

Das größere Wunder

Es gibt wohl kaum einen Menschen auf dieser Welt, der völlig frei ist von Leiden, seien sie nun körperlicher oder geistiger Art. Für einige davon gibt es auf Erden keine Heilung. Kein Gebet kann das Wunder vollbringen, ein verlorenes Körperglied zu ersetzen. Aber es kann doch noch viel größere Wunder vollbringen, dir zu helfen, trotz dieses Verlustes in deinem Leben einen unbeschreiblichen Frieden zu erfahren; es kann dem Tod seinen Stachel rauben und dem Grab den Sieg am Ende unserer Lebensreise. Da der Tod früher oder später jeden ereilen wird – warum sollte man sich da über den Zeitpunkt Gedanken machen?

Mahatma Gandhi, Aus der Stille steigt die Kraft zum Kampf

Hinter dem Leiden wartet die Freude

Wir müssen annehmen, daß das Dunkle und Schwere zu dieser Welt und zu unserem Leben notwendig dazugehört, so wie es auch zu unserer Person gehört. Fritz Perls schreibt: „Wir haben alle eine krankhafte Angst vor Schmerz und Leiden ... Alles, was keinen Spaß macht oder unangenehm ist, muß vermieden werden. So rennen wir vor jeder Frustration, die schmerzhaft sein könnte, davon und versuchen, sie zu vermeiden. Das Resultat ist ein Mangel an Wachstum. Wenn ich über die Bereitschaft zur Auseinandersetzung mit dem Unangenehmen rede, meine ich natürlich nicht die Erziehung zum Masochismus. Ich rede über das Leiden, das zum Wachstum gehört." Als man einen Schamanen fragte, wie wir Menschen eine noch höhere Stufe der Spiritualität und Reife erreichen könnten, antwortete er: „Nur durch Leiden hindurch." Und so formulieren alle Weisen der Welt und alle ernst zu nehmenden Denkschulen. Wenn ich im folgenden einige Autoren dazu zitiere, so bin ich mir bewußt, daß trotz aller „Sinngebung" ein letztes Geheimnis gewahrt bleibt.

Im Chinesischen soll es für die Begriffe Krise und Chance nur ein Zeichen geben. C. G. Jung soll immer, wenn ihm ein Freund begeistert berichtete: „Ich bin gerade befördert worden!" geantwortet haben: „Das tut mir sehr leid; aber ich denke, wenn wir alle zusammenhalten, dann stehen wir das schon durch." Wenn ein Freund traurig und beschämt ankam und sagte: „Ich bin gerade gefeuert worden", meinte Jung: „Laß uns eine Flasche Wein aufmachen; das ist eine wunderbare Nachricht, jetzt wird etwas Schönes passieren."

Vielleicht hat er diese Weisheit aus dem Tao Te King. Dort finden wir im zweiundvierzigsten Spruch die berühmten Worte: „Ein starker Balken nimmt kein gutes Ende." Und weiter heißt es da:

Die abertausend Geschöpfe jedoch,
sie kehren dem Dunkel den Rücken
und umarmen das Licht:
Die Geisterkraft der Leere aber
macht daraus den Einklang.

Khalil Gibran kleidet die große Wahrheit in die folgenden Sätze:

Über den Schmerz

Euer Schmerz ist das Zerbrechen der Schale,
die euer Verstehen umschließt.
Wie der Kern die Frucht zerbrechen muß,

damit sein Herz die Sonne erblicken kann,
so müßt auch ihr den Schmerz erleben ...
Er ist der bittere Trank, mit dem der Arzt
in euch das kranke Ich heilt.
Daher traut dem Arzt und trinkt seine Arznei
schweigend und still.

Wir sehen nur das Negative in einem Verlust, in einer Krise. Oft wäre es besser, wir würden von einem Menschen, der in eine Krise geraten ist, denken, daß er damit gesegnet statt gestraft ist. Er ist mit einer Krise gesegnet. Der Trott wird aufgebrochen, die eingefahrene Spur verlassen. Wir spüren den Schmerz und sehen keinen Sinn. Wir leiden, und da ist kein Trost. Und dieses Leiden, gerade wenn es sich um unsere Kinder handelt, ist furchtbar. „Was kann es dafür?" „Warum muß es dies alles durchmachen?" „Ich möchte ihm helfen, es hat es so schwer." Oder gar: „Warum mußte dieses Kind sterben?" Da ist ein schneller Trostspruch nicht angebracht. Und doch: Wie oft schon habe ich selber erfahren, was aus einer scheinbaren Katastrophe noch wachsen kann. „Es gibt kein Licht ohne Schatten und keine seelische Ganzheit ohne Unvollkommenheit", schrieb Jung.

Ein Gewinn unserer Notzeiten ist sicher der: Sie machen uns einsam, und sie machen uns still. Wir steigen aus aus dem Gehetze. Der Übereifer und die Unruhe ist plötzlich zu Ende. Da stehen wir. Sprachlos. Allein.

Wir wären immer weiter gerannt, nun aber liegen wir oder sitzen wir und schauen zu Boden. Aufrecht und gestreckt gingen wir umher, den Kopf hoch oben. Da fängt unser Kind an zu stehlen, oder es stottert, oder es will nicht zur Schule, oder es kann nicht mehr allein sein. Es näßt wieder ein. Es findet monatelang kaum mehr Schlaf. Es gerät in eine Magersucht. Es bekommt einen Ausschlag, und kein Doktor kriegt ihn weg. Da stehen wir Erfolgsmenschen, getroffen, erschüttert wie kaum je in unserem Leben. Da hat man ein Haus, eine nette Frau, ein Geschäft, verbringt viel Zeit auf dem Tennisplatz und fährt im Sommer nach Südfrankreich. Alles normal, alles okay – und dann wird der Jüngste sehr krank. Es ist nicht die Grippe, es ist Krebs. Mit einem Schlag ist alles weg. Wir sind geschlagen. Unser Leben gerät in eine neue Bahn.

Leid macht uns einsam und nachdenklich. Es knickt uns. Es raubt uns die Worte und unsere Oberflächlichkeit. Es verändert unsere Agenda und unsere Prioritätenliste. Es macht uns ernst und passiv. Wir steigen hinab „in den Keller", „zur Asche". Wir sitzen lange am Fluß und schauen schweigend in die Wellen. Allmählich aber wächst etwas in uns, etwas ganz Neues. Wir hören das wispernde Laub, den einsamen Vogel, die dürren Äste unter unseren Füßen, wenn wir allein durch den Wald streifen. Wir begegnen zum ersten Mal einem Baum. Wir wenden uns der Schnecke im Gras zu. Wir sehen das Moos auf einem alten Baumstrunk, den wuchernden Efeu, den schwankenden Farn. Wir heben einen Stein auf, stecken ein Federchen in die Tasche. Wir beginnen tief zu atmen, und wir beginnen zu lieben.

Marie-Luise von Franz schreibt im „Goldenen Esel": „Das wispernde Schilf entspricht wie die Ameisen diesen winzig kleinen Hinweisen auf die Wahrheit, die wir vom Unbewußten erhalten. Die Wahrheit verkündet sich nicht mit lauter Stimme. Ihre leise und zarte Stimme meldet sich als ein Unwohlsein oder ein schlechtes Gewissen oder wie immer man es nennen will. Große Ruhe ist notwendig, um diese kleinen Winke zu spüren. Wenn das Unbewußte beginnt, laut zu sprechen und das Ich etwa mit Autounfällen oder ähnlichen Vorkommnissen zu drängen, dann steht die Situation schon sehr schlecht. Aber im Normalzustand flüstert es über Jahre, ehe der Donnerschlag durch Unfälle oder anderes erfolgt. Deshalb haben wir die Analyse, in der wir versuchen zu hören, was das Schilf sagt, ehe die Katastrophe kommt.“

Sich beugen, zu hören beginnen. Die Augen schließen. Warten, abwarten. Hinter dem Leid wartet die Freude. Unter der Schlacke und der Asche regt es sich. Das ist ein winziger Trieb, eine Glut, ein Flämmchen, das ist eine erste Knospe. Das Leben ist nicht umzukriegen. Lassen wir uns der Stille, der Einsamkeit. Gehen wir doch den Weg nach innen.

Renato Biscioni, Die neue Gelassenheit

Heiterkeit, güldene, komm!

Heiterkeit, güldene, komm!
Du des Todes heimlichster, süßester Vorgenuß!
Rings nur Welle und Spiel.
Was je schwer war,
sank in blaue Vergessenheit.
Wunsch und Hoffnung ertrank, glatt liegt Seele und Meer.
Silbern, leicht wie ein Fisch
schwimmt nun mein Nachen hinaus.

Friedrich Nietzsche, Dithyramben

Welle und Ozean

Stellen Sie sich den Ozean mit seinen unzähligen Wellen vor. Einerseits können wir erkennen, daß alle Wellen geboren werden und sterben, seien es kleine oder große, tiefe oder hohe. Wenn wir in ihr Wesen schauen, erkennen wir, daß die Wellen vergänglich sind und ohne Selbst. Wenn wir jedoch noch tiefer schauen, erkennen wir, daß die Wellen auch Wasser sind. In dem Augenblick, in dem die Welle erkennt, daß sie Wasser ist, verliert sie alle Angst vor Tod, Vergänglichkeit und Nicht-Selbst. Wasser ist gleichzeitig Welle und Nicht-Welle, Wellen aber sind immer nur Wasser. Merkmale wie groß oder klein, hoch oder niedrig, Anfang oder Ende kann man auf Wellen anwenden, das Wasser aber ist frei von solchen Unterscheidungen. Nirvana findet sich im Herzen des Lebens, das von Geburt und Tod gekennzeichnet ist. Aus diesem Grunde werden auch Sie, wenn Sie die Zuflucht aufrichtig üben, eines Tages erkennen, daß Sie frei sind von Geburt und Tod. Von allen Gefahren, die Sie bedroht haben, sind Sie tatsächlich frei. Wenn Sie das erkennen können, sind Sie in der Lage, ein Boot zu bauen und auf den Wogen von Geburt und Tod zu reiten, lächelnd wie ein Bodhisattva. Sie werden Geburt und Tod nicht mehr fürchten. Sie müssen diese Welt nicht mehr aufgeben und nach einem fernen Paradies suchen, um frei zu sein.

Thich Nhat Hanh, Die fünf Pfeiler der Weisheit

Von der Unsterblichkeit

Dauer, Zeit und Raum
sind wie Brandungsschaum,
der verweht, indes die Flut sich wendet –
Doch das kleinste Sein
schließt ein Wesen ein,
das von Anfang ist und niemals endet.

Der du dich besinnst,
ob du einst verrinnst,
gleich dem Sand und gleich den Regentropfen –

Denk, daß Meer und Land,
Wasser, Fels und Sand
steter sind als deines Herzens Klopfen.

Nur was in dir brennt,
was kein Wort benennt,
dauert über der Vernichtung Flammen.
Wärst du nicht geweiht
zur Unsterblichkeit –
bräch die Schöpfung in sich selbst zusammen.

Carl Zuckmayer, Gedichte

Unvorstellbar

Eins ums andere Mal wuchs ich wie das Gras;
Siebenhundert und siebzig Formen habe ich erfahren;
Ich starb der mineralischen Welt und wurde Pflanze;
Und der Pflanzenwelt starb ich und wurde zum Tier;
Ich starb als Tier und wurde Mensch.
Warum sollte ich das Verschwinden durch den Tod fürchten?
Das nächste Mal, wenn ich sterbe, werde ich Flügel
und Federn den Engeln gleich hervorbringen:
Höher als Engel werde ich danach schweben –
Was Du dir nicht vorstellen kannst. Das werde ich sein.

Hakim Sanai

Neue Geburt

Wenn so jedermann Abschied auf Erden gegeben ist, dann soll man sich allein zu Gott richten, wohin der Weg des Sterbens sich auch kehrt und uns führt.

Und hier beginnt die enge Pforte, der schmale Steig zum Leben. Darauf muß sich ein jeder getrost gefaßt machen. Denn er ist wohl sehr eng, er ist aber nicht lang.

Und es geht hier zu, wie wenn ein Kind aus der kleinen Wohnung in seiner Mutter Leib mit Gefahr und Ängsten geboren wird in diesen weiten Himmel und Erde, das ist unsere Welt; ebenso geht der Mensch durch die enge Pforte des Todes aus diesem Leben.

Und obwohl der Himmel und die Welt, darin wir jetzt leben, als groß und weit angesehen werden, so ist es doch alles gegen den zukünftigen Himmel so viel enger und kleiner, wie es der Mutter Leib gegen diesen Himmel ist.

Aber der enge Gang des Todes macht, daß uns dies Leben weit und jenes eng dünkt. Darum muß man das glauben und an der lieblichen Geburt eines Kindes lernen, wie Christus sagt: „Ein Weib, wenn es gebiert, so leidet es Angst. Wenn sie aber genesen ist, so gedenkt sie der Angst nimmer, dieweil ein Mensch geboren ist von ihr in die Welt." (Joh. 16, 21)

So muß man sich auch im Sterben auf die Angst gefaßt machen und wissen, daß danach ein großer Raum und Freude sein wird.

Martin Luther, Ein Sermon von der Bereitung zum Sterben, 1519

Ein Spott aus dem Tod ist worden

Als Luther eine infame Lügenschrift über sein angeblich gotteslästerliches Sterben und seine anschließende Höllenfahrt zu Gesicht kam, da quittierte der für tot Erklärte: Er, Martinus Luther, bezeugte den Empfang der Nachricht von seinem Tod und habe sie „fast gern und fröhlich gelesen", ja, er fühle sich dadurch „sanft auf der rechten Kniescheibe und an der linken Ferse" gekitzelt.

Auch während seiner letzten, durch einen Erbstreit der Mansfelder Grafen veranlaßten Reise in seine Geburtsstadt Eisleben, von der er nicht mehr lebend zurückkehren sollte, hat Luther nicht ohne Humor auf die Möglichkeit des eigenen Todes angespielt. Als er in der Begleitung seiner drei Söhne und seines Freundes Justus Jonas auf einem Kahn die reißendes Hochwasser führende Saale überquerte, spottete er angesichts der nicht ungefährlichen Situation: „Wäre das dem Teufel nicht ein fein Wohlgefallen, wenn ich, D. Martinus, mit drei Söhnen und Euch im Wasser ersöffe!" Und noch an seinem letzten Abend bemerkte Luther, er wolle nach Abschluß seiner Vermittlungstätigkeit hinziehen nach Wittenberg, sich dann in den Sarg legen „und den Würmern einen guten feisten Doktor zu verzehren geben".

Wenn es indessen ernst, existentiell ernst wurde, wenn der Tod ihm einen geliebten Menschen raubte, dann legte sich über das relativ entspannte Verhältnis zum Tod empfindlichste Betroffenheit. Als seine kaum acht Monate alt gewordene Tochter Elisabeth gestorben war, schrieb er an den Freund Nikolaus Hausmann: „Sie hat mir ein seltsam bekümmertes, beinahe weibliches Herz zurückgelassen, so sehr jammerte mich ihrer." Und als auch Freund Hausmann vom Tode ereilt wurde, da wagte man das Luther zunächst nicht einmal mitzuteilen, so sehr war man um ihn besorgt. Als ihm die traurige Nachricht dann doch eröffnet wurde, weinte er den ganzen Tag lang. Besonders traf ihn der Tod der geliebten Tochter Magdalena. Den ihn überfallenden Schmerz konnte, so klagte er, „nicht einmal Christi Tod ... so völlig, wie es sein sollte ... überwinden." Erst „durch eine Art von schnaubendem Zorn gegen den Tod" seien „die Tränen gestillt" worden.

✷

Schnaubender Zorn gegen den Tod – das war nicht nur ein Temperamentsausbruch. Das Zürnen gegen diesen letzten Feind im Recht. Es war begründet in der Gewißheit des Glaubens, daß „der Tod seine Strafe schon finden wird an jenem Tage". Hatte doch der Tod für die Glaubenden seinen Rechtsanspruch an den Menschen bereits verloren. War doch der Tod selbst – ein Kernsatz der Theologie Martin Luthers – am Kreuz Jesu Christi Rechtens, nämlich kraft göttlichen Rechtes zum Tode verurteilt worden.

Die nicht nur dem mehrfach aufgeklärten, remythisierten und wiederum aufgeklärten Menschen der Postmoderne, sondern auch dem alten Adam der antiken Welt befremdliche Rede vom selbst zum Tode verurteilten Tod rührt an das Herzstück der reformatorischen Theologie. Luther hat dieses Herzstück seiner Lehre in einem noch heute im Ostergottesdienst gesungenen Choral mit dichterischer Kraft als einen Kampf geschildert, in dem höchst paradox der – Gott selbst in das Todesgeschehen einbeziehende – Kreuzestod Jesu Christi den Tod, den wir sterben müssen, entmächtigt hat. Der Grundsatz antiker Erkenntnistheorie, daß Gleiches nur durch Gleiches erkannt wird, ist hier dahin radikalisiert worden, daß Gleiches nur durch Gleiches überwunden werden kann. Zunächst werden zwar so, wie es jedermann auch tun würde, der Tod und das Leben als zwei maximal entgegengesetzte Mächte gegeneinander aufgeboten:

„Das war ein wunderlicher Krieg,
da Tod und Leben rungen."

Und dann wird der Ausgang dieses Krieges erzählt, der aber selbst zunächst wiederum im Sinne der üblichen Entgegensetzung von Leben und Tod aufgefaßt wird:

„Das Leben behielt den Sieg,
es hat den Tod verschlungen."

Doch dann folgt im unmittelbaren Rückgriff auf die biblische Passionsgeschichte die so parodox anmutende Mitteilung:

„Die Schrift hat verkündet das,
wie ein Tod den andern fraß;
ein Spott aus dem Tod ist worden.
Halleluja."

Was hier in dichterischer Sprache und scheinbar mythologisch als die Geschichte vom Tode des Todes erzählt wird, hat Luther in der strengen Sprache begrifflicher Theologie mit einer durchweg antimythologischen und antimetaphysischen Spitze formuliert. Er hat nämlich den auch in der Theologie übermächtigen mythologischen und metaphysischen Gottesgedanken, demgemäß die Gottheit nichts werden, nicht leiden, nicht sterben kann, von Grund auf revolutioniert – durch den Glauben, daß Gott in der Person Jesu Christi Mensch geworden und gestorben, nämlich für uns gestorben ist. Die später gegen das Christentum in Geltung gebrachte Rede vom Tode Gottes hat hier ihren eigentlichen Ursprung, nämlich im Glauben an den gekreuzigten Gott, der unseren Tod mit uns teilen wollte, damit wir an seinem Leben teilhaben. In diesem Sinne kann Luther im selben Choral sagen, daß „Jesus Christus ... dem Tod ... all sein Recht und sein Gewalt" genommen hat. In diesem Sinne kann die christliche Gemeinde singen: „Ein Spott aus dem Tod ist worden. Halleluja."

Solcher Spott ist alles andere als eine Verharmlosung des Todes. Das Halleluja setzt sich über die tödliche Grausamkeit, die in dieser Welt herrscht, nicht hinweg. Luther kann sogar von der Erfahrung des „Terrors des Todes" reden, die der Christ macht. Und er kennt die Anfechtung, die dem Glaubenden gerade aus der Gewißheit entgegenspringt, daß es der verborgene Gott ist, der scheinbar unterschiedslos beides wirkt: unser Leben und unseren Tod. Und wenn Leben und Tod denselben Ursprung haben, dann entsteht in der Tat eine den Menschen terrorisierende Ungewißheit. Dann bleibt ungewiß, was Gott nun eigentlich will: unser Leben oder unseren Tod?

Diese den Sinn allen Lebens in Frage stellende Ungewißheit sieht Luther sich überall da realisieren, wo Gott in der Weltgeschichte zwar am Werke, aber eben verborgen am Werke ist. Wer er wirklich ist, verrät die Weltgeschichte nicht, verraten auch die angeblichen Schöpfungsordnungen nicht. Die politische Theologie der nationalsozialistischen „Deutschen Christen", die Gottes Willen im Willen des Führers identifizieren zu können meinten, hätte er ebenso als verderblichen Irrglauben verworfen wie die nicht weniger skurrile, aber auch nicht weniger verderbliche Meinung, Gott offenbare sich im Klassenkampf. Ganz zu schweigen von der überaus langweiligen Verbürgerlichung des Evangeliums, derzufolge die Realisierung des Himmelreichs mit moralischer Selbstverwirklichung beginnt.

Nein, Luther hörte nicht auf einzuschärfen, daß Gott sich in der Person Jesu Christi und nur in ihr offenbart. Im Tode dieser Person hat er sich als der Gott erwiesen, der eindeutig das Leben will: genauer das Leben des Menschen, dessen rücksichtslose Selbstverwirklichung die ganze Welt in den Schatten des Todes rückt.

Nach biblischem Verständnis tritt der Tod ja nicht erst mit dem biologischen Exitus ein. Er ist vielmehr schon überall da am Werke, wo die elementaren Lebensverhältnisse lädiert werden. Wo die Beziehung des Menschen zu seiner natürlichen und sozialen Umwelt zerstört wird, wo die Beziehung des Menschen zu sich selbst Schaden nimmt, und erst recht da, wo die rechte Gottesbeziehung des Menschen, wo menschliches Gottvertrauen zum Götzendienst pervertiert – da bereits beginnt die Herrschaft des Todes.

Der Tod ist also keineswegs nur ein gleichsam privates Ereignis. Luther hat ihn vielmehr als eine soziale, ja universale Größe verstanden, die ohne den Glauben an die göttliche Solidarität mit dem todverfallenen Menschen nicht nur über diesen, sondern über die ganze Welt triumphieren würde. Ohne diesen Glauben, lehrt der Wittenberger, „wäre die Welt nichts als Tod und Finsternis". Und er meint die tödliche Finsternis des Tohuwabohu, die chaotische Finsternis, der Gott „am Anfang" die Schöpfung sozusagen abgerungen hat. „Am Anfang schuf Gott Himmel und Erde, und die Erde war Tohuwabohu." Dieses Tohuwabohu, dieses Chaos, droht wieder über die Schöpfung hereinzubrechen, wenn der Sieg Gottes über den Tod keinen Glauben und keine diesem Glauben entsprechenden Taten findet. Luther weiß um die Wahrheit, die der alte Hymnus der St. Gallener Mönche eindrucksvoll zur Sprache gebracht hat: „Mitten wir im Leben sind mit dem Tod umfangen." Diese unbestreitbare Wahrheit hat Luther jedoch nur als eine vorletzte Wahrheit gelten lassen. Das Evangelium kehrt diese Wahrheit um und mutet auch dem Glaubenden zu, sie umzukehren. „Kehrs um: mitten im Tode sind wir vom Leben umfangen – so spricht, so glaubt der Christ."

Eifer um das Evangelium hat ihn allerdings auch am Sonntag vor seinem Tod noch auf die Kanzel getrieben. Es sollte seine letzte Predigt sein. Am Mittwoch danach ging es ihm schlecht. Vor dem Abendessen klagte er über Brustschmerzen, die sich aber nach Abreibungen mit warmen Tüchern wieder legten. Am gemeinsamen Nachtessen nahm er teil, weil, wie er sagte, Alleinsein keine Fröhlichkeit bringe. Über Tische – Luther aß und trank reichlich – äußerte er sich in gewohnter Weise gleichermaßen scherzend und ernsthaft. Unter anderem kam Luther auf sein – für die damalige Zeit – hohes Alter von 62 Jahren zu sprechen und bemerkte, die alten Menschen müßten deshalb so lange leben, damit sie „dem Teufel in den Hintern sehen", der sich in der zu Ende gehenden Welt noch einmal richtig austoben wolle und sich durchaus auch an seiner, Luthers, Person zu vergreifen suche. Als bestes Mittel dagegen empfahl Luther die Musik, vor der der Teufel genauso fliehe wie vor dem Wort der Theologie.

Bald nach seinem Abendgebet schläft Luther bis Viertel nach zehn ruhig auf einem Ledersofa. Als er aufwacht, geht er, ohne über Schmerzen zu klagen, zu Bett, das man ihm wie gewohnt vorgewärmt hat. Dabei betet er in lateinischer Sprache. Bevor er einschläft, fordert er die Anwesenden – wohl nicht ohne Ironie! – auf, „für unseren Herr-Gott und sein Evangelium zu beten, daß es ihm wohl gehe. Denn das Konzil zu Trient und der leidige Papst zürnen hart mit ihm." Um ein Uhr nachts erwacht er, verläßt das Bett und klagt über die heftigsten Brustschmerzen, vermutlich hervorgerufen durch einen Herzanfall, wie der medizinisch kundige und mit Luthers Krankheiten vertraute Melanchthon im nachhinein die Todesursache diagnostizierte.

Starke Schweißausbrüche deutet Luther selbst als kalten Todesschweiß. Er klagt: „Mir ist sehr wehe und angst." Man ruft nun Graf und Gräfin Mansfeld, die Ärzte und die Wirtschaftsleute herbei und versucht mit Arzneien und Belebungsmitteln zu helfen. Doch Luther weiß und sagt es: „Ich werde meinen Geist aufgeben, denn die Krankheit mehret sich." Der Sterbende dankt Gott, daß er ihm seinen lieben Sohn Jesus Christus offenbart hat, an den er geglaubt, den er gepredigt und öffentlich bekannt habe, während ihn der Papst und die Gottlosen schänden, verfolgen und lästern. Der Streit um das Evangelium verläßt den Reformator auch auf dem Sterbebett nicht.

Doch dann befiehlt er sein „Seelichen" dem Herrn Jesus Christus und tröstet sich selbst mit Worten aus dem Johannes-Evangelium (3,16) und aus den Psalmen, darunter Psalm 68,21: „Du, Gott, bist ein Herr mitten im Tode." Schließlich murmelt er, vermutlich den von ihm gedichteten Choral im Sinn: „Ich fahr' dahin", betet noch einmal sehr schnell dreimal hintereinander: „Vater, in Deine Hände befehle ich meinen Geist. Du hast mich erlöst, Herr, Du treuer Gott." Dann verstummt er.

Es ist kurz vor halb drei. Mit Hilfe von Aquavit, den man ihm unter die Nase und auf die Lippe streicht, ruft man den Sterbenden noch einmal zurück, um ihn zu fragen, ob er auf Christus und die Lehre, wie er, Luther, sie gepredigt habe, beständig bleiben und sterben wolle. Luther antwortet deutlich mit „Ja". Dieses „Ja" war sein letztes Wort. Eine Viertelstunde später, gegen Viertel vor drei, entschlief er.

Eberhard Jüngel

Stark wie ein Fels

Wir leben inmitten des Todes. Was nützt es, unseren eigenen Plänen zu folgen, wenn sie in der Kürze eines Augenblicks zunichte gemacht werden könnten, oder wenn wir dem allen rasch und völlig unerwartet entrissen werden? Doch dürfen wir uns stark fühlen wie ein Fels, wenn wir voll Vertrauen sprechen: Wir arbeiten für Gott und Seine Pläne. Dann wird alles so klar wie das helle Licht des Tages. Dann mißlingt uns nichts mehr. Dann ist alles Scheitern nur Schein. Tod und Zerstörung sind dann – aber nur dann – keine Wirklichkeit mehr. Denn Tod und Zerstörung sind dann nichts anderes mehr als eine Wandlung. Ein Künstler vernichtet sein Bild um eines besseren willen; ein Uhrmacher wirft eine schadhafte Sprungfeder fort, um eine neue, brauchbare einzusetzen.

Mahatma Gandhi, Aus der Stille steigt die Kraft zum Kampf

11

„Lobet den Gott Gelassenheit!“

Ausklänge

Mache Dich zum Herrn Deiner Angst

Vertraue Deiner Angst: sie kann Dich retten.
Mißtraue Deiner Angst: sie kann Dich vernichten.
Verwirf Deine Angst, wenn sie Dich blind einem entgegenwerfen will, den sie Dir als Feind vorstellt.
Verbiete der Furcht, sich bei Dir einzuschleichen unter dem Mantel der Angst.
Denn Furcht, sagt man, sei Angst ohne Grund.
Verbiete der Feigheit, sich bei Dir einzuschleichen unter dem Mantel der Angst.
Denn Feigheit, sagt man, sei Angst ohne Menschlichkeit.
Verbiete Deiner Angst, dreist zu hecken.
Denn eine Angst mag der Seele not sein.
Viele Ängste aber sind der Seele Tod.
Mache Dich zum Herrn Deiner Angst.
Dann gehört sie Dir an, ohne Dich zu verraten: erinnert Dich an Deine Gebrechlichkeit,
aber schützt sie statt sie zu nehmen.

Somnium Thesaurus

Eile zu leben

An vielen Menschen ist das Leben vorübergegangen, während sie noch die Ausrüstung für das Leben zusammensuchten. Mustere die einzelnen Menschen, betrachte sie alle miteinander: Da ist keiner, dessen Leben nicht aufs Morgen blickte. Was für ein Übel darin liege, fragst Du? Ein unendliches. Denn diese Menschen leben nicht, sondern wollen nur erst leben. Alles schieben sie auf. Selbst wenn wir alle Kräfte anspannten, liefe das Leben uns dennoch davon; so aber läuft es, während wir säumen, an uns vorüber, als wäre es ein fremdes und wird am letzten Tage beendet, an jedem verloren.

Fest steht ja doch das Lebensende für uns alle, wo die unerbittliche Schicksalsnotwendigkeit es vorbestimmt hat; doch keiner von uns weiß, wie nahe diesem Lebensende er sich bewegt.

Auf welche Weise können wir dieser Beunruhigung entfliehen? Auf eine einzige: wenn unser Leben nicht vorragt, wenn es sich in sich sammelt. Denn der hängt vom Zukünftigen ab, dem das Gegenwärtige nichts bedeutet. Sobald dagegen alles, was ich mir geschuldet habe, bezahlt ist, sobald der beruhigte Geist weiß, daß kein Unterschied ist zwischen einem Tag und einem Jahrhundert, gleichgültig, wie viele und was für Tage noch kommen mögen, blickt er von hoher Warte in die Zukunft hinaus und denkt mit viel Lächeln an die Abfolge der Zeiten. Denn wie kann Dich die Wechselhaftigkeit und Veränderlichkeit des Glückes beunruhigen, wenn Du selbst sicher bist gegenüber dem Unsicheren?

Darum eile, mein Lucilius, zu leben und sieh die einzelnen Tage als einzelne Leben an! Wer sich auf diese Weise gerüstet hat, wem sein Leben täglich ein Ganzes gewesen ist, der ist ohne Sorge. Den vielen jedoch, die ihren Zukunftshoffnungen entgegenleben, entgleitet immer gerade die nächste Zeit, und an ihre Stelle treten das ungeduldige Lebensverlangen und die jämmerlichste und alles Jämmerlichste zeugende Todesfurcht.

L. Annaeus Seneca, Briefe an Lucilius über Ethik

Vermächtnis

Gehe gelassen mitten durch Lärm und Hast dieser Zeit und sei Dir bewußt, was für ein Frieden in der Stille sein kann. Versuche mit allen Menschen soweit wie möglich gut auszukommen, jedoch ohne daß Du Dich selbst verrätst. Sage Deine Wahrheit ruhig und klar und höre den anderen zu, denn selbst auch die Törichten und Unwissenden haben ihre Argumente. Meide laute und aggressive Menschen; denn sie sind eine Verwirrung für Deinen Geist. Schaue nicht neidisch auf andere, sonst könntest Du eitel und bitter werden; denn da werden immer Menschen sein, die mehr oder weniger sind und haben als Du. Freue Dich darüber, was Du erreicht hast, ebenso über Deine Pläne. Bleibe an Deinem Fortkommen interessiert, bleibe aber bescheiden. Das Fortkommen ist ein wirklicher Besitz in dem wechselnden Glück der Zeit. Sei sorgfältig in Deinen Geschäftsangelegenheiten; denn die Welt ist voller Hinterhältigkeit, aber lasse Dich dadurch nicht blind machen für Menschen mit Tugenden. Viele Menschen kämpfen für hohe Ideale, und überall ist das Leben voller Heldentum. Sei Du selbst. Besonders täusche keine Zuneigung vor. Sei auch nicht zynisch über die Liebe; denn angesichts der Trockenheit und Enttäuschung des Lebens ist Liebe wichtig wie das grüne Gras. Nimm den Rat der Jahre freundlich auf und gib dankbar die Dinge der Jugend weiter. Die gewachsene Kraft des Geistes bewahrt Dich, wenn du plötzlich in Unglück gerätst, aber quäle Dich nicht mit Trugbildern. Viele Ängste werden durch Müdigkeit und Einsamkeit geboren. Neben einer guten Disziplin sei gütig zu Dir selbst. Du bist ein Kind des Universums, nicht weniger als die Bäume und Sterne. Du hast das Recht, da zu sein. Ob es Dir klar ist oder nicht, das Universum entwickelt sich ohne Zweifel so, wie es soll. Deshalb lebe in Frieden mit Gott, was immer Du denkst oder Du Dir vorstellst, wer er sei und was immer Deine Bestrebungen auch sind in dem lauten Durcheinander des Lebens. Halte Frieden mit Deiner Seele. Bei all der Belastung, dem Kampf und den zerbrochenen Träumen ist es doch eine wunderbare Welt. Sei sorgfältig. Versuche mit all Deiner Kraft glücklich zu sein.

Anonym

An meinen Sohn Johannes

Gold und Silber habe ich nicht;
was ich aber habe, gebe ich Dir.

Lieber Johannes!

Die Zeit kommt allgemach heran, daß ich den Weg gehen muß, den man nicht wieder kömmt. Ich kann Dich nicht mitnehmen; und lasse Dich in einer Welt zurück, wo guter Rat nicht überflüssig ist.

Niemand ist weise von Mutterleibe an; Zeit und Erfahrung lehren hier und fegen die Tenne.

Ich habe die Welt länger gesehen als Du.

Es ist nicht alles Gold, lieber Sohn, was glänzet, und ich habe manchen Stern vom Himmel fallen und manchen Stab, auf den man sich verließ, brechen sehen.

Darum will ich Dir einigen Rat geben und Dir sagen, was ich funden habe und was die Zeit mich gelehrt hat.

Es ist nichts groß, was nicht gut ist; und nichts wahr, was nicht bestehet.

Der Mensch ist hier nicht zu Hause, und er geht hier nicht von ungefähr in dem schlechten Rock umher. Denn siehe nur, alle andre Dinge hier mit und neben ihm sind und gehen dahin, ohne es zu wissen; der Mensch ist sich bewußt, und wie eine hohe bleibende Wand, an der die Schatten vorüber gehen. Alle Dinge mit und neben ihm gehen dahin, einer fremden Willkür und Macht unterworfen, er ist sich selbst anvertraut und trägt sein Leben in seiner Hand.

Und es ist nicht für ihn gleichgültig, ob er rechts oder links gehe.

Laß Dir nicht weismachen, daß er sich raten könne und selbst seinen Weg wisse.

Diese Welt ist für ihn zu wenig, und die unsichtbare sieht er nicht und kennet sie nicht.

Spare Dir denn vergebliche Mühe, und tue Dir kein Leid, und besinne Dich Dein.

Halte Dich zu gut, Böses zu tun.

Hänge Dein Herz an kein vergänglich Ding. Die Wahrheit richtet sich nicht nach uns, lieber Sohn, sondern wir müssen uns nach ihr richten.

Was Du sehen kannst, das siehe, und brauche Deine Augen, und über das Unsichtbare und Ewige halte Dich an Gottes Wort.

Bleibe der Religion Deiner Väter getreu und hasse die theologischen Kannengießer.

Scheue niemand so viel als Dich selbst. Inwendig in uns wohnet der Richter, der nicht trügt, und an dessen Stimme uns mehr gelegen ist als an dem Beifall der ganzen Welt und der Weisheit der Griechen und Egypter. Nimm es Dir vor, Sohn, nicht wider seine Stimme zu tun; und was Du sinnest und vorhast, schlage zuvor an Deine Stirne und frage ihn um Rat. Er spricht anfangs nur leise und stammelt wie ein unschuldiges Kind; doch wenn Du seine Unschuld ehrst, löset er gemach seine Zunge und wird Dir vernehmlicher sprechen.

Lerne gerne von andern, und wo von Weisheit, Menschenglück, Licht, Freiheit, Tugend etc. geredet wird, da höre fleißig zu. Doch traue nicht flugs und allerdings, denn die Wolken haben nicht alle Wasser, und es gibt mancherlei Weise. Sie meinen auch, daß sie die Sache hätten, wenn sie davon reden können und davon reden. Das ist aber nicht, Sohn. Man hat darum die Sache nicht, daß man davon reden kann und davon redet. Worte sind nur Worte, und wo sie so gar leicht und behende dahin fahren, da sei auf Deiner Hut, denn die Pferde, die den Wagen mit Gütern hinter sich haben, gehen langsameren Schrittes.

Erwarte nichts vom Treiben und den Treibern; und wo Geräusch auf der Gassen ist, da gehe fürbaß.

Wenn Dich jemand will Weisheit lehren, da siehe in sein Angesicht. Dünket er sich noch, und sei er noch so gelehrt und noch so berühmt, laß ihn und gehe seiner Kundschaft müßig. Was einer nicht hat, das kann er auch nicht geben. Und der ist nicht frei, der da will tun können, was er will, sondern der ist frei, der da wollen kann, was er tun soll. Und der ist nicht weise, der sich dünket, daß er wisse, sondern der ist weise, der seiner Unwissenheit inne geworden und durch die Sache des Dünkels genesen ist.

Was im Hirn ist, das ist im Hirn; und Existenz ist die erste aller Eigenschaften.

Wenn es Dir um Weisheit zu tun ist, so suche *sie* und nicht das Deine, und brich Deinen Willen und erwarte geduldig die Folgen.

Denke oft an heilige Dinge und sei gewiß, daß es nicht ohne Vorteil für Dich abgehe und der Sauerteig den ganzen Teig durchsäuere.

Verachte keine Religion, denn sie ist dem Geist gemeint, und Du weißt nicht, was unter unansehnlichen Bildern verborgen sein könne.

Es ist leicht zu verachten, Sohn; und verstehen ist viel besser.

Lehre nicht andre, bis Du selbst gelehrt bist.

Nimm Dich der Wahrheit an, wenn Du kannst, und laß Dich

gerne ihretwegen hassen; doch wisse, daß *Deine* Sache nicht die Sache der Wahrheit ist, und hüte, daß sie nicht in einander fließen, sonst hast Du Deinen Lohn dahin.

Tue das Gute für Dich hin, und bekümmre Dich nicht, was daraus werden wird.

Wolle nur einerlei, und das wolle von Herzen.

Sorge für Deinen Leib, doch nicht so, als wenn er Deine Seele wäre.

Gehorche der Obrigkeit, und laß die anderen über sie streiten.

Sei rechtschaffen gegen jedermann, doch vertraue Dich schwerlich.

Mische Dich nicht in fremde Dinge, aber die Deinigen tue mit Fleiß.

Schmeichle niemand, und laß Dir nicht schmeicheln.

Ehre einen jeden nach seinem Stande, und laß ihn sich schämen, wenn er's nicht verdient.

Werde niemand nichts schuldig; doch sei zuvorkommend, als ob sie alle Deine Gläubiger wären.

Wolle nicht immer großmütig sein, aber gerecht sei immer.

Mache niemand graue Haare, doch wenn Du Recht tust, hast Du um die Haare nicht zu sorgen.

Mißtraue der Gestikulation, und geberde Dich schlecht und recht.

Hilf und gib gerne, wenn Du hast, und dünke Dir darum nicht mehr; und wenn Du nicht hast, so habe den Trunk kalten Wassers zur Hand, und dünke Dir darum nicht weniger.

Tue keinem Mädchen Leides und denke, daß Deine Mutter auch ein Mädchen gewesen ist.

Sage nicht alles, was Du weißt, aber wisse immer, was Du sagest.

Hänge Dich an keinen Großen.

Sitze nicht, wo die Spötter sitzen, denn sie sind die elendesten unter allen Kreaturen.

Nicht die frömmelnden, aber die frommen Menschen achte und gehe ihnen nach. Ein Mensch, der wahre Gottesfurcht im Herzen hat, ist wie die Sonne, die da scheinet und wärmt, wenn sie auch nicht redet.

Tue was des Lohnes wert ist, und begehre keinen.

Wenn Du Not hast, so klage sie Dir und keinem anderen.

Habe immer etwas Gutes im Sinn.

Wenn ich gestorben bin, so drücke mir die Augen zu und beweine mich nicht.

Stehe Deiner Mutter bei und ehre sie so lange sie lebt, und begrabe sie neben mir.

Und sinne täglich nach über Tod und Leben, ob Du es finden möchtest, und habe einen freudigen Mut; und gehe nicht aus der Welt, ohne Deine Liebe und Ehrfurcht für den Stifter des Christentums durch irgendetwas öffentlich bezeugt zu haben.

Dein treuer Vater.

Matthias Claudius

Lied

Lasset den Himmel hoch oben
Und die Hölle in Ruh
Wollet die unerbittlichen Nächte loben
Den Leib und die abgelaufenen Schuh

Kommen die Nöte zuhauf
Nehmet den Mund voll Melancholie
Niemand steht für euch auf
Niemand und nie

Leget das Haupt in die Hand
Wenn ihr verletzt und verlassen seid
Lobet die Uhren aus Sand
Lobet den Gott Gelassenheit

Lasset den Wald und das Gras
öffentlich mit euch sprechen
Lobet den täglichen Spaß
Und das tägliche Kopfzerbrechen

Achtet das Brot und den Wein
Trachtet nicht nur nach Gewinn
Seht es weiß keiner von eurem Gebein
Woher und wohin

Strecket den Leib nach der Decke
Damit ihr so schnell nicht zu fassen seid
Lobet die Wurzel den Wurm und die Schnecke
Lobet den Gott Gelassenheit.

Hanns D. Hüsch, Das Schwere leicht gesagt

Quellenhinweise

1. Alle Flüsse fließen ins Meer

Prologe

Bhagavadgita, Der Weg: Die Bhagavadgita. In der Übertragung von Sri Aurobindo, Herder/Spektrum Band 4106, S. 116f., Rechte: Verlag Hinder + Deelmann, Gladenbach

Lao-Tse, Der Weise. Lao-Tse, Jenseits des Nennbaren. Sinnsprüche und Zeichnungen nach dem Tao Te King von Linde v. Keyserlingk, Verlag Herder, Freiburg 1981, S. 36ff.

Seneca, Trost: Seneca für Gestreßte, ausgewählt von Gerhard Fink. Verlag Artemis, Zürich 1993, S. 75f.

Hashim der Sidqi: Gewöhnung: Idries Shah, Lebe das wirkliche Glück. Das große Buch der Sufi-Weisheit. Aus dem Englischen von Thomas Poppe, Verlag Herder, Freiburg 1996 (in Vorbereitung, Herder/ Spektrum Band 4505) S. 234

2. „Ich habe keine Zeit zu hetzen"

Dem Geheimnis der Langsamkeit Raum geben

Lao-Tse, Verstehen, ohne zu reisen, a.a.O., S. 104

Seneca, Nirgends ist, wer überall ist: L. Annaeus Seneca, Briefe an Lucilius über Ethik, 1. Buch, lateinisch und deutsch. Übersetzt, erläutert und mit einem Nachwort herausgegeben von Franz Loretto, Verlag Philipp Reclam jun., Stuttgart, S. 8f.

Rainer Maria Rilke, Wir sind die Treibenden: Rainer Maria Rilke, Werke, hg. von Ernst Zinn, Band 1, Insel-Verlag, Frankfurt a.M. 1987, S. 745

John Rodden, Am Anfang war der Raum. Vorabdruck aus einem bei Herder/Spektrum geplanten Buch: „Nahe am Knochen ist das Leben am süßesten". Rechte beim Autor

Thomas Merton, Ein Ort der Zufriedenheit: ders., Zeiten der Stille, ausgewählt, herausgegeben und erläutert von Bernardin Schellenberger, Herder/Spektrum Band 4107, Freiburg 1992, S. 27.

Eknath Easwaran, Verlangsamen: ders., So öffnet sich das Leben. Acht Schritte der Meditation, Herder, Freiburg 1991, S. 88ff

Tschuang-Tse, Der Mann und sein Schatten: Thomas Merton, Sinfonie für einen Seevogel und andere Geschichten des Tschuang-Tse, Herder/Spektrum, Freiburg 1996, Rechte Verlag Patmos

Al Ghasali, Geschwindigkeit: Idries Shah, a.a.O. S. 53

Indisch, Bis die Seele nachkommt: zit. bei Heinrich Pera, Sterbende verstehen. Ein praktischer Leitfaden zur Sterbebegleitung, Verlag Herder, Freiburg 1995, S. 85

Afrikanisch, Zeichen auf dem Weg: zit. bei Heinrich Pera, a.a.O. S. 85f.

Gottfried Benn, Reisen: ders., Sämtliche Werke. Stuttgarter Ausgabe. In Verbindung mit Ilse Benn hg. von Gerhard Schuster, Band I: Gedichte 1, Verlag Klett-Cotta, Stuttgart 1986.

Heinz Piontek, Unverhofft: Heinz Piontek, Helldunkel. Gedichte, Verlag Herder, Freiburg 1987, S. 73

Jüdisches Gebetbuch, Segenssprüche in der Natur: Jakob. J. Petuchowski, Gottesdienst des Herzens. Eine Auswahl aus dem Gebetsschatz des Judentums, Verlag Herder, Freiburg 1981, S. 65

John Rodden, Zu Fuß: Aus dem für Herder/Spektrum in Vorbereitung befindlichen Buch „Nahe am Knochen ist das Leben am süßesten", Rechte beim Autor.

Anthony de Mello: Stehenbleiben, in: ders., Eine Minute Unsinn. Weisheitsgeschichten, Herder/Spektrum Band 4379, S. 143.

Thich Nhat Hanh, Gehmeditation: ders., Zeiten der Achtsamkeit. Herausgegeben von Judith Bossert und Adelheid Meutes-Wilsing, Herder/

Spektrum Band 4492, Freiburg 1996, Rechte: Verlag Zenklausen in der Eifel.

Thich Nhat Hanh, Froschlosigkeit: Aus dem Amerikanischen von Kirsten Okun, aus: Call me by my true names. The Collected Poems of Thich Nhat Hanh, Berkeley 1993, © beim Autor

3. Wem Zeit wie Ewigkeit ...

Sich Zeit lassen und Zeit nehmen

Michael Ende, Spare Zeit!: Michael Ende, Momo oder Die seltsame Geschichte von den Zeit-Dieben und von dem Kind, das den Menschen die gestohlene Zeit zurückbrachte. Ein Märchenroman, K. Thienemanns Verlag, Stuttgart 1973, S. 70–72.

Seneca, Bewahre die Zeit: L. Annaeus Seneca, Briefe an Lucilius über Ethik, 1. Buch, lateinisch und deutsch. Übersetzt, erläutert und mit einem Nachwort herausgegeben von Franz Loretto, Verlag Philipp Reclam, Stuttgart, S. 6 f.

Otto Betz, Die diktatorische Uhr: Otto Betz, Jeder Tag neu geschenkt. Vom Umgang mit der Zeit, Freiburg 1989, S. 28 ff. Rechte: Verlag Echter

Henry David Thoreau, Die Zeit ist nur ein Strom, in dem ich fische: Henry David Thoreau, Leben aus den Wurzeln, Herder/Spektrum Band 4507, Freiburg 1996, S. 30 ff.

Willy Kramp, Warten lernen, aus: Beate Both, Schön zu leben, obwohl vieles dagegen spricht, Kiefel-Verlag Wuppertal 1981, S. 32.

Hugo M. Enomiya-Lassalle, Zeitfreiheit: ders., Erleuchtung ist erst der Anfang, Herder/Spektrum Band 4048, Freiburg 1991, S. 79

Su Shi, Erinnerung: Su Shi, Sich an die alten Tage in Mianchi erinnernd, in: Literaturkalender 1992, Aufbau-Verlag Berlin.

4. Das Herz nicht an die Dinge hängen

Sein statt Haben

Hazrat Inayat Khan, Die Schale des Verlangens: ders., Vom Glück der Harmonie. Ausgewählt, übersetzt und eingeleitet von Karima Sen Gupta, Herderbücherei, Freiburg 1979, S. 66 f.,

Attar von Nischapur, Auch das wird vergehen: Idries Shah, a. a. O. S. 68

Anthony de Mello, Geld oder Leben!: ders., Eine Minute Unsinn. Weisheitsgeschichten, Herder/Spektrum Band 4379, S. 167. 86.

Attar von Nischapur, Der Geizhals und der Engel des Todes: Idries Shah, a. a. O. S. 65.

Anthony de Mello, Wenn Gott lacht: ders., Wer bringt das Pferd zum Fliegen? Weisheitsgeschichten, Herder/Spektrum Band 4304, S.0.94 f.

Anthony de Mello, Schlaflos: ders., Eine Minute Unsinn. Weisheitsgeschichten, Herder/Spektrum Band 4379, a. a. O. S. 131

Mohammed, Zerstörerisch: aus Idries Shah, a. a. O. S. 202

Saadi von Schiras, Ehrgeiz: ebda. S. 84

Al Ghasali, Gewinn und Verlust: ebda. S. 54

Dhun Nun, Geld: ebda. S. 168

Saadi von Schiras, Der Dieb und die Decke: ebda. S. 78

Annemarie Schimmel, Nichts haben, alles besitzen: dies., Wie universal ist die Mystik? Die Seelenreise in den großen Religionen der Welt, Herder/Spektrum Band 4484, Freiburg 1996

Idries Shah, Der reiche Jüngling: ders., Die Hautprobe. Anleitung zum Sufipfad, Verlag Herder, Freiburg 1984

Maurice Blondel, Urwiderspruch: aus: Maurice Blondel, Logik der Tat, in: Christlicher Glaube in moderner Gesellschaft,Teilband 35. Quellenband 5 „Vom tätigen Leben", erarbeitet von Dietmar Mieth und Rudolf Walter, Verlag Herder, Freiburg 1984, S. 61

Meister Eckhart, Lassen: ebda.

Johannes vom Kreuz, Nichts weiter: ders., Brief vom 12. Oktober 1589 an Dona Juana de Pedraza, in: Johannes vom Kreuz, Durchbruch zum Licht. Merksätze, Briefe und kleine geistliche Schriften, herausgegeben und völlig neu übersetzt von U. Dobhan, E. Hense, E. Peters, Herder/Spektrum Band 4506, Freiburg 1997 (in Vorbereitung).

Lao-Tse, Was bedeutet mehr?: Lao-Tse, Jenseits des Nennbaren, a.a.O. S. 103

Erich Fromm, Sein und Haben: aus: Erich Fromm, Leben zwischen Haben und Sein, Herder/Spektrum 4208, S. 76; aus: Erich Fromm, Probleme des Überflusses, in: Gesamtausgabe Band 5, S. 326, Rechte: Deutsche Verlagsanstalt Stuttgart.

Mahatma Gandhi, Besitzlosigkeit: ders., Aus der Stille steigt die Kraft zum Kampf, a.a.O. S. 80

Henry David Thoreau, Nahe am Kochen ist das Leben am süßesten. ders., Aus den Wurzeln leben, a.a.O. S. 48ff.

Albrecht Goes, Nehmen, geben. Mit freundlicher Genehmigung des Autors

5. Leben und lassen, Handeln und Nichthandeln

Wie die Seele ruhig wird – Vom Finden des richtigen Wegs

Martin Heidegger, Gelassenheit, ders., Gelassenheit, Verlag Günther Neske, Stuttgart 1992, S. 23ff.

Eckhardt H. Müller, Arbeitswut: ders., Ausgebrannt – Wege aus der Burnout-Krise, Herder/Spektrum Band 4266, S. 60ff.

Viktor E. Frankl, Der Zwangsneurotiker: ders., Zeiten der Entscheidung, herausgegeben von Elisabeth Lukas, Herder/Spektrum Band 4475, Rechte: Ernst Reinhardt Verlag, München

Derwischgeschichte, Schlafen: In dir liegt der verborgene Schatz. Türkische Derwischgeschichten. Herausgegeben von Kathleen Göpel. Mit einem Vorwort von Omar Ali Shah, Verlag Herder, Freiburg 1985 S. 88

Charles Péguy, Tugend des Nichtstuns: ders., Im Schweigen des Lichts, ausgewählt, übersetzt und eingeleitet von Oswalt von Nostitz, Verlag Herder, Freiburg 1982.

Friedrich Heer, Ehret die Nacht!: ders., Lob des Schlafes, in: Rudolf Walter (Hg.), Lob der sieben Tröstungen. Verlag Herder, Freiburg 1984

Bernhard von Clairvaux, Gönne dich dir selbst, in: Heinrich Pera, Sterbende verstehen, a.a.O., S. 206 f.

Sufi-Geschichte, Die Wiege: Idries Shah, a. a. O. S. 178

Friedrich Weigend-Abendroth, Faulenzen, aus: Rudolf Walter (Hg.), Das Glück liegt auf der Hand, Herder/Spektrum Band 4021, Freiburg 1991, S. 71 f.

Italienisch, Arbeitsmoral: aus Christlicher Glaube in moderner Gesellschaft, Quellenband 5, „Vom tätigen Leben", erarbeitet von Dietmar Mieth und Rudolf Walter, a. a. O., S. 331.

Rabbinische Geschichte, Verantwortung: aus Heinrich Pera, Sterbende verstehen, a. a. O., S. 104

Ruth Pfau, Mein Apfelbäumchen: dies., Verrückter kann man gar nicht leben. Ärztin, Nonne, Powerfrau, hg. von Rudolf Walter, Herder/Spektrum Band 4436, Freiburg 1995, S. 179 ff.

Chawwas, Was zu tun ist und was man geschehen lassen soll: Idries Shah, a. a. O. S. 218

Meister Eckhart, Gut *sein*, nicht *handeln:* Christlicher Glaube in moderner Gesellschaft, Quellenband 5, „Vom tätigen Leben". Erarbeitet von Dietmar Mieth und Rudolf Walter, a. a. O., S. 58

Enomiya-Lassalle, Weg zur Seelenruhe: ders., Zen – Weg zur Erleuchtung. Einführung und Anleitung, Herder/Spektrum Band 4121, Freiburg 1992, S. 58 ff.

Karlfried Graf Dürckheim, Die wunderbare Kunst einer Katze, aus: ders., Wunderbare Katze und andere Zentexte, Herder/Spektrum Band 4489, Freiburg 1996, S. 75 ff., Rechte: Otto Wilhelm Barth-Verlag (im Scherz-Verlag Bern und München)

Enomiya-Lassalle, Gesunde Passivität: ders., Zen – Weg zur Erleuchtung, a. a. O. S. 56 f.

Lao-Tse, Wirken ohne Taten: Lao-Tse, Jenseits des Nennbaren, a. a. O. S. 54 ff

Robert Lax, Chance: zit. in Süddeutsche Zeitung Nr. 272, 1995, Wochenendbeilage. Rechte: pendo-Verlag Zürich.

6. Im Einklang mit allem

Gegenwart erfahren und leben

Kurt Hock, Ein Spielen und Tanzen und Lächeln: Originaltitel „Gelassen sein – Gelassen werden". Rechte beim Autor.

Karlfried Graf Dürckheim, Im Leib sein: aus Wilhelm Bitter (Hg.), Meditation in Religion und Psychotherapie, Ernst Klett Verlag, Stuttgart 1956. Rechte: Dr. Maria Hippius-Gräfin Dürckheim

Wladimir Lindenberg, Atmen: aus Rudolf Walter (Hg.), Das Glück liegt auf der Hand, Herder/Spektrum Band 4021, S. 20 f.

Erich Fried, Aufhebung: Erich Fried, Beunruhigungen, Wagenbach-Verlag, Berlin 1984.

Mahatma Gandhi, Einheit: ders., Aus der Stille steigt die Kraft zum Kampf, a. a. O. S. 59

Hazrat Inayat Khan, Harmonie: ders., Vom Glück der Harmonie, a. a. O., S. 51

Thich Nhat Hanh, Achtsamkeit: Thich Nhat Hanh, Schlüssel zum Zen. Wege zu einem achtsamen Leben. Verlag Herder, Freiburg 1996

Henry David Thoreau, Unendliche Freundlichkeit: ders., Aus den Wurzeln leben, a.a.O., S. 57 ff.

Friedrich Rückert, Rhythmen des Lebens: ders., Am Abend zu lesen. Aus der „Weisheit des Brahmanen", Herderbücherei, S. 88

David Steindl-Rast, Von der Verwirrung zur Ordnung: aus David Steindl-Rast, Staunen und Dankbarkeit. Der Weg zum spirituellen Erwachen, Herder/Spektrum Band 4424, Freiburg 1996, aus: ders., Achtsamkeit des Herzens, S. 30 f. Rechte: Goldmann-Verlag

Eckhart H. Müller, Mit dem inneren Rhythmus leben: ders, Ausgebrannt – Wege aus der Burnout-Krise, Herder/Spektrum Band 4266, a.a.O. S. 100, 102f.

Eknath Easwaran, Die große Entdeckung: ders., So öffnet sich das Leben. Acht Schritte der Meditation, Verlag Herder Freiburg 1991, S. 24ff.

Renato Biscioni, Was bleibt?: ders., Die neue Gelassenheit, Verlag pro juventute Zürich 1995, S. 150ff.

7. Den Klang der Stille hören

Ein Schlüssel zur Harmonie

Konfuzius, Redet etwa der Himmel?: Christlicher Glaube in moderner Gesellschaft, Quellenband 1: Im Haus der Sprache. Erarbeitet von Werner Ross und Rudolf Walter, Verlag Herder, Freiburg 1983, S. 345

Saradi von Schiras, Gerede: Idries Shah, a.a.O. S. 83

Türkische Derwischgeschichte, Erkennen ohne Worte: In dir liegt der verborgene Schatz, a.a.O. S. 59

Kinan Rifai, Schweigen des Wissenden: ebda., S. 80

Mahatma Gandhi, Spirituelle Übung: ders., Aus der Stille steigt die Kraft zum Kampf, a.a.O. S. 67.

Mahatma Gandhi, Die leise Stimme: ebda. S. 65. 68

Niklaus Brantschen, Fasten, schweigen und sich selber finden: ders., Fasten neu erleben. Warum, wie, wozu? Herder/Spektrum Band 4058, S. 24ff.

Hazrat Inayat Khan. Was Ruhe bedeutet: ders., Vom Glück der Harmonie, a.a.O. S. 29

Hazrat Inayat Khan, Der Rat: ebda. S. 85

Henry David Thoreau, Schätze der Verschwiegenheit: ders., Aus den Wurzeln leben, a.a.O. 61ff.

Thomas Merton, Echo des Friedens, aus: ders., Zeiten der Stille, ausgewählt, übertragen und erläutert von Bernardin Schellenberger, Herder/Spektrum Band 4107, Freiburg 1992, S. 94 ff.

Georg Picht, Der Weg der Erziehung, aus: Aus dem Tagebuch eines Schulleiters. Freundesgabe für Robert Boehringer, Verlag J. C. B. Mohr, Tübingen 1957.

Hanns Dieter Hüsch, Stille: ders., Das Schwere leicht gesagt, Herder/Spektrum Band 4274, S. 44, Rechte: Theologischer Verlag Düsseldorf.

8. Der Mensch, der in sich selber ruht

Selbstand gewinnen – Absehen vom Ich

Anthony de Mello, Wer bist du?: ders., Warum der Schäfer jedes Wetter liebt, Verlag Herder, Freiburg 1992, S. 130

Anthony de Mello, Gib dein Ego auf: ders., Warum der Vogel singt. Weisheitsgeschichten, Herder/Spektrum Band 4149, a. a. O., S. 79. 80.

Thomas Merton, Alleinsein: ders., Zeiten der Stille, ausgewählt, herausgegeben und eingeleitet von Bernardin Schellenberger, Herder/Spektrum Band 4107, S. 14 ff.

Omar Chaijam, Ich bin: Idries Shah, a. a. O., S. 57

Sufi-Geschichte, Richtig und falsch: ebda., S. 169

Sufi-Geschichte, Wie du von mir denken sollst: ebda. S. 162

Anthony de Mello, Befreiung: ders., Eine Minute Weisheit, Verlag Herder, Freiburg 1993, S. 59

Tschuangtse, Das innere Gesetz: Thomas Merton, Sinfonie für einen Seevogel und andere Texte des Tschuangtse, Herder/Spektrum Freiburg 1996, S. 113. Rechte Patmos-Verlag

Saadi von Schiras, Die eigenen Fehler kennen: Idries Shah, a. a. O. S. 80

Derwischgeschichte, Rumi und die Streitenden: In dir liegt der verborgene Schatz, a. a. O. S. 115

Anthony de Mello, Verzerrte Wahrnehmung: ders., Eine Minute Unsinn, Herder/Spektrum Band 4379, a. a. O. S. 43f., 77

Renato Biscioni, Erziehung: ders., Die neue Gelassenheit, Verlag pro juventute, Zürich 1995, S. 97. 84f.

Manfred Seidler, Zutrauen: ders., Abwarten und Tee trinken. Wie man Kindern entlockt, was in ihnen steckt, Verlag Herder, Freiburg 1986, S. 141ff.

Zen-Geschichte, Wie ein Papierkorb: zit. bei Heinrich Pera, a. a. O. S. 201

Karl Rahner, Geduld mit sich: aus Eberhard Jüngel, Karl Rahner, Über die Geduld, Verlag Herder, Freiburg 1983, S. 39ff.

Anthony de Mello, Ändere dich nicht!: ders., Warum der Vogel singt, Herder/Spektrum Band 4119, S. 55

Renati Biscioni, Hingabe: ders., Die neue Gelassenheit, Verlag pro juventute, a.a.O., S. 130

Adalbert Stifter, Das sanfte Gesetz, aus: ders., Im Angesicht der Dinge. Texte zum Nachdenken. Ausgewählt und eingeleitet von Jutta Kayser, Herderbücherei, Freiburg 1979.

Viktor E. Frankl, Liebe – Gnade der Selbstvergessenheit: ders., Zeiten der Entscheidung. Herausgegeben von Elisabeth Lukas, Herder/Spektrum Band 4475, Freiburg 1996. Rechte: R. Piper & Co. Verlag München 1981

9. Singe und geh deines Weges

Sich wandeln und das Alter bejahen

Verena Kast, Abschied will gelernt sein: Verena Kast, Loslassen und sich selber finden. Herder/Spektrum Band 4002, Freiburg 1991, S. 15–18

Eckhart H. Müller, Lebensmitte: ders., Ausgebrannt – Wege aus der Burnout-Krise, a. a. O. S. 58 f.,

Christine Swientek, Das fünfzigste Jahr: dies., Mal sehen, was das Leben noch zu bieten hat. Das fünfzigste Jahr oder die bessere Hälfte des Lebens, Herder/Spektrum Band 4298, S. 205 f.

Konfuzius, Mit siebzig, aus: Christlicher Glaube in moderner Gesellschaft, Teilband 33, Quellenband 3 „Mit anderen zusammenleben", erarbeitet von Christian Graf von Krockow und Karin Walter, Verlag Herder, S. 292

Paul Sporken, Der Sinn des Lebens: ders., Mein Weg zurück ins Leben. Krankheit und Alter bejahen. Herder/Spektrum Band 4078, S. 122 ff.

Hugo M. Enomiya-Lassalle, Altersgrenze: ders., Erleuchtung ist erst der Anfang. Texte zum Nachdenken, Herder/Spektrum Band 4048, a.a.O. S. 43 f.

Hermann Hesse, Über das Alter: ders., Eigensinn. Autobiographische Schriften, Bibliothek Suhrkamp, Frankfurt a. M. 1972

Gottlob Tobias Wilhelm, Gewisse Vorzüge: ders., Unterhaltungen über den Menschen. Dritter und letzter Band: Von dem Körper und seinen Theilen und Funktionen insbesondere, Augsburg 1806, S. 485 ff. (auf freundlichen Hinweis von Dr. Manfred Seidler, Bonn)

Bernhard Welte, Singe, und geh deines Weges!, aus: Karl Rahner und Bernhard Welte (Hg.), Mut zur Tugend. Von der Fähigkeit, menschlicher zu leben, Herderbücherei S. 227 ff.

10. Hinter dem Leiden wartet die Freude

Das Sterben und den Tod verwandeln

Lao-Tse, Nichts als Verwandlung: ders., Jenseits des Nennbaren, a. a. O. S. 77

Thomas Merton, Tschuang-tses Begräbnis: ders., Sinfonie für einen Seevogel, a. a. O., S. 131. Rechte Patmos Verlag

Anis Ahmad ibn El-Alawi, Sich selbst retten: Idries Shah, a. a. O. S. 218 f.

Derwischgeschichte, Karawanserei: In dir liegt der verborgene Schatz, a. a. O. S. 15

John Ruskin, Die wahren Herren der Erde: ders., Menschen untereinander, Leipzig 1920.

Robert Musil, Merkwürdige Ruhe: ders., Die Amsel, in Gesammelte Werke, Band 1, hg. von Adolf Frisé, Rowohlt Verlag, Reinbek 1983, S. 554–557

Markus Commerçon, Mein Gott AIDS: ders., Mein Gott AIDS, Pattloch Verlag, Augsburg 1995, S. 8 ff. Rechte: Weltbild Verlag

Hazrat Inayat Khan, Sterben ist dies: ders., Vom Glück der Harmonie, a. a. O. S. 50

Dietrich Bonhoeffer, Kostbares Geschenk: ders., Widerstand und Ergebung, Christian Kaiser-Verlag, München 1991

Hazrat Inayat Khahn, Verlust und Gewinn: ders., Vom Glück der Harmonie, a. a. O. S. 49

Mahatma Gandhi, Das größere Wunder: ders., Aus der Stille steigt die Kraft zum Kampf, a. a. O. S. 103

Renato Biscioni, Hinter dem Leid wartet die Freude: ders., Die neue Gelassenheit, a. a. O. 137 ff. Rechte Verlag pro juventute.

Thich Nhat Hanh, Welle und Ozean: ders., Die fünf Pfeiler der Weisheit, O. W. Barth-Verlag, Bern 1995, S. 169 f.

Carl Zuckmayer, Von der Unsterblichkeit: ders., Kleine Strophen von der Unsterblichkeit, © Bermann-Fischer-Verlag Amsterdam 1948. Rechte: S. Fischer-Verlag GmbH, Frankfurt a. M.

Hakim Sanai, Unvorstellbar: Idries Shah, a. a. O. S. 97

Eberhard Jüngel, Ein Spott aus dem Tod ist worden. Zum 500. Todestag von Martin Luther, in: DIE ZEIT Nr. 8, 16. 2. 1996.

Mahatma Gandhi, Stark wie ein Fels: ders., Aus der Stille steigt die Kraft zum Kampf, a. a. O. S. 35

11. „Lobet den Gott Gelassenheit!"

Ausklänge

Somnium thesaurus, Mache Dich zum Herrn Deiner Angst, in: Rudolf Walter (Hg.), Lebenskraft Angst. Wandlung und Befreiung, Verlag Herder, Freiburg 1987, S. 122.

Seneca, Eile zu leben: Briefe an Lucilius, a.a.O.

Anonym: Vermächtnis. Gefunden in der alten St.-Pauls-Kirche in Baltimore, mit der Jahresangabe 1692.

Hanns Dieter Hüsch, Lied: ders., Das Schwere leicht gesagt, a.a.O. S. 66, Rechte: Theologischer Verlag Düsseldorf

Liebeserklärungen
Hrsg. von Annegret und Georg Langenhorst
Band 4441
Eine Einladung zum Stöbern für brennend Verliebte, sehnsüchtig Hoffende und schmunzelnd oder traurig Nachdenkende.

Frauenblicke
Hrsg. von Gabriele Hartlieb
Band 4440
Erfahrungsberichte, die einen staunen lassen. Die neue Frau: Stark, aber auch sanft. Sie hat Ausstrahlung und Stil, Power und Gelassenheit.

Kinderglück
Hrsg. von Karin Walter
Band 4439
Fröhliche, glückliche Kinder stecken mit ihrer unbeschwerten Lebenslust an, sie sind neugierig und frech. Ihre Perspektive ändert auch den Blick der Erwachsenen.

Thomas Merton
Sinfonie für einen Seevogel
Weisheitstexte des Tschuang-tse
Band 4421
Der moderne, weltbekannte Mystiker legt hier eine sehr persönliche Auswahl großer Weisheitstexte des chinesischen Denkers Tschuang-tse vor.

Anthony de Mello
Eine Minute Unsinn
Weisheitsgeschichten
Band 4379
Die Leichtigkeit des Seins ist es, in die de Mellos geschliffene Skizzen einladen.

Thich Nhat Hanh
Lächle deinem eigenen Herzen zu
Wege zu einem achtsamen Leben
Hrsg. von J. Bossert/A. Meutes-Wilsing
Band 4370

Die einfache, tiefe Botschaft an Menschen, die in der Hektik des Alltags beim Gehen schon ans Rennen denken.

Anthony de Mello
Zeiten des Glücks
Herausgegeben von Anton Lichtenauer
Band 4330

Das Glück ist nicht zu „machen", aber Glücklich-Sein kann man üben. Heitere, leichte und zugleich tiefe Texte eines großen spirituellen Lehrers.

Elie Wiesel
Geschichten gegen die Melancholie
Die Weisheit der chassidischen Meister
Band 4296

Die chassidische Weisheit als wahre Lebenshilfe – Zeichen der Hoffnung und Waffe gegen die Melancholie.

Eugen Drewermann
Das Eigentliche ist unsichtbar
Der Kleine Prinz tiefenpsychologisch gedeutet
Band 4068

Ist es der ewige Traum verlorener Kindheit, der Saint-Exupérys Kleinen Prinzen so faszinierend macht? Mit dem Bestsellerautor Eugen Drewermann auf Reisen zu sich selbst.

Das Glück liegt auf der Hand
ABC der Lebensfreuden
Herausgegeben von Rudolf Walter
Band 4021

Über hundert kleine Dinge, die des Menschen Herz erfreuen. Frisch und pointiert erzählt von bekannten Autorinnen und Autoren.